U0940306

公用事业公私合作的法律机制和争议解决实证研究

Empirical Research on the Legal Mechanism and Dispute Resolution of Public-Private Partnerships in Public Utilities

陈无风　著

中国人民大学出版社
·北京·

国家社科基金后期资助项目
出版说明

后期资助项目是国家社科基金设立的一类重要项目，旨在鼓励广大社科研究者潜心治学，支持基础研究多出优秀成果。它是经过严格评审，从接近完成的科研成果中遴选立项的。为扩大后期资助项目的影响，更好地推动学术发展，促进成果转化，全国哲学社会科学工作办公室按照“统一设计、统一标识、统一版式、形成系列”的总体要求，组织出版国家社科基金后期资助项目成果。

全国哲学社会科学工作办公室

序一

公私合作被认为是始于20世纪80年代的全球性制度革命，在世界上很多国家都发展迅速。我国自2014年以来力推新一轮公私合作，促进政府和社会资本在基础设施、公用事业等领域的合作，提升行政效率，提高公共产品和服务的质量。在公私合作过程中，政府一方面是合作方，和私部门居于平等地位，通过协议安排双方的权利义务；另一方面，政府又需要监管合作过程，对私部门有指挥、监督的权力。此外，公私合作开展以后，为了防止公部门在将提供产品、服务的职能移交给私部门的同时，逃避公法上的各类规制和要求，一般都认为公部门承担最终的行为责任，以免公法遁入私法。因此，公私合作中，公部门呈现出多重角色。为区别于传统的高权主体定位，公部门需要以何种法律载体、行为方式来型塑自身角色，构成公私合作中的法律机制问题。此外，公私合作前期合作框架稳固以后，合作过程中如果出现纠纷，循何种途径，适用哪些法律，以何种裁判模式应对，都是需要直面的问题。

本书试图对上述问题进行解答和回应。无论是发展、完善公私合作法理，还是为公私合作实践提供制度指引和决策参考，本书的研究都具有重要意义。书中对公部门的三种角色进行了详细描绘和阐释，对相关规范依据、多边法律关系作了梳理和论证，并就责任性机制（accountability）如何构建提出设想。诚如书中所述，政府多重角色存续使公私界限混沌，超越了传统二元判断模式，使法律关系定性、救济渠道选择、法律适用、责任归属判断等出现障碍。在争议解决部分，书中结合行政协议理论和制度，对混合型法律适用规则、效力判断规则、第三人权利救济途径等问题逐个进行分析和回答。

全书结构安排合理、逻辑严密、论证翔实、所提观点具有相当的启发性。本书的特色还在于综合运用规范实证、案例实证、价值分析、比较分析、历史分析等研究方法，对问题进行多角度、全方位阐释。尤其是对规范实证和案例实证方法的运用，凸显了作者对公私合作现实运作层面的关注，令本书增色不少。

本书的基础是陈无风 2010 年的博士论文，历经多年的酝酿、思考，陆续修改后终于定稿。作为陈无风的博士后合作导师，我对其表示祝贺！本书是从法学角度对基础设施领域公私合作开展研究的有益探索，相信本书一定有利于丰富公私合作法律研究、助力公私合作实践不断发展！

江必新

2017 年 12 月 11 日

序二

公私合作是政府和私人组织合作提供公共产品或服务的一种治理形态，近年来在我国公用事业、基础设施等领域应用广泛，已成热门的研究话题。世界范围内公私合作的经验表明，这种共担风险、共享利益的模式能减少政府财政负担，提升产品或服务效率，但也容易出现责任逃逸、第三人权利虚置等问题。公私合作在我国的发展与经济形势、国家政策、市场需求、法治环境等要素密切相关，并呈现波段式发展态势。学术研究与现象本身的热度并不同步，不论处于何种发展阶段，直面公私合作现象中的问题点，加以客观研究都是学问之道。就此而言，本书并非吸引眼球、追赶潮流的应时之作，而是既追随时代洪流又保持必要疏离的沉淀与思考之作。

本书以公私合作开展中的法律机制和争议解决为观察视角，对相关问题点的提炼是比较精准的。在财政、金融等学科着力设计公私合作架构、测算项目成本收益时，作者对政府多重角色带来的制度冲突进行诠释解构，并以法科独有的权利救济思路探索项目争议的解决路径，具有重要的实践意义。全书在界定公私合作、开展类型化尝试、探索公私合作的理论基础、描摹政府的三重角色等部分都是较为成功的，为读者展示了较完整的公私合作法律机制，并对角色冲突之下如何各安其位作了制度设计和展望。在争议解决部分，以政府、私人组织、第三人三方法律关系为基本结构，以具体案例梳理和分析为依据，就各个争点作了详尽的分析，论证严密、资料翔实，有很多富于新意的观点。写作中，作者也时刻注意结合规范实证、案例实证的研究方法，使全书的论证更直观、可靠。

这些年，我们的研究团队一直主张法治政府包含两条主线，即以确定行政活动边界、规范公权力行使、保障相对人合法权益为指向的合法性考量与以探索良好行政的制度设计、促进行政改革提高行政效能为基本指向的最佳性考量。公私合作话题本身就是力主在合法框架下，提升公共产品和服务的供给效率，暗合了行政法治的最佳性视角。此外，必须注意到人类正从工业时代向信息时代转型，如今以互联网、物联网、大数据、云计算、人工智能、区块链等为代表的信息技术正推动着整个社会的巨大变革，公私合作的治理模式正在迎来理念更新、逻辑重构和制度创新的全新时代。

我是本书作者本科毕业论文和硕博士阶段的指导老师。无风聪明、勤奋，认真对待学业，对专业抱有理想，对法学怀有热情。她从 2008 年开始关注公私合作现象，2010 年完成博士论文，潜心积累多年后，经不断修改才将文稿公之于众。作为导师，表示祝贺的同时特向读者诸君推荐，相信必经诸多风起云涌才换得“也无风雨也无晴”的波澜不惊，是为序。

朱新力

2017 年 11 月 28 日

前　言

本书从行政法的角度研究近年来发展迅速的公私合作现象。公私合作过程呈现出效率、正当性、技术可行性等多面向问题。在政府多重角色下，如何认识公私合作形成的复杂法律关系；如何保证社会资本进入后，政府的责任机制依然有效运转，对公众负责；如何处理公、私部门间的合同纠纷；如何保障作为公共产品、服务使用者又是公私合作关系第三人的合法权益，构成本书的问题意识。

全书共分九章。第一章绪论，指出本书的研究动机和背景，进行研究综述，最后阐明问题意识。第二章从内涵、开展程序、类型三个方面描述公私合作过程。第三章研究公私合作制的理论基础。第四章研究公私合作监管的具体法制，探讨政府如何扮演监管者角色。第五章研究公私合作合同的条款设计，回答政府作为合作方，如何经由特许合同中的权利、义务条款塑造其行为空间。第六章研究公私合作中政府责任机制的落实，回答失落的责任机制如何回归，通过分析公私合作中责任机制落空的具体表现、原因，提出加强责任机制的途径。第七章研究公一私部门间关系视角下的公私合作合同诉讼。第八章研究公部门一私部门一第三人三方关系视角下的第三人诉讼。第九章余论，研究公私合作的最新发展、面临的挑战。

本书主要观点如下：1. 公私合作是公部门为提供公共产品和服务，经由一定的结构设计，与私部门合作，实现共担风险并由公部门承担最后担保责任的制度安排。2. 在所有分类中，机构型与契约型公私合作是极其有用的分类方式，利于厘清公私合作的主体架构，并对应不同的开展程序。3. 公共产品的提供并无固定统一的模式，在“国家任务分层理论”“行为形式选择自由理论”“担保国”理论共同支撑下开展公私合作，在我国亦具有正当性。4. 政府在公私合作中承担监管者、合作者、责任担保者等不同角色。政府多重角色存续使公私界限混沌，超越了传统二元判断模式，使法律关系定性、救济渠道选择、法律适用、责任归属判断等出现障碍。5. 公—私部门间关系中，就缔约阶段法律关系定性、特许经营的适格授权主体、合作合同履行中，经营环境、法律、政策变更的应对、合作合同的性质、法律适用、条款解释、效力判断、司法审查模式等问题易产生纠纷。经研究得出的主要结论包括："双阶理论"与"行政私法"对合同缔结阶段都有解释力，但是否引入上述理论不影响合作合同诉讼实践；如何解决合同履行中经营环境、法律、政策变更，构成合同诉讼中的难点；合作合同宜定性为行政协议，适用公、私混合法制，并建构特殊的解释规则。6. 应建立不同于民事合同的合作合同条款效力判断方法。如合约条款与既定的公法规范内容不一时，要视上述规范是否具有强制性、裁量性，结合合同的生命周期、加入整体利益衡量做判断。判断合作合同主体适格与否时应区分特许经营权的授权主体、实施主体、特许经营主体等不同概念。7. 第三人的权利救济，实践中用私法诉讼方式解决，较为零星、碎片化，不够全面。打通公法救济途径的关键在于法院对第三人"公法上请求权"的确认，以公共产品或服务使用者的身份主张"法律上的利害关系"目前尚难成立。以私部门的公法拘束为基础，由私部门代替公部门接受第三人所提起的司法审查，路径更为直接。

全书运用规范实证、案例实证、价值分析、比较分析、历史分析等研究方法。研究可能的学术价值包括：1. 厘清了公私合作、合作合同的性质、公私合作法律关系等基本讨论元素。通过应用既有的公法理论，以政府角色为语境建构分析框架，探索了公私合作、合作合同等相关概念的基本意涵，为公法学者研究公私合作提供对话基础。2. 指明了公私合作多元法律关系中的权利救济路径。对公私合作中的多重法律关系进行条分缕析式的阐释，区辨可能的权利救济途径及其优劣，讨论其当下的可行性，为公私合作法律面向的研究提供学术增量。可能的创新包括：1. 视角创新。本书系行政法视角下对公私合作的全面、系统研究，并关注、检验公私合作制在中国本土的适应性。2. 观点创新。本书的分析和结论相较学界现有研究基础有所推进。书中以实证研究发现新结论，如"双阶理论""行政私法"理论之争，在公私合作诉讼实践中价值有限，但有重大的理论价值；通过比较研究，提出应认真对待合作合同履行中的变更，以适应GPA（世界贸易组织政府采购协议）规则；判断合同履行中单方解约行为是否合法，应区分单方解约行为是公部门运用合同解约权的结果还是发动行政优益权的体现，二者适用不同的审查逻辑。

目　录

第一章　绪论

第一节　研究背景和动机

一、全球的公私合作风潮

公私合作（Public-Private Partnerships，简称“PPP 或 PPPs”）提供公共产品被誉为始于 20 世纪 80 年代的全球性制度革命①，但私部门参与基础设施建设已经有很长的历史，比如英国和美国早在几百年前就曾以私人收费的形式发展公路系统。② 20 世纪 90 年代以来，公私合作模式发展迅猛，1992 年巴塞罗那奥运会和 1998 年法国世界杯的体育场馆，甚至 2008 年北京奥运会的“鸟巢”（国家体育场）都是以 PPP 模式建设和运营的，其发展的速度和规模都引起人们广泛的注意。③ 以最早提出 PFI④ 的英国⑤为例，出于可改变公共事业的资金筹措方式，无须将私人投资纳入公共开支以回避国会预算审查这一原因，其在 1992 年就提出了私人投资行动计划（PFI）的概念。1997 年英国执政党轮替，新上任的工党仍然延续了这一政策，并将范围进一步推广，使其在所有与民众生活密切相关的公共事务领域，如道路、铁路、医院、学校、监狱、政府房舍及资讯通信

① 〔英〕达霖·格里姆赛、莫文·K. 刘易斯：《公私合作伙伴关系：基础设施供给和项目融资的全球革命》，济邦咨询公司译，中国人民大学出版社 2008 年版，中文版序。

② 参见上书，中文版序。

③ PPP 模式流行背后也有很多政治因素，如德国政府在 2008 年就提出将 PPP 项目比例从 4%增加到 15%。

④ 又称私人资助行动计划，最先在英国提出并运用，指通过私人投资来完成政府提供公共服务的活动。一般被认为是 PPP 的一种模式。

⑤ 至 2003 年，英国的公私合作方案占全球的 67%，可见其比重之大。

系统等都得到广泛适用。2012 年，英国政府颁布了《PPP 新路径》(A New Approach to Public Private Partnerships 简称“PF2”)，同时英国财政部于 2012 年 12 月出版了《标准化 PF2 合同》(Standardization of PF2 Contracts Draft)。英国行政法学者这样形容 PPP 的显著性：“为避免任何人怀疑此一话题的意义，我们必须注意到至 1998 年 6 月份，PFI 项下合同的资本额度已经超过了 90 亿英镑。”① 截至 2004 年，英国共签署 677 份 PPP 合同，合同总金额将近 427 亿英镑。在德国，2003 年年初，仅有两件公私合作案，到 2004 年，数量攀升逾 14 件，2005 年有 30 件，2006 年有 52 件，2007 年上升至 87 件。单在 2006 年及 2007 年间，每年即有 22 件及 35 件新案子加入。对此，总投资金额从 2004 年之 34 400 万欧元，增加到 2007 年的 15 亿欧元。② 从世界货币基金组织的一份报告可以看出，公私合作模式已在全球很多国家得到推广和运用。“许多欧洲大陆国家，包括芬兰、德国、希腊、意大利、荷兰、葡萄牙和西班牙都有公私合作项目。一部分中欧和东欧国家，包括捷克、匈牙利和波兰由于需要基础设施的大量投入，已开始着手开展 PPP 项目。在日本和加拿大，PPP 项目比例正在逐步上升。至于拉美，墨西哥和智利在这一领域最为领先，墨西哥于 1980 年代便开始在建造高速公路时使用 PPP 方式。其余国家里，巴西最值得注意，因为它正计划大幅度推广 PPP。在亚洲，公私合作方式正在起步，特别是在韩国和新加坡。非洲虽然没有大规模的 PPP 项目出现，但一些国家已表现出浓厚的兴趣，如南非。”③ 上述描述引自国际货币基金组织于 2004 年出版的资料中。实际上，2004 年后，PPP 依然呈现继续增长的趋势。“2006 年以后，欧洲 PPP 市场出现了多样化的趋势，英国所占份额有所下降，但仍然是欧洲最大的 PPP 市场；近年来，美国在不断加快通过 PPP 方式进行基础设施建设的步伐。2008—2010 年，尽管面临二战以来最严重的经济衰退，美国 PPP 仍然保持快速增长的态势。”④ 作为国际社会的核心成员，我国亦于 2014 年开始密集推出系列文件，力推公私合作模式的发展。

---

① P. P. Craig, *Administrative Law*, 5th ed. (Thomson 2003), 136.

② 〔德〕Prof. Dr. Jan Ziekow：《公私协力在德国宪法与行政法上之挑战与发展》，詹镇荣译，载《公私协力（PPP）法制国际学术研讨会论文集》，台湾政治大学法学院于 2009 年 5 月 14 至 15 日在政大综合院馆五楼国际会议厅主办。

③ IMF (2004), “Public-Private Partnerships”, Available from: https://www.imf.org/external/np/fad/2004/pifp/eng/031204.htm, [Accessed 9 Nov. 2018].

④ 孟艳：《公私合作伙伴关系的全球发展趋势及政策启示》，《理论学刊》2013 年第 5 期。

二、公私合作风靡之因

为何公私合作近年来呈现出迅速发展的趋势，并风靡全球成为各国基础设施、公共服务领域的新宠呢？尤其在2008年世界性金融危机之后，欧洲各国更提出要进一步利用公私合作模式，以提高效率，促成经济的复苏。事实上，基础设施领域对于经济发展的关键作用已被经济学所证明。交通、能源、通信等设施的完善是促进经济发展的有力因素，电力、饮用水等公共产品更是现代社会人民生活不可或缺的基本保障。"夜警国家"向现代"福利国家"的转变已成为不争的事实，国家除了维持公共秩序之外，还有为满足人民基本生活所需，提供"生存照顾"的职能：保证公民获得基本的生活需求，为低收入者提供财政补助；在生活成本高企的当下，为居民提供住房保障；为应对现代社会可能出现的各种风险，向公民提供基本的医疗、养老、失业等社会保险。总而言之，确保人人都能以"一定的标准"有尊严地活着成为国家作为义务的应有之义。然而政府的福利提供作为一种"给付行政"的实践，需要强大的财政支出作为保障。各国在"福利国"建设过程中极易出现严重的财政赤字，如与经济发展不适应的福利水平甚至导致希腊等国濒临破产，投资量惊人的基础设施领域更使各国财政捉襟见肘。从源头上考察，提高效率，节省公共财政支出，缓解财政赤字是公私合作制度提出的初衷，也是其具有吸引力的直接原因。

公私合作恰好结合了私部门迥异于公部门的治理结构所带来的"高效率"和激励机制下的"理性选择能力"，从而实现以更小的成本带来更多、更好的公共产品。2003年英国财政部对61个PFI项目进行调查，发现89%的项目提前或准时交付，所有的项目都在预算内完成。2003年英国国家审计署也对PFI项目的施工建设情况进行了调查，绝大多数PFI项目都按时（PFI项目76%按时完工、传统采购项目30%）并在预算内（PFI项目78%预算内完工、传统采购项目27%）完工。① 有学者总结基础设施领域的公私合作有如下优点：（1）可以帮助政府发展基础设施；（2）民间投资者和有经验的借贷者的参与，有助于更好地保证一个项目在技术上和

① 〔英〕达霖·格里姆赛、莫文·K.刘易斯：《公私合作伙伴关系：基础设施供给和项目融资的全球革命》，济邦咨询公司译，中文版序第3页。更多的数据分析可以参见我国台湾地区"行政院"公共工程委员会0960291号研究报告：《欧盟地区公私合伙（Public Private Partnerships）政策推动历程与现况之研究》，我国台湾地区"行政院"公共工程委员会2007年12月编印，第4—8到4—10页。（对于PFI的调查和分析集中在完工时间、超支比例、使用者满意度等方面，而数据表明，在这几项指标上，PFI都优于传统的采购。）

财政上的可行性；（3）可以利用民间资本市场弥补政府资源的不足；（4）它们能够以更低的成本更快地满足公众的需要；（5）即使同样遵守有关的规制条例（如保持水体质量），民营机构一般能比政府部门更有效地经营基础设施；（6）可以分担一些本来由公共部门承担的风险；（7）可以促进技术转让，并为政府部门培训人才；（8）将私部门的管理作为一个标杆，将有助于提高未来基础设施建设项目的公共管理绩效。① 总结起来，就是笔者指出的，私部门的治理结构带来的投融资、运营、管理等各方面的效率提升。

三、是否雪中送炭——我国推广公私合作的现实需求

就我国而言，专家认为我国市政公用设施的投资总量仍然不足。2003年年底，我国城镇化率大约是40％，据国家数据统计，2014年城镇化率已达54.77％②，增长迅速。根据国际经验，城镇化率在30％～70％区间都是基础设施加速增长时期。从现有水平来看，我国人均享用的市政公用设施水平仍然有待提高，而市政公用设施建设投资占同期国内生产总值的比例仍然较低。③ 解读下面一组数据可以看出，我国基础社会设施领域投入的需求量。2004年12月17日交通部发布的《国家高速公路网规划》中明确，2005—2030年，国家将斥资20 000亿元，新建5.1万千米高速公路，使我国高速公路达到8.5万千米。同时在《中长期铁路路网规划》里提到，至2020年，全国铁路营运里程将达到10万千米，复线率和电气化率达到50％，铁路建设投入达20 000亿元。④ 与此同时，国内财政支出的状况不容乐观。早在温家宝任国务院总理期间，他于2009年3月5日在政府工作报告中披露，为弥补财政减收增支形成的缺口，2009年中国财政赤字将扩增至9 500亿元。评论人指出与国际警戒线曾经渐行渐远的中国财政赤字率将在2009年急速反弹并逼近3％的警戒线。⑤ 而我国在2008

---

① UNIDO (1996), "Guidelines for Infrastructure Development through Build-Operate-Transfer (BOT) Projects", Available from: https://www.unido.org/guidelines-infrastructure-development-through-build-operate-transfer-bot-projects, [Accessed 9 Nov. 2018].

② 国家统计局：《2014年中国城镇化率达到54.77％》，见中国经济网，http://www.ce.cn/xwzx/gnsz/gdxw/201501/20/t20150120_4386891.shtml，2016年12月4日最后访问。

③ 余晖、秦虹编：《公私合作制的中国试验》，上海人民出版社2005年版，第13页。

④ 王守清、柯永建编著：《特许经营项目融资（BOT、PFI和PPP）》，清华大学出版社2008年版，第1页。

⑤ 韩洁、张旭东、岳德亮：《中国扩增财政赤字至9 500亿元创新中国成立60年之最》，见搜狐网，http://news.sohu.com/20090305/n262623197.shtml，2018年11月9日最后访问。

年开始逐步加大的基础设施财政资金投入，已形成不容忽视的政府债务问题。根据国家审计署的统计①，截至2013年6月底，全国各级政府负有偿还责任的债务206 988.65亿元，负有担保责任的债务29 256.49亿元，可能承担一定救助责任的债务66 504.56亿元。② 因此，同西方国家一样，我国也存在节省公共开支、缓解财政赤字的需要，而公私合作制的引入对提供高效率、高质量的公共产品无疑具有重大的意义，如能合理安排风险，充分发挥公私部门的合作优势，必将有利于国家更好地实现行政任务，促使私部门拓展投资领域，促进整个国民经济的繁荣。

四、我国公私合作的发展历程

目前我国对于公共产品的提供，不管是基本的物质生活需求，如水、电、垃圾收集还是教育、医疗等福利产品，公部门开放特许经营，或政府撤资允许私人资本进驻的例子已经数不胜数。可以说我国在世界掀起民营化和公私合作大潮中也迅速搭上了宣扬效率、注重竞争和市场，强力鼓吹政府改变运作模式的列车，在全球化的激荡下，不停摸索前进，驶向在某些学者看来并不确定的彼岸。③ 被称为城市公用事业绿皮书的《公私合作制的中国试验》一书总结了公私合作制在公用事业领域的发展历程。④ 第一阶段为1984—1992年，主要表现方式为经营承包和拨改贷，即开展以企业经理负责制和多种形式的经营承包责任制为主要内容的改革。第二阶段为1992—1998年，主要表现为建立现代企业制度和引入外资，城市公用事业按照《公司法》实施改组和改制。第三阶段为1998—2002年，城市经营带动存量资产盘活。主要是以推动城镇化进程、寻求更多的城市发展资金为目的，让大批公用企业吸引外资，包装上市。第四阶段为2002

---

① 国家审计署：《全国政府性债务审计结果》（2013年第32号公告），2013年12月30日发布。

② 针对愈发严重的地方债务问题，国务院于2014年9月21日发布《国务院关于加强地方政府性债务管理的意见》（国发〔2014〕43号），要求实施债务规模控制和预算管理，并化解现有债务。同时，国务院提请第十二届全国人常委会第十六次会议审议的有关2015年地方政府债务限额议案2015年8月29日获批，议案中披露15.4万亿元是截至2014年年底的政府负有偿还责任的债务。参见韩洁、席敏、申铖：《三问中国地方政府债务：底数多大风险几何能否偿还》，见 http://finance.people.com.cn/n/2015/0829/c1004-27531316.html，2018年11月15日最后访问。据财政部2018年9月21日发布的数据显示，截至2018年8月末，全国地方政府债务余额176 684亿元，地方政府债券剩余平均年限4.6年。新华社：《财政部：截至8月末全国地方政府债务余额176 684亿元》，见 http://www.gov.cn/shuju/2018-09/21/content_5324451.htm，2018年11月15日最后访问。

③ 如我国台湾地区学者就提出民营化更多地属于一种“迷思”。参见张晋芬：《台湾公营事业民营化：经济迷思的批判》，台湾地区“中央研究院”社会学研究所2001年版。

④ 以下四阶段描述参见余晖、秦虹：《公私合作制的中国实验》，第17页。

年至今，即由中央政府主导的大规模政策推动和制度初创。以上对于公私合作发展进程的描述不一定准确，因为作者主要是针对以供水业为主的公用企业改制进行的梳理，并未涵盖委托经营等其他公私合作模式。事实上，在萨瓦斯看来，中国的整个公私合作进程早在1978年即已开始。“第一步是1978年农业领域的放松规制。只要农民按照土地承包合同向国家上交粮食，他们在承包的土地上就可以行使所有者的一切权利。农业生产力得到大幅度提高，与过去集体农业经常因天灾人祸导致饥荒的状况形成鲜明对比。农民由此增加的财富和随后的进一步放松规制，直接促成了以制造业为主的乡镇企业的大量涌现，对中国经济的增长繁荣做出了巨大的贡献。虽然一些人质疑这种情况是否可以称为民营化，但这与企业员工持股的民营化方式相类似。20世纪90年代这个社会主义国家又以停发工资、迫使员工离开濒临倒闭的企业另谋生路的方式，终止了对国有企业的财政支持，这就是政府撤退。”① 当然，以上考察都是针对宽泛意义上的公私合作展开的。

作为引入私人资本进行公私合作的典型——BOT②，其在我国的开展始于20世纪80年代。尽管市政公用事业市场化改革在2000年以后才成为一项官方政策并得到大规模推动，但地方上却已经有十多年的零星探索。③ 广东沙头角电力项目是我国第一个特许经营下的BOT项目。④ 广西来宾电厂则是我国官方正式确立的第一个BOT试点项目。⑤ 如果说广东沙角B电厂案例是地方出于实际需要做的大胆尝试，那么广西来宾BOT电厂项目则标志着有中央支持的公私合作制度在供电领域的正式开展。从

① 〔美〕E. S. 萨瓦斯：《民营化与公私部门的伙伴关系》，周志忍等译，第138页。

② BOT是Build-Operate-Transfer的缩写，属于典型的PPP模式。

③ 参见余晖、秦虹：《公私合作制的中国实验》，第16页。

④ 20世纪80年代初，我国开始改革开放，为满足境外旅游人员来我国旅游的需要，当时香港的HopewellHoldings公司在广东省投资开办了其在中国的第一家拥有1 200间客房的饭店。后来发现饭店所在城市的电力供应严重不足，影响了经营活动，但该公司并没有抽回投资，而是抓住机会，通过与广东省政府签订“特许权协议”来发展和运行其第一个电厂。该电厂是一个2X250MW的燃煤电厂，项目特许期限为10年，项目费用5.17亿美元。该BOT项目的实施是通过一系列的协议——“特许权协议”、开发、建设、拥有、运营协议来保证的。此项目的基本协议即“特许权协议”是香港HOPEWELL电力有限公司与深圳电力开发公司之间订立的协议。其他合同包括：HOPEWELL电力有限公司和业主的施工合同，HOPEWELL电力有限公司与深圳电力开发公司及中国煤炭开发公司间的供煤合同；HOPEWELL电力有限公司向深圳电力开发公司出售电力的合同。详见赵联宁：《BOT项目方式中的行政合同》，《中央政法干部管理学院学报》1999年第6期。

⑤ 王守清、柯永建编著：《特许经营项目融资（BOT、PFI和PPP）》，第126页以下。

2004 年建设部《市政公用事业特许经营管理办法》[①] 的颁布则可以看出中央推进公用事业市场化改革，并以规范为基础推进公私合作有序开展的努力。该办法指出，政府可以按照有关法律、法规规定，通过市场竞争机制选择市政公用事业投资者或者经营者，明确其在一定期限和范围内经营某项市政公用事业产品或者提供某项服务。尽管有学者认为，按照《行政许可法》，须由地方性法规以上级别的规范设定特许经营权，该办法作为建设部的规章显然存在位阶过低的问题[②]，但这至少是公用事业领域规定特许权的破冰之举。根据《公私合作制在中国的试验》课题组的统计，1994 年我国城市建设固定资产投资中的私人投资占到 23%，1995 年这一数据提高至 44%，此后开始呈逐步下降趋势，1994 年至 2003 年累计平均占到 28%。[③] 课题组分析与中央政府控制财政信贷和土地使用政策以及全国性的公用事业市场化政策的效果有关，并乐观估计 28%的比例将成为此后向上攀升的拐点。不管是着眼于公用事业领域的考察，还是将之放在更广阔的整个中国的改革开放背景下观察，我国的公私合作制度，伴随着市民社会的逐步发育和外资进驻规模的日益扩大，呈现出逐步发展的态势，体现了从地方到中央，由试探性试点到大规模政策鼓励和规范化的发展路径。

2008 年由于世界金融危机的冲击，我国政府大力实行"国进民退"，在四万亿计划带动下，地方通过各种融资渠道投入大量配套资金，"尽管政策层面仍旧重视社会资本对经济发展的作用，但在执行层面，以央企和地方政府投融资平台为代表的国有企业依靠货币扩张中的融资优势重领市政公用舞台的风骚。这一阶段，暂时解决了资金障碍的国有资本，毫不客气地将社会资本'打入冷宫'，部分进入该领域的民营企业受危机影响出现了资金困难甚至资金链断裂的情况，'国进民退'成为事实"[④]。2012 年以来，公私合作发展进入快速通道，国家推行的决心、力度、影响面、社会关注度都属前所未有。在官方力推之下，PPP 项目似乎呈现出遍地开花的局面。

---

① 中华人民共和国建设部第 126 号令，2004 年 2 月 24 日通过，自 2004 年 5 月 1 日起施行。

② 章志远：《公用事业特许经营及其政府规制——兼论公私合作背景下行政法学研究之转变》，《法商研究》2007 年第 2 期。

③ 余晖、秦虹：《公私合作制的中国实验》，第 21 页表 0－1。

④ 李竞一：《市政公用国企改革与混合所有制》，《济邦通讯》2014 年 4 月第 42 期。

第二节 问题意识：公私合作的隐忧

一、浮华背后：多学科面向的拷问

尽管公私合作被寄予厚望，被认为是基础设施领域的制度创新和福利国家向合作国家转化的重要制度桥梁，但不管是结构复杂的 DBFO[1] 还是简单的管理或营运外包都或多或少引起了人们的忧虑。当然，各学科自有不同的视角。

总体而言，经济学家更关注公私合作形式本身能否真正实现其所宣称的效率提升。支持论者多以结果为导向，认为只要外包的结果可以保证成本节约和质量的非明显降低甚至提高，它就是一个好的制度方式。循着这种思路，学者一般会开展实证研究，衡量其结果的优劣。而具体的论证过程通常围绕着市场本身的制度功能、所有权变动对于效率的作用、竞争在自然垄断的产品提供中是否可能这些话题开展。这种思考方式容易导致以效率价值覆盖所有其他价值的危险。有部分学者对引入私部门将提高效率的结论持怀疑态度，其逻辑是私部门不见得比公部门更有效率，私营企业也经常经营不善而破产倒闭，公部门（主要指公营企业，或中国大陆所说的国有企业）也有实力雄厚、效益良好的。因此效率的高低并不在于产权的判断，即私人拥有产权不能保证高效率，真正的效率来自竞争和市场。面对 PPP，经济学经常面对的疑问是结果的无法具体化、衡量标准的非统一性、数据的不齐全，甚至计算错误等问题，所以实证研究结果并非必然可靠。

第二类可以归结为弗里曼所称“道德论”[2] 面向的讨论。笔者认为这类讨论本质上属正当性问题的讨论。学者从人们对于公、私两个部门的传统看法出发，依照某些产品应由国家提供的先定逻辑而对私部门的介入存有天然的抵触。公共产品关系到基本生活质量的保障和福利国家目标的实现，人们需要稳定、持续、公平地获得这些产品。如电力的提供本身可能成本并不高，但其供应一旦中断，带来的损失有可能极大，因而稳定与可

---

① DBFO 是 Design-Build-Finance-Operate 的缩写，也是 PPP 的一种模式。

② Jody Freeman，“the Contracting State”，28 *Fla. St. U. L. Rev.* 155（2000）. 将问题意识区分为“经济、道德、技术”面向，参考了弗里曼在文中的分析框架。

持续的提供就成了关键。同样，饮用水等公共产品因其在人们生活中的不可或缺性要求所有人能无偏差地享有，这种平等对待义务甚至可以追溯到宪法上的平等权。所有这些特殊的性质要求提供此类产品和服务的部门能够遵循一些不同于一般市场交易规则的特殊规定。因而长期以来，公共产品的提供被认为应当由公部门来完成，因为在有公私法二分传统的国家里，公部门先天性地承担了一些不同于私经济主体的公法义务。尤其是对于我们这样一个有着长时间“一大二公”局面的国度，人们对于国家或公领域的心理反应已经定型，类似产品供应一提到民营化、外包这些词，人们自然会将其与职工下岗、国有资产流失、私人部门唯利是图等定式思维联系起来，顺势产生情感上的抵触。

为何会如此，这个问题涉及人们对于国家功能的固有认知。不管是从历史上看，还是从国家本身存在的目的来看，某些功能被认为是国家的固有功能（inherent)，需要严格保留，不仅在这些领域做决定的过程不能由私人参与，连最后的执行过程，私人也无法以助手的身份参与。除了税收、国防、警察，教育、司法甚至交通有时候都可能被划入核心功能范畴。① “所有反对如监狱外包的人，不管是象征主义的、道德主义的、传统的还是经过演绎的，都认为外包对于民主价值是一种腐蚀（corrosive of democratic value)。尽管不够实证，听上去模糊，甚至同义反复，但却是真实和富有说服力的。对于谁收集垃圾不在乎并不代表对谁管理监狱谁做警察也不在乎。”② 由此可见，某些国家任务领域开展公私合作会引来深刻的忧虑。这种道德观上公私界分的习惯与国家—市场二分的传统架构及其对人们的心理影响有关。其引发的疑虑也促使我们再度反思——“国家以公益为本位，私部门的盈利将会使公共的善（Public Good）毁于一旦”③ ——这一思维定式是否需要修正。

第三类对于公私合作的忧虑主要从技术面向出发，认为公共职能无法通过合同的方式转由私人承担，因为合同条款的拟定永远无法事无巨细，无所遗漏。合同可以设计得使目标更明确、程序更具体、责任更清晰，然而不管你多么小心地设计，有些任务很难用合同条款具体化；很多时候，合同条款需要默认规则填补；另些时候，模糊用语可能是合同一方的故意留白。如同极限无限趋近于极值，但永远无法与其重合一样，主张用技术的完善来弥补公私合作过程中的问题并不具有完全的说服力。合同的监管是另一个难题，将行政任务的完成依赖于不确定的监管可能产生严重的后

---

①②③ Jody Freeman 文。

果，何况很多政府机构缺乏公私合作的经验和专业知识。因此，不管是合同设计还是合同监管，在实践中都很难达到理想状态。

二、本书的关怀：宪法、行政法维度的思考

宪法学、行政法学对于 PPP 的研究起步较晚，这可归因于法学学科本身的滞后性和被动性。不管是权利的保障还是秩序的维护，法学学科向来都是保守主义者，多数情况下，法学只对已存在的合理性规则进行确认。

经济学对于效率的思考在法学的维度下会变成源头上论证 PPP 合法性的问题。积极的实证性结论将成为规则制定的基础，反之便成为规则变更的动力。因此，宪法学、行政法学就经济学关注 PPP 效率的问题上并不擅长，但却可以将经济学的研究结论作为法学论证的基础。

对于正当性层面的思考而言，法学存在类似的忧虑。因为公部门与私部门划分的二元格局在法学尤其是宪法行政法学上具有根本性的意义。这种区分使两个部门各自发展出独立的基本原则和运作规则，在具体应用中遵循着与私法不同的解释方法和习惯。所以道德论层面的忧虑在法学话语体系中同样存在。私部门的引入是否会导致国家责任的拍卖或落空？公私合作以后私部门是否负有与公部门同样的公法义务？若没有，公部门应当如何监督调控才能保证其国家责任的落实？公私合作是否会危及作为合作第三人的公民的基本权利义务？这些问题可以归结为公部门的责任问题。对此，本书将在第六章中予以讨论。

技术论上的忧虑，主要着眼于公私合作合同拟定的技术和执行的效力，这一问题实质上也是传统行政法学的问题。如同法律规则永远可能存在漏洞一样，合同条款的制定不可能完全周密。面对这一技术难题，如何在既有的管制环境下合理安排合同条款以实现公私合作的顺利完成就成了关键。本书将在第四、五章中展开论述。

公私合作项目期限最长可达 30 年，如何应对合同履行中公—私部门间的法律纠纷，如何在传统行政诉讼框架下解决公私合作合同纠纷？如何回应私部门的诉请？本书将在第七章中讨论。

在公共产品和服务提供过程中，公部门、私部门和使用者形成了三方关系。如何保障作为公共产品、服务使用者又是公私合作关系第三人的合法权益？这些也是本书关心的传统行政法话题。笔者将在第八章中讨论。

总体而言，上述所有问题都可以归结为政府角色问题，即政府在现有的法制框架下，如何进行良好的合作结构设计及如何解决公部门、私部门

与第三人之间的关系。正是由于政府在合作过程中可能扮演合作方、执行方、监管方、责任承担方等多种角色，如何协调各种身份之间的冲突成为以公私合作模式提供公共产品的关键。

第三节　研究综述

目前，公共行政学、规制经济学、金融学、财政学等学科都有涉及公私合作的大量研究，而行政法学对于公私合作的关注较为晚近，其成果也显单薄。为此，本书的写作除主要使用法学文献外，也不排除必要时引用其他学科的研究成果。

一、中国大陆的研究

（一）期刊

笔者于 2009 年 5 月 26 日以“公私合作”为篇名关键字搜索中国期刊全文数据库，获得 2003 年至今发表的政治与法学门类文献共 8 篇。可见，当时直接以公私合作为研究主题的法学期刊类文献非常少。在这为数不多的几篇文献中，作者们对公私合作的概念作了探讨，基本上认为其属于通过合同构建的公私部门的合作关系。在此基础上，为了因应引入 PPP 合作模式的需求，学者们探讨了目前法制的不足，如法律位阶不高等问题，并提出要在主体资格、准入制度、听证程序、监管机制、投资者利益保护和补偿制度、退出机制、争端处理和救济机制、可供选择的权利义务和风险分担模式、其他基础性合同条款要求等方面构建专门的公私合作制度。而对于更好地发挥 PPP 的效用，学者们也注意到了如何建立完善的政府合同制度、如何满足公益的需求、公部门如何做好合作开展后的监管等问题，并提出了各自的见解。① 但总体而言，这些论述都存在论述不够具体、论证不够充分，与实践结合不够紧密，操作性不强等问题。

---

① 如章志远在《公用事业特许经营及其政府规制——兼论公私合作背景下行政法学研究之转变》一文中的观点是：（1）特许经营是公私合作中常见的一种方式。目前我国的特许经营权的行使存在如下问题：法制储备不足，不符合法律保留原则；公部门与私部门对于特许权合作过程中的风险既没有足够的认识，也没有很好的驾驭能力；在特许过程中，由于公众参与机制的缺乏，公共利益存在被虚置的危险。（2）为了改善公用事业特许经营中存在的种种问题，需要引入政府规制学的研究范式，以公共利益和促进竞争为管制目标；建立独立管制机构；共同选择经济性和社会性规制手段。参见章志远：《公用

在修改本书过程中，笔者于2018年10月9日重新以"公私合作"为主题关键词搜索中国期刊全文数据库，获得1 198篇期刊文献，图1.1反映了文章数量的增长状况。总体上看，文章数量一直呈增长趋势。自2012年开始，文章数量增长速度明显加快，可见官方政策发力带来的影响。

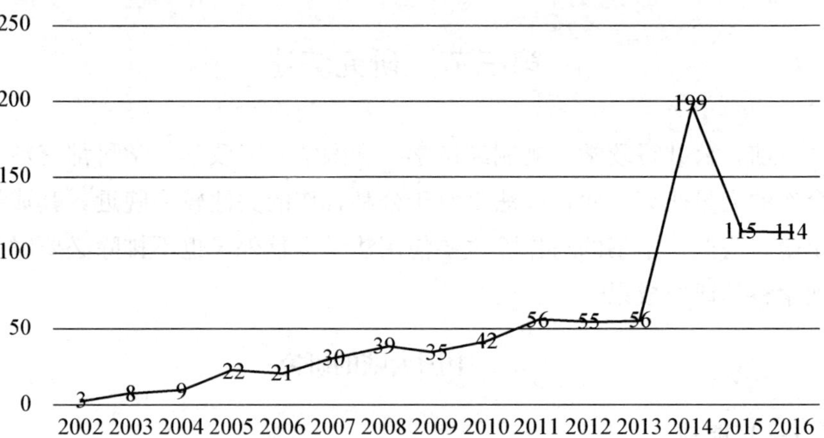

图1.1　历年文章数量

就新增的上述成果来看，大致分如下三类。

第一类是基于某个特定行业的对策研究。一般针对某个行业PPP开展状况，辅以个案研究，再就出现的问题提出若干对策。如针对教育行业，作者认为应深入认识公私合作意义，建立长远性的合作动机；完善准入组织机构和程序，健全公私合作准入机制；完善政策法规、提高财政支持力度，健全公私合作运行保障机制；建构多主体、动态监督评估机

(接上页) 事业特许经营及其政府规制——兼论公私合作背景下行政法学研究之转变》，《法商研究》2007年第2期。彭涛在《论公私合作伙伴关系在我国的实践及其法律框架构建》中的观点为：(1) PPP一般包含以下要素：1) 它是一种具有法律效力的合作协议；2) 协议是在公共部门和私人部门之间缔结的；3) 协议范围主要在公用事业领域，目的是向公众提供服务、物品、设施等便利；4) 协议内容是确定公共部门和私人部门合作中的具体形式、各自的参与程度以及权利与义务。公私合作与民营化属于相互交叉的关系。(2) 公私合作是中国公用事业领域改革的必由之路。(3) 为了应对这种合作模式的充分开展，发挥其效应，应当从如下方面构建PPP法律框架：主体资格、准入制度、听证程序、监管机制、投资者利益保护和补偿制度、退出机制、争端处理和救济机制、可供选择的权利义务和风险分担模式、其他基础性合同条款要求。参见彭涛：《论公私合作伙伴关系在我国的实践及其法律框架构建》，《政法论坛》2006年第6期。于安在《行政合同是公私合作的法律形式》一文中的观点是：行政合同是公私合作的法律形式，应当建立公法与私法结合的政府合同制度。政府合同的法律体系及技术框架方面应融入诸如公平、公开、理性和责任等体现公法价值的安排，以解决适用私法规范导致政府削弱公共利益的问题。参见于安：《行政合同是公私合作的法律形式》，《法制日报》2003年3月31日。

制。[①] 以体育场馆建设为例，探索PPP模式在中国公共体育场馆市场化改革中运行的规律。[②] 以城市公用事业为讨论对象，认为健全法规政策体系、合理界定公私部门的职能、探索私方合作者培育与选择机制、完善城市公用事业公私合作的匹配机制、建立适应的政府监管体系、营造市场机制与政府监管互补融合的格局可作为中国城市公用事业推行公私合作制的政策选择。[③] 以居家养老服务行业为个案剖析对象，认为有效运行的PPP需要应用规则对其中的伙伴行为进行规制，而且还应该遵循一系列原则以促进伙伴关系的建立。[④] 以电信业为研究对象，提出PPP融资模式要在我国电信融资中得到应用，前提条件是要有清晰完善的法律规制做保证；还要选择合适的PPP类型，建立合理的电信基础设施定价机制，设计合理的电信基础设施风险分担模式，等等。[⑤] 上述研究本质上并未揭示出PPP的行业属性，其结论过于泛化，没有特殊性。对策建议也往往过于宏观，缺乏实际可操作性。

第二类研究，主要针对PPP项目执行中的特殊问题展开。如针对PPP项目管理的案例研究，发现在这些合作项目中，公部门与私部门各有不同的目标和追求，实践中所面临的问题、挑战与危机主要同公私合作项目的四种类型（情境型、基础型、共生型和前瞻型）相关。[⑥] 针对PPP中的物有所值评估方法，开展对物有所值评估所包含的项目回报、社会福利、外部性、风险转移四项假设定量和定性分析，指出VFM评估在综合评测PPP项目可行性上存在不足，并提出设计我国PPP项目决策体系的启示和发展策略。[⑦] 就PPP的绩效评价，从知识转移的视角研究城市轨道交通PPP项目的合作绩效评价方法，采用平衡计分卡从项目盈利能力、

---

① 李辉：《我国学前教育发展中的公私合作：问题与建议》，《教育发展研究》2014年第18期。

② 屈胜国：《公私合作伙伴关系模式在我国公共体育场馆市场化改革中的应用——以广州体育馆为例》，《武汉体育学院学报》2014年第8期。

③ 王俊豪、付金存：《公私合作制的本质特征与中国城市公用事业的政策选择》，《中国工业经济》2014年第7期。

④ 郁建兴、瞿志远：《公私合作伙伴中的主体间关系——基于两个居家养老服务案例的研究》，《经济社会体制比较》2011年第4期。

⑤ 吴洪、彭惠、岳宇君：《国有垄断—私有化—公私合作：国外电信业体制变革新趋势及对我国的启示》，《经济体制改革》2011年第4期。

⑥ 巴希尔·玛祖兹、潘丹、郑寰：《公私合作伙伴关系管理面临的议题、挑战与风险》，《国家行政学院学报》2010年第6期。

⑦ 彭为、陈建国、Cui Qingbin、穆诗煜：《公私合作项目物有所值评估比较与分析》，《软科学》2014年第5期。

公众满意度、个人学习效果、组织学习效果 4 个维度构建评价指标体系；然后结合物元理论和 Vague 集提出城市轨道交通 PPP 项目知识转移绩效评价的新模型，并认为该模型比传统模糊物元评价方法更加全面、准确，能有效发现项目运营中存在的问题，并采取措施以提高知识转移的绩效，从而促进城市轨道交通 PPP 项目的成功。① 以 PPP 合同的履约管理为对象开展研究，如有研究以 PPP 项目发展较早的日本为研究对象，选取 67 个 PPP 项目，研究其在契约前中断的影响因素，得出如下结论：不能实现预期目标、存在更优开发方式、存在外部阻碍条件、预期风险难以控制和难以选择项目公司，都会导致 PPP 项目在契约前中断。② 针对 PPP 监管开展研究，指出保证常规监督—激励机制的激励约束效果是 PPP 模式下保障房项目公私双方良性合作机制建立的基础和先决条件；如果常规监督—激励机制效能不足，需要额外检查来补充；当常规和非常规约束机制都失效时，双方的合作必然滑向次劣或最劣均衡导致项目双方及项目本身利益受损。③ 此类研究就 PPP 中的关键问题展开，其视角多属经济、管理、财政、金融等学科，对解决 PPP 中的特定问题有很强的参考意义，但不能直接回答本书所关注的问题。

第三类研究主要从公法角度展开，涉及 PPP 决定过程中的行为行使选择自由理论，PPP 中法律关系认定、PPP 后责任机制的建构，以及 PPP 对行政法学带来的影响。有作者认为传统裁量治理模式需要变更以应对公私合作开展需求。“规范主义控权模式可能已经不再是绝对有效的裁量治理模式，取而代之的是一种以法律原则为取向的功能主义建构模式的改革，尤其在公私合作的大背景下，现行法规范的滞后性已无法满足私法行政形式多样化之需求，凸显这种超越僵硬规范主义的裁量治理模式尤为必要。在这一裁量治理模式的建构下，需要设定几个界限，贯彻法价值理念和行政法基本原则，从而实现法治框架内的行政行为形式选择裁量。”④ 就 PPP 中的法律关系，指出“行政主体与企业基于公私合作契约形成行政法律关系，相关争议适用行政诉讼法救济。基于授权与特许，企业与利

① 易欣：《知识转移视角的城市轨道交通公私合作项目合作绩效评价》，《城市轨道交通研究》2015 年第 4 期。

② 李晨宇、李学军、胡振：《公私合作（PPP）项目契约前中断的影响因素研究——以日本案例为研究对象》2015 年第 3 期。

③ 杜杨、丰景春：《PPP 模式下的保障房建设公私合作机制演化博弈分析》，《工程管理学报》2015 年第 1 期。

④ 张一雄：《论行政行为形式选择裁量及其界限——以公私合作为视角》，《行政法学研究》2014 年第 1 期。

用人分别形成行政法律关系和民事法律关系，分别适用行政救济和民事救济”①。也有学者主张以“修正的双阶理论”为基础，将PPP过程解读为“行政处分”和“行政合同”②。就公私合作对行政法学所产生的影响，有学者提出行政法呈现去“法”化；行政法学由释义法学走向调控法学；担保行政法孕育产生；行政诉讼功能发生变迁。③ 关于合作开展后的责任机制，有学者认为有必要通过强化公用事业消费者的知情权、安全权、受尊重权等传统权利，并赋予对合作项目的参与权，来矫正其所处的弱势地位。同时，企业与政府是公用事业消费者权利所指向的主要义务主体，为保障消费者权利的实现，充分发挥公私合作制的应有功能，应对企业与政府课以相应的义务与责任。④ 上述研究从公法角度关注到PPP所呈现的特殊问题，并敏锐地觉察到其对传统公法思维所带来的冲击，但缺乏深入、系统、实证性的讨论，往往是借用一种成型的理论来做出判断，不能体现中国问题的特殊性，也缺乏对PPP项目实际运作状况的关注。

（二）著作

就笔者的阅读范围而言，专门以公私合作相关问题为研究主题的著作多数属于公共管理学、财政金融学的范畴，如引用率极高的民营化大师E. S. 萨瓦斯的著作《民营化与公私部门的伙伴关系》就是作为公共行政与公共管理经典译丛之一出版的。这些著作更加注重于描述公私合作本身如何展开，如合作过程中风险的预测，风险的分配，融资的结构，对于项目采取公私合作模式的可行性评价，公部门和私部门分别如何决策参与项目等问题。法律面向的关注主要集中在评价现有的法律环境以及可能存在的法律风险等方面。有学者指出，公私合作可能涉及的法律部门包括东道国政策管制的规定、促进外商投资的立法、担保法、公私合作特别立法、合同法、公司法、劳动法、公共责任法。⑤ 同时指出目前公私合作在我国存在的法律障碍主要包括：对政府担保的限制性或禁止性规定不利于合作的开展；将公用事业、公共服务领域引入外资的项目纳入外商投资指导目

① 虞青松：《公私合作契约的赋权类型及司法救济——以公用事业的收费权为视角》，《上海交通大学学报（哲学社会科学版）》2013年第5期。

② 李霞：《论特许经营合同的法律性质——以公私合作为背景》，《行政法学研究》2015年第1期。

③ 陈军：《公私合作背景下行政法发展动向分析》，《河北法学》2013年第3期。

④ 邓敏贞：《论公用事业消费者的权利——基于公私合作背景的考察》，《河北法学》2014年第4期。

⑤ 王梅等主编：《市政工程公私合作项目（PPP）投融资决策研究》，经济科学出版社2008年版，第6章。

录的允许及限制类类别，不利于促进公私合作的开展；对于中外合资经营企业注册资本与投资总额的比例较高，不适应PPP特殊负债比例的要求；争议解决的方式不明。[①] 也有著作提到公私合作的法律关系主体主要包括公部门、私部门和其他利益相关者，并认为其中的法律关系内容涉及合作双方的权利义务、不同的合作模式与合作目标的匹配、商业风险、财政风险、政治风险与其他风险在合同双方之间的分担、合作期限和展期的问题、纠纷解决和法律救济的问题。同时对合作合同属于民事合同还是行政协议作了探讨，认为虽然不同法系国家对此问题的解决十分不同，但各种法律规范适用方式之间的差距已经越来越小，我们不应拘泥于体系的划分和理论上的清楚界定，而应当适应我国现有的制度环境建立足以规范目前的公私合作活动的法律操作流程。[②] 另外，针对政府保证的问题，还有学者更加细化地罗列了目前的法律问题，如竞争方面的政府保证，如果政府过度限制竞争，将违反《反不正当竞争法》，如果政府向项目公司承诺优先权将直接违背《招标投标法》。对土地使用的保证，如果以划拨的方式由政府提供土地则要限制土地的用途及对于土地使用权的抵押，否则会违反相关规定。对主权豁免的保证则取决于国家在主权豁免问题上是绝对豁免还是限制豁免原则。对投资回报的保证，目前照付不议的购电合同并非为法律所明文禁止，但趋势也是将其取消，且允许调价的保证容易成为空头支票。对于税收优惠的保证，政府如果对于税率和税种作出和现有的法律和行政法规抵触的规定，那么这种条款无效，如果法律没有规定的，也需要有关部门的授权或者新法作出规定。[③] 总体而言，这些著作有助于我们更加具体地了解公私合作项目的具体运作，从可行性评价到成本收益分析，从合同条款的设计到风险的分配都为分析其中涉及的法律问题提供了很好的基础和素材。尽管如此，这些著作仍然是从其他学科的角度出发对公私合作展开的论述，没有行政法学理论的分析框架，也没有对法律上的不足提出具体的制度构建，因而总让人感觉意犹未尽。

二、我国台湾地区的研究

我国台湾地区的公私合作研究近年来备受关注。与祖国大陆的情况类似，因为公私合作这个话题涉及了公共行政学、政府管理学等多个学科领

① 王梅等主编：《市政工程公私合作项目（PPP）投融资决策研究》，第6章。

② 余晖、秦虹：《公私合作制的中国试验》，第81页。

③ 王守清、柯永建编著：《特许经营项目融资（BOT、PFI和PPP）》，第1章。

域，因而也成为学者研究台湾本地机构改造重塑等话题的重要素材和载体。就行政法学学科内的研究而言，学者们的关注点主要集中在公私合作的概念、类型、宪法制度上的检讨、行政法制度上的检讨、合作后的公法责任以及合作法制专法的研拟等问题。关于公私合作，我国台湾地区用得更多的词是“公私协力”，他们将公私协力看作是“国家高权主体与私经济主体间本于自由意愿，透过正式之公法或私法性质的双方法律行为，抑或非正式之行政行为形塑合作关系，并且彼此为风险与责任分担之行政任务执行模式”①。

由于他们将公私协力定位于一种行政任务的执行模式，自然容易与传统的行政委托产生联系，行政委托的相关探讨因此可以纳入公私合作研究的知识谱系中。在我国台湾地区，行政委托的范围要比大陆的广得多，基本上大陆的行政授权与行政委托都可以纳入台湾地区的行政委托范畴内。而对于行政委托的研究，台湾地区的成果也颇多。由于不管是公权力委托还是委托经营等非公权力委托，都涉及私人参与行政任务，所以会与公私合作的概念产生交集。如黄茂荣对于政府业务委托民间办理相关法制的研究②中就可以析出公私合作的部分。他将广义的政府业务委托民间办理的情形作了分类，将其称为管制（管理）类、服务类、福利类、采购类四个大类。管制类的特征在于行政机关依公权力对于生产因素、个人或企业组织、交易客体、交易行为、生产活动加以介入，与之有关之行政因具有介入人民基本权利之作用，所以称为介入行政；服务类的特征在于不一定非以公权力为基础不可，因申请或依职权对于人民提供其生活或生产活动上所需之服务，其服务的态样可能为提供个别之行政服务、提供公有财产供个别使用、特许从事一定之业务或赋予一定之资格，与之有关之行政因具有对于人民提供给付的特征，所以称为给付行政；福利类在这里指政府机关基于社会安全（福利）的政策，对于在市场经济中处于弱势者提供之社会照顾，以矫正专注于效率之市场经济之运作结果可能引起之社会问题。至于采购类，本非行政事务，所以其委托并非狭义之政府业务的委托。③在这个分析框架下，政府委托民间办理行政事务中不可避免要涉及私人部门参与办理行政任务，自然符合了公私合作完成行政任务这个典型的特

① 詹镇荣：《行政合作法之建制与适用——以民间参与公共建设为中心》，载《行政契约与民间参与公共建设适用之行政法理学术研讨会论文集》，2007 年 7 月 21 日于台湾高雄大学图书咨询馆 1 楼远距教室举办，第 5 页。

②③ 黄茂荣等：《政府业务委托民间办理相关法制之研究》，我国台湾地区“行政院”经济建设委员会委托研究，1999 年 2 月，第 11 页。

征。因而对于行政委托的所有研究，如委托人与被委托人的关系、被委托人对外为行政任务与第三人之间发生的关系、被委托人的地位、行为的法律后果等问题都为研究公私合作中形成的法律关系与法律后果提供了十分有用的分析框架。当然需要指出的是，笔者意图在福利类和服务类的业务委托领域开展研究，管制类委托因与其他委托有着明显的区别和独有的约束机制，加之传统行政法学对其研究已相当深入，本书不再涉及。

关于公私合作的类型，有学者借用民营化的分类中的功能民营化来阐述。功能民营化是指某特定事物之履行，不仅其国家任务之属性不变，即国家本身也未放弃自身执行的责任，只是执行阶段选择借重私人力量的方式完成任务。① 行政任务民营化类型之一的功能民营化由于在概念上亦同样涉及国家借重私部门之专业知识、人力或财力等资源以协助履行行政任务之情形，与公私协力颇为相近，故很多场合被视为同义词使用。② 而功能民营化一般可以分为行政助手、专家参与、行政委托三种情况。这一分类经常被引用以说明公私合作的类型。也有学者进一步将公私合作的类型具体化为行政机关基于行政契约授予私人行使公权力、行政助手、业务委托、公私合资事业之设立与经营、民间参与公共建设，以及受国家管制之社会自我管制等类型。③

在研究公私合作的宪法容许性部分，与之相类似的研究还包括民营化的宪法容许性等话题，其本质都在探讨公任务的完成引入私人部门是否为现有宪法所允许，学者多持肯定态度。他们认为台湾地区基本法律制度规定的“公用事业及其他有独占性之企业，以公营为原则，其经法律许可者，得由国民经营之”表明，只要有法律授权，就可以实施民营化。而民营化的过程是由完全的公营过渡到完全民营、国家撤退的过程，其无数的中间状态多可归入公私合作的领域。既然民营化的过程在有法律授权的情况下合宪，那么公私合作的诸多形式在同样情况下于合宪这一点上而言应无疑问。除了直接法律条文的解释外，学者们还探讨了公私合作与一系列宪法原则是否存在抵触。如对于民主原则、法治国原则等宪法性原则的检

---

① 许宗力：《论行政任务的民营化》，载《当代公法新论：翁岳生教授七秩诞辰祝寿论文集》，台北元照出版公司 2002 年版，第 581 页。

② 詹镇荣：《行政合作法之建制与适用——以民间参与公共建设为中心》，载《行政契约与民间参与公共建设适用之行政法理学术研讨会论文集》，2007 年 7 月 21 日于台湾高雄大学图书咨询馆 1 楼远距教室举办，第 5 页。

③ 詹镇荣：《论民营化类型中之公私协力》，载《民营化法与管制革新》，台北元照出版公司 2005 年版，第 9 页以下。

讨。这里面尤其引人注意的是对于国家保留原则的探讨。国家保留原则认为组成行政、立法、司法等国家机关的所谓国家的自我组织事项属于典型的国家保留。除此之外的国家保留事项则主要导自于国家的武力独占。由于国家独占武力，所以任何以物理强制力为后盾的国家任务无疑都属于国家保留的范围，从而构成民营化的禁区，如军事、警察、司法、征税、刑罚和强制执行等。① 这些论述对于探讨公私合作的界限至关重要。国家任务有无分层，公私合作模式的应用除了纯粹财政上和效率上的考虑是否还应当有国家任务性质上的考虑。这些问题都与上述理论密切相关。

至于公私合作的行政法检讨，学者主要关注的是已有的行政法律框架对于公私合作有关问题的规定是否有不足、矛盾等地方。学者经过梳理认为，公私合作有关的法律文件主要包括“奖励民间参与交通建设条例”“促进民间参与公共建设法”“政府采购法”等。由于各个规范制定背景各异，适用范围上不无存在交叉的可能，在实际适用过程中难免产生争议，因此有学者如詹镇荣呼吁仿德国法制，建立一部完善的行政合作法，以提供公私合作的基本法律框架。除去对立法更新的呼吁，以传统的行政法理论讨论公私合作中的特殊问题是另一类研究路径，尤其关注法律关系和救济途径。如专门研究双阶理论在采购法律关系中的应用，主张借鉴德国法上的救济设计制度以解决双阶段间法律关系的连接问题。另有作者建议在投资合同中明确合约的性质以利于解决争议；当事人约定合约争议由民事法院管辖或由仲裁庭审理，并非一律禁止。② 上述讨论往往结合实际案例进行，对我国 PPP 法制颇有借鉴意义。

关于合作后的国家责任问题，学者们多数同意公私合作的过程只是国家借用了私人的管理能力和资金等资源来完成行政任务，国家仍然是行政任务的最终提供者和最后责任人。因此，为了保证公共利益的维护，学者们提出了诸如不中断提供义务、维持与促进竞争的担保义务、持续性的合理价格与一定给付品质的担保义务等私部门应当于合作过程中承担且一旦违反需要国家最后担保的责任。这些研究为我们正确看待公私合作的过程尤其是合作提前结束、意外中止等情况下国家任务和角色的问题提供了很多思考的角度和素材。

---

① 许宗力：《论行政任务的民营化》，载《当代公法新论：翁岳生教授七秩诞辰祝寿论文集》，台北元照出版公司 2002 年版，第 581 页。

② 陈志泓：《公私协力之法律关系及其争讼途径——以促进民间参与公共建设法之实务见解为核心》，载我国台湾地区“行政法学会”主编：《2014 台湾“行政法学会”研讨会论文集》，台北元照出版公司 2014 年 12 月版，第 193 页。

笔者在梳理我国台湾地区文献时的另一个发现是，公私合作理论的研究和行政委托、行政任务形式选择自由、民营化、行政契约等知识脉络和体系紧密勾连但又各自独立，个中关系颇值得玩味。但总体而言，笔者感觉我国台湾地区学者对公私合作的研究角度过于抽象，没有具体落实到对合作过程中的细节加以研究，因而对于所有概念的探讨、类型化的尝试都没有足够的生动实例而显得过于理论化，无法与真实生活互相映照，也无从得知其理论的适用性。

三、国外的研究

国外对于公私合作的研究则呈现出多姿多彩、纷繁复杂的景象。对于这个问题的研究一方面取决于公私合作在各个国家本身的发展状况，若大量被使用，则其引发的问题也会因实践所需而受到学界更多的关注。另一方面则受制于各国已有的法律体系，特别是公私法是否区分的法律传统。笔者以下就择几个重要的问题对几个有代表性国家的研究做一简述。

英国是被认为较早实践公私合作的国家，1992 年撒切尔政府所推行的一系列改革都致力于提高政府效能，引入私人部门的力量发挥其作用。它们颁行很多指导手册，引导各级政府开展自我评估，通过一系列复杂的成本效益分析，若发现某项行政任务由私人部门完成更符合资金最大价值（Value For Money）原则的，就实施包括外包（Contract Out）、租赁（Lease）、委外（Concession）、特许（Franchise）等形式在内的公私合作形态。在此之后，虽然政党更替，但这种“瘦身政府”的政策没有实质上的变更。澳大利亚实践中的公私合作也如英国开展得如火如荼，很多大型项目从设计、建造阶段就引入私人部门，以获得因贯穿整个项目建设、运营和维护的通盘规划而达到的成本统筹优势。美国的公私合作以其广泛应用于监狱等传统国家任务理论认为须保留的事项而备受关注。它们将私人引入监狱的运作系统，由其负责监狱的建造、管理等过程，公部门保留监管的角色，对于重要规则的制定如犯人管理的规则等保留最后的权力，这种模式经实践发现其提高了效率，节省了国家司法矫正的成本，受到推崇。当然由于其所涉的是国家刑事司法权的行使、颇为敏感，反对的声浪也此起彼伏，成为很多人讨论的焦点。欧洲其他国家在公私合作领域也颇有经验，包括法国、德国、荷兰、西班牙、意大利等国家，但相对于英国来说，其规模和数量上仍无法比拟，上述各国家之间的法律体系十分相似但细部又差异显著，因此形成了多样的法制框架和研究进路。

鉴于语言原因，笔者只对英文文献进行了检索。学者对 PPP 的研究视角非常多，问题意识难以类型化，但覆盖了 PPP 项目的全程，大体上分如下类别。第一类是研究公私合作项目本身的结构安排和内部逻辑的，如有学者在研究后指出 PPP 项目成功的关键取决于灵活处理不可预期事件的能力，以及核心成员之间的私人关系。① 也有学者在对美国本土的基础设施 PPP 项目进行考察，并对比欧洲、加拿大等其他国家的情况后，认为 PPP 对美国建设、维护基础设施需求而言，具有无可估量的价值。为了运用好这种模式，美国必须学习其他国家，建立对 PPP 进行集中管理的机构，其能统一制定 PPP 规则，对 PPP 项目执行实施统一的监管，并对 PPP 项目对公益的可能影响加以评估，从而使 PPP 执行更富有效率。② 第二类是研究公私合作中的责任问题的，如学者认为要重新审视公私二分关系在现代社会中的意义，通过考量宪法、行政法上的要求，决定某些核心政府功能不能实现外包。对某些职能而言，私部门在履行上更有优势，但对于其他包含了政策决定的职能，公部门行为无可取代。文章还指出虽然公益一词含义模糊，但在现代政治制度中仍具有重要地位，有时可以从是否佩戴徽章等形式标准来判断行为是否事关公益。③ 还有文章针对越来越多的职能外包造成对外包的监管需求大量增长，但同时公部门人数却在不断缩减的问题，提出如下观点：目前美国联邦政府所需的是将政府公务员与外包人员之间以责任机制纽带进行连接。政府负责监督外包的职员是承担纽带功能的最好选择。这种监管功能应被视为政府的核心职责。④ 第三类是对 PPP 合同签订、履行中的法律问题展开研究的。如有文章对 PPP 合同履行开展实证研究，对引发合同纠纷原因、合同当事人的诉请、美国与法国法官在面对 PPP 合同纠纷案件时的不同处理方式等都作了实证分析，并得出结论，在两个国家，法规范、案例法、行政法官的不同推理思维共同影响对“合同成本溢出及均衡”的处理。⑤ 另有文章研究 PPP 项目融资的法律机制，以西雅图体育场和停车场两项 PPP 工程为

---

① Gary Noble, “The Role of Contracts in Public Private Partnerships”, 29 *USJW Law Journal* 276 (2006).

② David W Gaffey, “Outsourcing Infrastructure: Expanding the Use of Public-Private Partnerships in the United States”, 39 *Public Contract Law Journal* 351 (2010).

③ Paul R. Verkuil, “Public Law Limitations on Privatization of Government Functions”, 84 *N. C. L. Rev.* 415 (2006).

④ Tishisa L. Braziel, “Contract Out Contracting”, 38 *Pub. Cont. L. J.* 857 (2008—2009).

⑤ Thierry Kirat & Laurent Vidal, “Litigation on Public Contract Performance: A Comparative Study of the Treatment of Additional Costs and Contract Equilibrium by Administrative Judges in the United States and France”, 38 *Pub. Cont. L. J.* 153 (2008—2009).

例，发现项目绕开州宪法上的禁止事项，动用了诸多融资机制，上述机制排除了公众信息获取权、阻止纳税人参与影响其自身利益的公共财政选择和决定，亦损害了公众的民主权利。文章发现尽管与州宪法不符，法院的裁决肯定了上述法律机制。文章最后提出通过更多的程序保障、限制 PPP 的使用范围、更好地界定甚至排除应急条款可以缓解上述违宪问题。① 还有文章就 PPP 合同修改的相关法律开展讨论。文章认为政府采购程序结束以后对采购合同的修改使法律陷入两难境地。作者认为规制竞争程序结束以后的合同修改是十分困难的。这种困难来源于不同的政策考量和利益权衡。一方面，有些时候对合同的修改是执行合同所不可或缺的；另一方面，对合同不加限制的修改会损害公平竞争，导致腐败。目前的做法是对比合同修改前后的条文，从幅度等要素判断是否允许，该方法并不可取。作者认为应首先明确，竞争程序结束后的合约修改原则上受到禁止，只有提出修改申请一方有足够的原因论证其属于例外，才可允许。同时例外的原因无法以列表的方式进行，只能就个案作具体判断。② 最后，针对欧盟的公私合作市场，有文章探讨了 PPP 法律转化和适用问题，作者提出同样在透明、责任原则机制之下，公共采购立法仍有两种相反进路，基于国内市场优先考虑；指向欧盟市场平等竞争。欧洲法院在形塑法律规范适用地域范围上具有重要作用，其意见同样在解释欧盟公共采购指令在国内立法转化中的兼容性问题上具有重大价值。③ 由于公私合作合同订立过程规制和条款拟定作为一种知识和经验有很强的迁移性，因而外国的研究对我国解决类似问题有借鉴意义。

事实上，各类美国法学期刊的状况是，直接以公私合作为题发表的文章数量有限，大概由于 PPP 在美国并无特别高的共识。相反对公法合同的讨论却累积了很多成果，包括比较法上的研究成果。而公法合同这一主题恰好指向 PPP 中的核心问题。关于公法合同的研究，问题主要包括合同的法律适用、公部门签订合同的权力与自由裁量权的行使之间的关系等。“绝大多数公私部门签订的合同在法国受制于一系列特殊的公法规则

① Nick Beermann, “Legal Mechanisms of Public-Private Partnerships: Promoting Economic Development or Benefiting Corporate Welfare?”, 23 *Seattle University Law Review* 175 (1999).

② Omer Dekel, “Modification of a Government Contract Awarded Following a Competitive Procedure”, 38 *Pub. Cont. L. J.* 401 (2008—2009).

③ Christopher Bovis, “the Effect of Transparency and Accountability on Public Procurement and Public-Private Partnerships Regulation”, 3 *Eur. Pub. Private Partnership L. Rev.* 17 (2008).

的约束，这构成了法国行政合同制度的核心内容。西班牙与法国的制度类似，只是法国行政合同制度的基石是判例法，而西班牙奉行制定法。"① 普通法系国家的学者通常认为公私部门签订的合同并不具有特殊的法律性质，法律适用和救济途径都与普通的私法合同没有区别，这在英国、美国都是如此，甚至部分受到大陆法影响的加拿大也无二致。此外，还有观点认为，合同从本质上分析都是一种私法上的工具，但某些合同，至少部分公法合同（Public Law Contract）仍要受制于一系列特殊的规则，虽然数量上不多。如在德国，一开始它们并不认为合同属于行政行为的一种法律形式，直到后来它们逐渐承认了一些合同具有公法合同的性质，但数量有限。意大利和荷兰在这个问题上有类似的看法，它们认为公法规则只作为补充对公法合同产生一定程度的影响。而关于合同与行政裁量权的限制的问题，各个国家都认为通过合同来约束行政机关本来具有的裁量权是不允许的，如通过合同的约定，对于将来可能出现的某种情况，限缩本应具有的裁量范围，一般认为这样的约定是无效的。具体到合同签订的权限，各个国家的规定也颇有差异。在英国，它们认为行政机关订立合同的权限需要有制定法的明确授权，除非这种权力属于行政机关固有的权力（Prerogative Power）。英国法主要用放松管制和外包法来规范行政机关的合同订立权限。而在法国和意大利，一般认为行政机关有签订合同的自由，只是它们会通过程序性的规定来限制合同的目的。德国的行政程序法规定，只有行政机关存在裁量权的领域，才可以通过合同形式完成行政任务，但规划、税务和机关人事安排领域是禁止用合同方式管理的。在荷兰，合同被要求是一种最后的行政手段，如果没有其他的替代手段，才可以使用合同来实现行政任务。

除此之外，国际组织如世界银行、欧洲经济合作组织、国际货币基金组织等为了推行公私合作的形式发布了很多研究报告和指导手册，促使各国尤其是发展中国家运用这种新型的基础设施和公共服务提供方式以改进政府效能、提升公共服务的品质。

总的说来，国外的研究与国内的研究类似，大家有共同的关注点，有相似的问题意识，其研究结论可提供借鉴和参考。当然，基于不同的法律体系和文化传统，我国不可生搬硬套别国结论，只能经由严谨的比较法论证才可引入和转化。

---

① Jean-Bernard Auby, "Comparative Approaches to the Rise of Contract in the Public Sphere", *P. L.* SPR, 40 (2007).

第二章　公私合作的内涵、开展程序及类型

第一节　重入概念灾区：公私合作内涵的厘定

一、“公私合作”一词的选定

本书所研究的“公私合作”一词直接源于英文词组 public private partnerships（PPP[①]）的翻译。德文中与此对应的词为“Öffentlich-private Partnerschaften”，日文里与此相应的词则为“公私协働”[②]。我国台湾地区的学者多数将其翻译为“公私协力”[③]，而大陆学者则倾向于采用“公私合作”[④]。当然也有一些学者把 PPP 翻译成“公私合伙”[⑤] 或“政府民间合作”。目前官方文件中多用“政府和社会资本合作”。笔者无意探究“公私合作”“公私协力”“公私合伙”等诸多版本中何者才最符合 PPP 一

---

① 也有的地方将该词缩写为 PPPs，纯属习惯上的差异。

② 〔日〕杉冈直人：《ステイクホルダー理論による公私協働モデルの実証的研究》，平成 15 年度科学研究费补助金（基盘研究（B)(2)）研究成果报告书，该研究报告用的就是“公私协働”。

③ 詹镇荣：《行政合作法之建制与适用——以民间参与公共建设为中心》，载《行政契约与民间参与公共建设适用之行政法理学术研讨会论文集》，2007 年 7 月 21 日于台湾高雄大学图书咨询馆 1 楼远距教室举办，第 5 页；程明修：《行政行为形式选择自由——以公私协力行为为例》，《月旦法学杂志》2005 年总 120 期。

④ 如余晖、秦虹：《公私合作制的中国试验》；杨海坤、章志远：《中国行政法原论》，中国人民大学出版社 2007 年版；刘恒主编：《行政许可与政府管制》，北京大学出版社 2007 年版。这些书中都提及了“公私合作”一词。而金融投资类著作里，“公私合作”更是被广泛地运用，如前引〔英〕达霖·格里姆赛、莫文·K. 刘易斯：《公私合作伙伴关系：基础设施供给和项目融资的全球革命》；前引王梅等主编：《市政工程公私合作项目（PPP）投融资决策研究》；孙洁：《城市基础设施的公私合作管理模式研究》，中国人事出版社 2007 年版等。

⑤ 如王灏：《PPP（公私合伙制）的定义和分类探讨》，《都市快轨交通》2004 年 10 月。

词的原意，仅依照已有出版物的多数用法，同时考虑到行文简洁需要，将PPP直接对应于“公私合作”一词。

尽管德国有名言“当吾人定义公私协力之努力，被视为是‘以针将布丁缝合于墙上’”①，其传达出学者对于该定义之无力与头疼，但笔者以下仍试图描述性地阐释“公私合作”之基本所指，以圈定本书的讨论范围。

二、公私合作的语义

（一）欧美地区

现有一些学者认为PPP首先是在英国实践的。② 这应属误解，“PPP系发迹于美国，于70年代在欧洲风行”③。我们不妨追根溯源，看看在美国PPP的含义为何。美国对PPP的定义受到国内学者关注最多的是E.S.萨瓦斯在《民营化与公私部门的伙伴关系》一书中的论述，笔者将其整理如表2.1④：

表2.1　　公私合作内涵三层次表

三种使用方式	内容
第一种含义	公共部门和私营部门共同参与**生产和提供物品和服务**的任何安排。合同承包、特许经营、补助等都可归入此类。
第二种含义	指复杂的、多方参与并被民营化了的**基础设施项目**。
第三种含义	企业、社会贤达和地方政府官员为**改善城市状况**而进行的一种正式合作。⑤

---

① Schuppert，Grundzü ge eines zu entwickelnden Verwaltungskooperationsrechts（Regelungsbedarf handlungsoptimmen eines Rechtsrahmens Für Public Private Partnership），Gutachten ImAuftrag des Bundesministeriumsdes Innern 2001，S. 5. 转引自我国台湾地区“行政院”公共工程委员会0960291号研究报告，第1—10页。

② 彭涛：《论公私合作伙伴关系在我国的实践及其法律框架构建》，《政法论坛》2006年第6期。在此文中，他说道：“自从1992年在英国首次正式应用以来，PPP在美国、加拿大、法国、德国、澳大利亚、新西兰和日本等主要西方国家得到广泛响应，联合国、世界银行、OECD、欧盟委员会等国际组织或共同体将PPP的理念和经验在全球范围内大力推广，包括阿根廷、巴西、墨西哥、印度、菲律宾等发展中国家也开始学习模仿。”肖葱、赵昌文：《在公共环境服务领域推行公私合作模式的思路》，《天府新论》2008年第6期。文中也提到：“PPP（Public-Private Partnership），由英国的雷蒙德（Reymont，1992）最先提出，是指公共部门和私人部门基于契约建立起来的一种合作关系。”

③ 我国台湾地区“行政院”公共工程委员会0960291号研究报告，第1—3页。

④ 〔美〕E.S.萨瓦斯：《民营化与公私部门的伙伴关系》，周志忍等译，第105页。

⑤ Perry Davis，ed.，*Public-Private Partnerships*：*Improving Urban Life*（the Academy of Political Science，1986），4.

从以上三种含义可以看出，萨瓦斯所指的“公私合作”主要着眼于政府的产品和服务提供的功能。由于公共服务和产品的提供大多数通过基础设施[1]领域表现出来，因而出现了第二种用法，即用以指代采用这种公私合作伙伴关系的基础设施项目。而第三种用法，笔者认为与“公私合作”模式产生的来源有关。在美国，公私合作一开始是一些成功的企业家和政府官员在俱乐部活动中为了城市重建和社区开发而设想出来的[2]，这种合作可以包含多种形式，涉及多个基础设施项目。由此很多场合中便以“公私合作”指代特别为改善城市状况而进行的合作。

谈及 PPP 总免不了涉及英国。新自由主义成为 20 世纪后期风靡全球的思潮之后，英国的撒切尔（Margaret Thatcher）政府开展了大规模的公营事业私有化运动。这场绵延至今的私有化运动被认为是欧洲公私合作历程中不可或缺的一页，也是公私合作在欧洲及世界范围内被推广的重要经验读本，其中标志性的是以“Private Finance Initiative（PFI）”[3] 命名的私人投资行动。1992 年英国财政大臣肯尼斯·克拉克为了提升基础设施建设水平、解决公共服务的资金匮乏和公共部门缺少效率等问题[4]，抛出私人投资行动计划，鼓励通过私人投资来完成政府提供公共服务的活动。英国有学者认为，“PPP 是政府提供现代化的、高质量的公共服务及提升英国整体竞争力的关键策略。而 PFI 则为 PPP 的一种重要形式”[5]。尽管 PFI 一

① 《经济百科全书》对基础设施提供的定义为：“基础设施是指那些对产出水平或生产效率有直接或间接的提高作用的经济项目，主要内容包括交通运输系统、发电设施、通讯设施、金融设施、教育和卫生设施，以及一个组织有序的政府和政治体制。”世界银行的《1994 年世界银行发展报告》中，则将基础设施分为“经济基础设施”和“社会基础设施”。前者指“永久性的工程构筑、设备、设施和它们所提供的为居民所用和用于经济生产的服务。这些基础设施包括公用事业（电力、管道煤气、电信、供水、环境卫生设施和排污系统、固体废弃物的收集和处理系统），公共工程（大坝、灌渠和道路）以及其他交通部门（铁路、城市交通、海港、水运和机场）”；后者指“社会基础设施”，通常包括文教、医疗保健等方面。这一定义目前被经济学者广为接受，成为权威性的定义。以上论述参见毛腾飞：《中国城市基础设施建设投融资问题研究》，中国社会科学出版社 2007 年版，第 11 页。

② Perry Davis, ed., *Public-Private Partnerships: Improving Urban Life*, 14.

③ PFI 有被翻译为“私人财政资助”的，参见〔德〕Prof. Dr. Jan Ziekow：《公私协力在德国宪法与行政法上之挑战与发展》，詹镇荣译，载《公私协力（PPP）法制国际学术研讨会论文集》，台湾政治大学法学院于 2009 年 5 月 14 至 15 日在政大综合院馆五楼国际会议厅主办。也有被翻译成“鼓励私人投资行动”的，参见余晖、秦虹：《公私合作制的中国试验》。为简明起见，笔者采“私人投资行动”。

④ 邵瑞、张建高：《准公共产品领域公私合作伙伴关系研究》，《合作经济与科技》2008 年 12 月号下。

⑤ P. P. Craig, *Administrative Law*, 136.

语也伴随着民营化的风潮被英国几经“贩售”成为公私合作的标志性用语，但仍有德国学者认为PFI无法代替PPP的本义，因为PFI“应维持在限于单纯之财政支付行为；反之，财政支付机制虽然屡屡成为公私协力之要素，然而，唯有当合作系超越单纯之财政支付行为以外时，吾人始得以称之为公私协力”①。关于PPP的种类问题，下文会展开论述，但毋庸置疑，英国式的公私合作与美国的概念一致，都注重于公私部门合作提供公共产品和服务。

大陆法国家对公私合作概念的使用则很大程度上受到英美的影响。PPP在欧盟通常指公共部门和私人部门之间的合作关系，而其间也涉及资金、兴建、营运及公共建设之维护和公众服务之提供等。② 可见在欧盟，PPP的指称非常广泛，甚至可能超越公共设施建设和公共服务的提供。在德国，PPP一般被认为只能作为一种诠释性概念，用以概括地指称各种不同公私部门合作形态及其建立之伙伴关系。③ PPP是目前国际间市场开放和行政改革非常热门的概念，但是法学上的描述有很大的困难，甚至也被认为并不适合作为法学上的关键概念。因此，德国国内PPP所指称的对象大致与欧盟的一致。

（二）我国台湾地区

我国台湾地区的公私合作研究受德国影响至深，学者引入公私合作概念时借鉴了德国最广义的界定，泛指所有公、私部门合作履行公行政任务之现象。④ 基于此，凡是行政任务之执行非由公部门所独揽，而系有私部门之参与或协助者，即可涵盖于公私协力概念之中。但PPP应更精确地定义为国家高权主体与私经济主体间本于自由意愿，透过正式之公法或私法性质双方法律行为，抑或非正式之行政行为形塑合作关系，并且彼此为风险与责任分担之行政任务执行模式。⑤ 学者认为自愿与责任分担应作为界定PPP的两大标准。

（三）大陆

在大陆，从1995年5月10日国家计委正式批准广西来宾B电厂成为

---

① 〔德〕Prof. Dr. Jan Ziekow：《公私协力在德国宪法与行政法上之挑战与发展》，詹镇荣译，载《公私协力（PPP）法制国际学术研讨会论文集》，台湾政治大学法学院于2009年5月14至15日在政大综合院馆五楼国际会议厅主办。

② 我国台湾地区“行政院”公共工程委员会0960291号研究报告，第2—7页。

③ 我国台湾地区“行政院”公共工程委员会0960291号研究报告，第3—3页。

④ Vgl. P. J. Tettinger, Die rechtliche Ausstaltung von public privte Partnership, DOV 1996, S. 764；F. Scboch, Public privte Partnership, in: Erichsen (Hrsg.), Kommunale Verwaltung im Wandel, 1999, S. 103. 转引自詹镇荣：《论民营化类型中之公私协力》，载《民营化法与管制革新》，台北元照出版公司2005年版，第9页以下。

⑤ 詹镇荣：《论民营化类型中之公私协力》，载《民营化法与管制革新》，台北元照出版公司2005年版，第9页以下。

BOT 试点项目以来[①]，在公用事业[②]领域引入私人力量完成国家任务的大门已徐徐展开。学界对于公私合作的讨论开始于公共行政学等学科，随后法学领域尤其是行政法学领域开始逐步关注。对其概念，学者多数都参照英国或其他欧盟国家的使用习惯加以介绍，如认为公私合作制是指多方参与、结构复杂、并在政府监管下商业化运营基础设施，主要是公用事业的一种制度安排。[③] 这种界定将合作主要框定于公用事业领域，并着重提示了政府监管加商业运营的结构安排。

将公私合作定义为公共部门和私人部门之间的合作关系是一种纯字面的解释，严格说来不符合作为一个定义应具备的内涵加外延构成的周延性和区别度。所以多数人都觉得公私合作由于其类型的多样化和模式的多变性，更适合依描述性方式阐释。合作方式多种多样，各种行政行为过程中都可能产生合作因素，如行政立法中立法草案征求公众意见、行政调查中被调查人的配合、行政协议中合同双方的协商、行政委托中委托方和被委托方的协作等都能被看成是体现合作的因素。但这些因素若不加区别都纳入公私合作这个大筐，必有悖于公私合作概念的原意。有学者在研究国内煤炭行业的公私合作现象时曾将煤矿安全生产责任状、部门利益协调小组与安全生产联席会议制度等都纳入公私合作之范畴[④]，实则有将合作的概念过于泛化之嫌。当然，我国学界有从更广泛意义上讨论公私合作的现象，如私人参与履行警察任务，包括治安承包、辅助警察、拍违有奖和警方线人等；或公私合作制订标准，例如政府部门委托行业协会制订行业标准等。上述行为较明显涉及公权力行使，往往在行政授权或行政委托等理论框架下讨论。笔者承认从更广泛意义而言，上述活动亦可纳入公私合作范畴。但为了尽可能圈定文章的讨论范围，聚焦问题，同时与国际上对 PPP 的通常意义相匹配，本书仍将公私合作限定为合作提供公共产品或服务。当然，这种区分并非意指，公私合作领域必然不包含权力委托或授权。

---

① 王守清、柯永建编著:《特许经营项目融资（BOT、PFI 和 PPP）》，第 128 页。这是官方正式的 BOT 试点，事实上，类似的实践在 20 世纪 80 年代已有零星的开展。

② 根据建设部颁布的《关于加快市政公用行业市场化进程的意见》，城市公用事业主要包括供水、供气、供热、公共交通、污水处理、垃圾处理、市政设施、园林绿化、环卫保洁等 9 类行业。此官方界定对于讨论我国语境下，能开展公私合作的公用事业领域较有意义。

③ 余晖、秦虹编:《公私合作制的中国试验》，序言第 2 页。

④ 高家伟:《论大陆煤炭行业监管中的公私合作与公私伙伴关系》，载《公私协力（PPP）法制国际学术研讨会论文集》，台湾政治大学法学院于 2009 年 5 月 14 至 15 日在政大综合院馆五楼国际会议厅主办。

较有共识的是，公私合作是一种将私部门纳入行政任务的完成过程的现象，私部门因参与阶段和程度的不同使各种合作模式呈现光谱式的分布，从一端至另一端，参与密度逐渐提升。而这种合作多数适用于基础设施领域，目的在于完成提供公共产品和公共服务的国家任务。在此过程中，私部门可分别参与设计、建造、融资、运营、维护等阶段或这些模块的任意排列组合，从而产生各种具体的类型和模式。BOT、DBFO、BOO①、OT② 等平时耳熟能详的缩写指的就是各种不同的合作模式。

2014 年，官方文件中出现了 PPP 的描述性定义。“政府和社会资本合作（PPP）模式是指政府为增强公共产品和服务供给能力、提高供给效率，通过特许经营、购买服务、股权合作等方式，与社会资本建立的利益共享、风险分担及长期合作关系。”③ 该定义给出了 PPP 的目的、方式、合作模式等信息，可以作为理解 PPP 的重要表述。

三、公私合作与相邻词汇的考察

公私合作与民营化、服务外包、行政委托、行政授权、政府采购等概念存在极其复杂的关联。

（一）民营化

由于民营化也属于描述调动民间力量、发掘民间活力以提升组织运行效率和效益的概念，因而和公私合作强调的纳入私部门完成公共任务以提高行政效率有相同的价值取向，在具体案例中也经常重合。基本上不同类型的公私合作都可以纳入更细化的民营化类型（详见表 2.2）中。若进一步考究，则公私合作更强调双方的合作过程以及双方风险的分担，而民营化更注重产权的界定，往往以之为单一的判断标准。而且完全民营化的结果可能是国家的完全退出，这种公部门的完全撤退相当于放弃了国家任务，不再存在公部门与私部门的合作因素，因而也跳出了公私合作的谱系，属于完全的民营。

表 2.2　民营化类型

民营化类型	内涵④
组织民营化	于传统国家法人与地方自治法人之外，或新设，或直接由既有国家机关组织改制成一新的独立法人，再由该新的独立法人执行国家任务。

① BOO 是 Build-Operate-Own 的缩写。

② OT 是 Operate-Transfer 的缩写。

③《国家发展和改革委员会关于开展政府和社会资本合作的指导意见》（发改投资〔2014〕2724 号），2014 年 12 月 2 日颁发。

④ 我国台湾地区“行政院”公共工程委员会 0960291 号研究报告，第 3—19 页。

续前表

民营化类型	内涵
功能民营化	就特定任务的履行不仅其国家任务属性不变，且国家本身也未放弃自身执行的责任，只是执行阶段选择借重私人力量的方式完成任务。
实质民营化	某特定行政事务的国家任务属性虽维持不变，但国家本身不再负责执行，而转由民间负责或提供。

（二）服务外包

服务外包（Contract Out）属于很常见的现象，即公部门将一些专门的服务项目发包给私部门承担。如将城市市容清洁、道路树枝修剪等服务交由私部门处理、由公部门付费，以节省政府的人力成本并提高效率。在英国，外包被列为公共行政改革的五大选择之一，当一个行政部门检视自己的活动时，这个活动可以有废除、民营化、外包、由下一步机构（Next Steps Agency）承担或维持原状五种选择。① 通过外包可以促进竞争、产生创意和技术，外包方还承受着服务瑕疵和迟延将带来惩罚的压力。这将根除充分预算供应下公部门的低效率问题。外包实质上属于公私合作的一种形式，其合作体现为公部门购买私部门的服务，利用私部门来提升行政效率。但这种合作一般说来私部门承担的风险不高，只在无法很好地完成外包任务时才承担一定的违约责任，因而可以说合作的程度不高，处于合作光谱较左端的位置。

（三）行政委托

行政委托在我国行政法领域是指行政机关依法将部分行政权委托给行政机关以外的组织行使的法律制度。② 行政委托经常与行政授权成对出现。行政授权是指法律、法规直接将某些行政职能及行政权授予行政机关以外的组织行使的法律制度。③ 不论是行政委托还是行政授权都蕴含了将行政机关以外的组织或个人④纳入行政任务完成过程的要素，若被授权人或被委托人属私部门，则又完成了一次公私合作。但笔者认为，依照 PPP 的原意，虽然公部门授权或委托私部门完成行政任务也呈现出一种合作关系，但这与更狭义的公私部门于基础设施领域合作提供公共产品不同。也就是说，权力关系和非权力关系的合作呈现出两种完全不同的理论基础和合作结构。本书认为，行政授权或委托并不构成狭义的公私合作。当然这种界定不否认某些情况下行政授权或委托会形成广义上的公私合作局面。

① P. P. Craig, *Administrative Law*, 128.

②③ 薛刚凌：《行政授权与行政委托之探讨》，《法学杂志》2002 年第 3 期。

④ 一般认为行政委托也可以及于个人。

另外，当行政委托与授权基于法律规定而产生，并非经由合同形成合作关系，或受委托或被授权的对象并非私部门时，就超出了广义的公私合作的范畴。狭义的公私合作大部分专注于公共产品的提供，基本不涉及公权力的行使（但不排除少部分涉及），从这个意义上说，公私合作倒更类似于我国台湾地区所称的委托经营，而不属于大陆的行政委托或授权。

值得一提的是，我国台湾地区学者将政府业务委托民间办理分为管制类、服务类、福利类、采购类四类。[①] 其委托的含义更加广泛，将权力关系和非权力关系都纳入其中。笔者将采购类、管制类、服务类、福利类业务委托间的关系用图 2.1 表示，具体的内容可参见本书前文的研究综述部分。在这种分类框架下，我国台湾地区行政委托的概念远大于大陆的行政委托，且其与公私合作也呈现交叉关系，即契约型公私合作都属于行政委托的范畴，而机构型公私合作则无法纳入其范围。另一方面，按照风险分担与国家最后责任为基础提供公共服务和产品的原则，行政委托中也仅有内部业务委托、内部设施委托、委托经营与特许经营有构成狭义公私合作的可能。

（四）政府采购

政府采购在我国的《政府采购法》[②] 中被定义为各级国家机关、事业单位和团体组织，使用财政性资金采购依法制定的集中采购目录以内的或者采购限额标准以上的货物、工程和服务的行为。传统政府采购合同的设计存在诸多问题使得财务控制不良、工期拖延等现象经常发生。这种绩效表现使得政府越来越多地采用建设—运营—移交（BOT）、设计—建造—融资—运营（DBFO）模式。[③] 公私合作与传统政府采购的差异在于私人参与的成分更大，作用更多，甚至达到了和公部门同样的比重，因而形成伙伴关系。PPP 始终关注经过明确定义的项目产出，慎重考虑详尽的商业预测和项目开发，制定实施项目管理和合同管理计划，且涉及各级别的市场测试。PPP 的结构在更多方面提供公共监督的机会。[④] PPP 中公共任务长期由私人执行且由私人承担了传统采购中由公部门承担的风险。在某些版本的公私合作定义中，政府采购也属于其中的一类，并且位列于光谱的最

---

① 黄茂荣等：《政府业务委托民间办理相关法制之研究》，我国台湾地区“行政院”经济建设委员会委托研究，1999 年 2 月，第 11 页。

② 中华人民共和国主席令第 68 号，2002 年 6 月 29 日通过，2003 年 1 月 1 日生效。

③ 〔英〕达霖·格里姆赛、莫文·K. 刘易斯：《公私合作伙伴关系：基础设施供给和项目融资的全球革命》，济邦咨询公司译，第 73 页。

④ 参见上书，第 79 页。

左端，但更狭义的PPP更关注风险与责任的合理分担，将政府采购排除在公私合作的范畴之外。需要指出的是，目前我国PPP中选择社会资本合作方的程序适用《政府采购法》的相关规定，这也与国际上的做法一致。

四、本书的界定

综上，本书认为公私合作是公部门为提供公共产品和服务，经由一定的结构设计，与私部门合作，实现共担风险并由公部门承担最后担保责任的制度安排。公部门是指政府，实践中会出现政府透过国有控股公司加入合作的方式；私部门是指社会资本，一般指境内外的独立企业法人。公私合作主体是指公私合作中的项目主体，由其具体负责提供产品、服务。合作过程中，私部门的参与程度呈现光谱式由小到大的排列。合理分配公、私部门间的风险和责任将是合作结构设计的重点，也是公私合作成功与否的关键所在。合作可能呈现出各种各样的形态，一般说来提供公共产品的过程不涉及公权力的委托和授权，但很多时候这种区分非常困难，这与公私合作的领域紧密联系。如若是涉及监狱、儿童福利、教育、医疗的公私合作，私部门极有可能参与到核心的公权力行使部分，但若只是垃圾处理、供水、供暖等领域，一般说来极少涉及公权力行使。结合我国目前的公私合作状况，本书主要关注不涉及公权力行使的公私合作，而将注意力放在给付行政领域的公共产品、服务提供上（图2.1）。

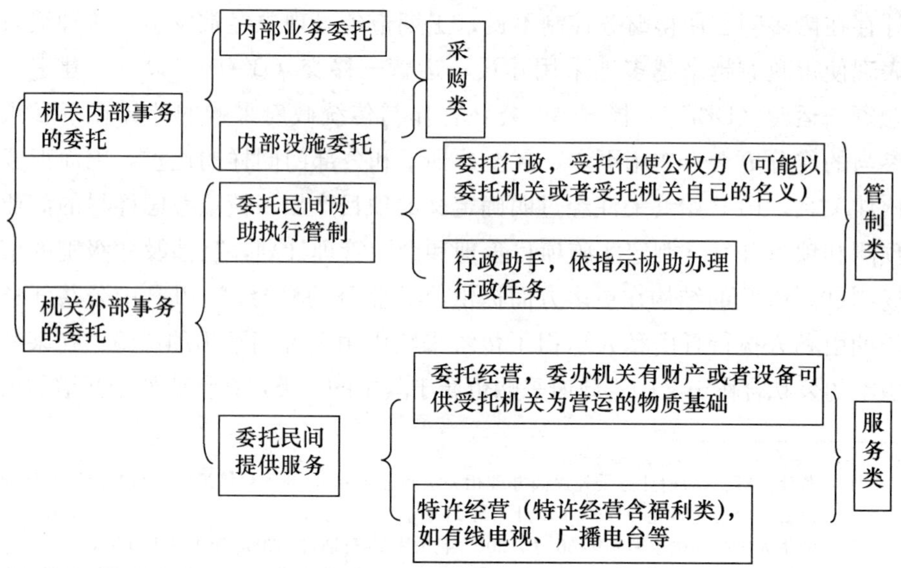

图2.1　行政委托分类示意图

第二节　公私合作的开展程序及类型

一、开展程序

以下将从纵向对具体的公私合作过程进行描述，以呈现 PPP 典型的发展过程。

一般每个 PPP 项目都需要经过筹划、鉴别、评估、合同或其他文件设计、合作方协商、执行各阶段。[①] 目前，我国在 PPP 项目执行指南中列举的开展步骤包含项目发起、项目识别、项目准备、项目采购、项目执行、项目移交。两种流程基本类似，只是后者明确了采购流程，使项目推进程序更加明确。

（一）筹划

筹划是对要进行的政府任务进行性质定位，分析论证 PPP 模式的可能性。在英国，相应的论证包括了以 VFM（Value for Money）为目标的资金最大使用效益论证，通过前期的预算和概算，结合以往项目的经验，比较 PPP 模式的优劣。除了效益方面的考虑，还需要了解当前法律环境下项目的可行性，很多时候法律制度的优劣将严重影响效益的可估算程度。

（二）鉴别

鉴别是在确定适用 PPP 的情况下，具体考察适用哪一种 PPP 模式，这需要结合项目的实际情况来确定。如项目对产权比较敏感，属于政府严格控制的领域，则不能出现机构型的合作模式，由社会资本参与其中。又如项目本身没有盈利的可能，不能向社会公开收费，如无收费公路，则应列入非经营性项目，由政府为主要出资方，考虑由私部门代建或参与运营。需要指出的是，目前，官方已经倾向于不采纳代建方式开展合作，四部委《关于制止地方政府违法违规融资行为的通知》（财综〔2012〕463 号）对 BT（Build-Transfer，也称代建）做出了严格限制。此外，浙江省发改委、浙江省财政厅《关于进一步加强浙江省政府性投资项目融资建设管理指导意见》（浙发改法规〔2014〕570 号）中也提到要审慎稳妥运用 BT 等政府性债务融资建设模式。

（三）评估

评估是根据选定的 PPP 模式，进行具体的财务、经济和风险分析，

① 王梅等主编：《市政工程公私合作项目（PPP）投融资决策研究》，第 31 页以下。

对项目运转情况作出预期。

（四）合同或其他文件设计

此阶段要对 PPP 运作流程作出设计，成立专门的指导机构，组织专家部署方案，拟定公私合作合同初步文本或者招标文件。

（五）合作方协商

该阶段的主要工作是根据既定程序选定合作对象，签订合同。合作方竞争程序是关键，选定合作对象后，往往允许就合同结构和内容再行商议，视具体的采购类型而定。

（六）执行

执行是私人部门正式开始参与设计、建设、运营等过程中的某部分，获得合理利润，政府同时对私人部门展开监督的阶段。政府通常以中期评估、接受投诉等方式保证合同持续得到履行。

二、公私合作的类型

公私合作虽然内涵宽泛，但仍有类型化的可能。除了上述纵向的描述，以下结合类型化的方式从横向对 PPP 加以分析。

（一）类型化的可能

公私合作由于其结构的复杂性和形式的多样性，可以有多种分类形式，笔者认为如下这种分类最有意义。基本上 PPP 可以区分为机构型（Institutionalized PPP）和契约型（Contractual PPP）两类。机构型公私合作指公私部门合资组成公司，或由私部门参与既有之国有公司，再经由委托经营者模式，接受委托办理行政任务。这又被称为组织型 PPP。[①] 契约型 PPP 主要由公部门透过契约来确保欲达成的目的及尽到监督的义务。这其中又可以分为委托模式和许可模式（见图 2.2）。[②] 前一模式中私部门直接从公部门取得相关费用，而后者是从第三人处取得费用，一般指使用者付费的状况。

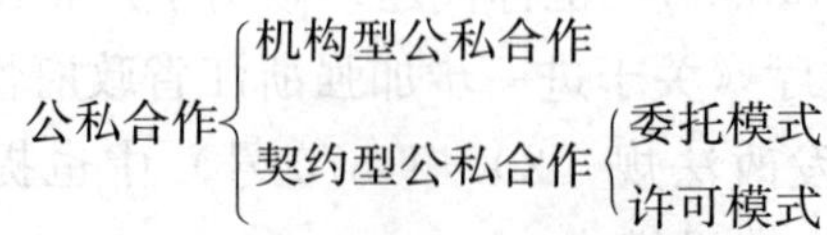

图 2.2　公私合作分类示意图

---

① 该分类参见我国台湾地区“行政院”公共工程委员会 0960291 号研究报告：《欧盟地区公私合伙（Public Private Partnerships）政策推动历程与现况之研究》，第 3—7 页。

② 参见上书，第 3—8 页。

我国开展的部分国有企业股份制改革和民营化改制，如果其进行的是提供公共产品的活动，可以归入机构型公私合作的范畴。而更加典型、更吸引眼球的是契约型的公私合作，其产生的行政法问题更多，涉及面更广。如在德国，20 世纪 90 年代较注重机构型公私合作的讨论，但如今主要针对契约型 PPP 展开讨论。[①] 本书也将大量探讨契约型公私合作，并将主要从行政协议的角度加以分析和讨论。事实上很多合作模式是契约型与机构型的混合模式，如由公私部门合资建立一个项目公司，再由公部门授权其特许经营，在这个结构中，项目公司就属于机构型公私合作中的合作机构，而特许经营合同就符合了契约型公私合作的特征。

另我们若试图将公私合作的类别与民营化分类相互对照，将进一步发现两个范畴之间的联系（见表 2.3）。

表 2.3　　公私合作与民营化类型对应表

<table>
<tr><th>公私合作类型</th><th colspan="2">民营化类型</th></tr>
<tr><td>机构型</td><td colspan="2">组织民营化</td></tr>
<tr><td rowspan="2">契约型</td><td>委托模式</td><td>功能民营化</td></tr>
<tr><td>许可模式</td><td>任务民营化</td></tr>
</table>

此外，PPP 按照私人参与的不同程度和合约形式的差异可以分为以下种类（见表 2.4）[②]：

表 2.4　　公私合作类型表

名称	内涵
建设—运营—移交（BOT）	私部门对项目的融资（筹款）、设计、建设和运营承担主要责任。项目产权最后移交至公部门。
建设—拥有—运营（BOO）	私部门融资、建设、拥有并实际上永久运营一座基础设施。
租赁（Lease）	租赁合同的约定会涉及项目的设计和建设或运营，但不包括项目融资。但一般由公部门负责建设基础设施，由私部门负责营运和维护，并由其自负盈亏，所有权由公部门拥有。
合资（JV）	指的是私部门和公部门共同融资、拥有并运营一座设施。例如美国推行的许多城市重建计划，当地政府主管部门为私营开发商或自己购买和清理将沦为贫民窟的地区，以便投资兴建新项目。

① 该分类参见我国台湾地区“行政院”公共工程委员会 0960291 号研究报告：《欧盟地区公私合伙（Public Private Partnerships）政策推动历程与现况之研究》，第 3—23 页。

② 以下分类及其描述参见〔英〕达霖·格里姆赛、莫文·K. 刘易斯：《公私合作伙伴关系：基础设施供给和项目融资的全球革命》，济邦咨询公司译，第 9—10 页。

续前表

名称	内涵
运营或管理合同（Contract Out）	在这类合约下，私营部门只是部分参与项目，比如提供一些服务或管理项目的运营，相当于管理营运服务的外包。
合作管理（Cooperative Management）	存在于政府与私营实体之间，与众多的股权合作方式及社会住房计划采用的特许经营安排相比显得更为不正式。如在哥斯达黎加，政府修建宾馆，而私营组织则开发生态旅游项目、资助一些旅游胜地的宣传活动。①

除以上几种最基本的种类之外，还有更多的合作类型，包括 BLT（建设—租赁—移交）、BLTM（建设—租赁—移交—维护）、BTO（建设—移交—运营）、BOOR（建设—拥有—运营—拆除）、BOOT（建设—拥有—运营—移交）、LROT（租赁—更新—运营—移交）、DBFO（设计—建设—融资—运营）、DCMF（设计—建造—管理—融资）和 DBFOM（设计—建设—融资—运营—管理）。②

这种分类方式将合作过程切分为设计、融资、建造或更新、运营、管理等几大阶段，又加入产权移交、租赁关系等要素，经不同的排列组合呈现出以上多种合作模式（光谱式分布可参见图 2.3）。由此可见，公私合作中基础设施建设的资本投入和融资可能由公部门完成（如租赁模式），也可能全部由私部门完成（如 BOO），还有可能是公私部门一起合作完成（如 JV），而设施的产权可能存在由私部门到公部门的移交过程，也可能自始至终都由公部门或私部门享有，因而投资主体或产权已无法作为是否存在公私合作的判断标准。不论私部门参与的部分有多少，体现共同分担风险的合同安排都属于公私合作的范畴。

政府部门	国有企业	服务外包	运营维护外包	合作组织	租赁建设经营	建设转让经营	建设经营转让	外围建设	购买建设经营	建设拥有经营

图 2.3 公私合作类型分布光谱图③

① Rondineili, D., " Public-Private Partnerships ", in C. Kirk-patrick, R. Clarke & C. Polidano, *Handbook on Development Policy and Management*, (Edward Elgar 2002). 转引自〔英〕达霖·格里姆赛、莫文·K. 刘易斯：《公私合作伙伴关系：基础设施供给和项目融资的全球革命》，济邦咨询公司译，第 10 页。

② 更多类似的分类可参见余晖、秦虹编：《公私合作制的中国试验》，第 53 页以下表 1—3；王守清、柯永建编著：《特许经营项目融资（BOT、PFI 和 PPP）》，第 18 页以下。

③ 这三个例子参见〔美〕E. S. 萨瓦斯：《民营化与公私部门的伙伴关系》，周志忍等译，第 254 页。

（二）机构型公私合作和契约型公私合作

1. 机构型公私合作

如上文所提到的，公私合作呈现出似乎无穷无尽的合作类型和模式，使得对其描述和把握显得十分困难。这里将沿用机构型（Institutionalized PPP）和契约型（Contractual PPP）两种分类方式，分别加以描述。如上所述，机构型公私合作指公私部门合资组成公司，或由私部门参与既有之国有公司，再经由委托经营者模式，接受委托办理行政任务。一般而言，这种合资公司的形成过程都是由政府出售股权达成的。出售的对象包括公众、风险投资者、管理层甚至是消费者集团。如 1987 年美国将联合铁路运输公司股份向公众公开发售。向管理层出售也很普遍，英国国有卡车货运公司就是将其资产出售给管理层。而出售企业资产给使用者或者雇员的例子，则如非洲一些国家将农村电网或供水设施出售给当地使用者合作社。① 萨瓦斯这样评论："国企在发展中国家扮演更重要的角色，是国有企业是发展经济的捷径这一社会主义观念的遗产。全世界 1987 年已有 1 269 个国有企业完成了政府撤资，其中 80%发生在发展中国家。"② 最近，政府又力推"混合所有制"，"除极少数企业保持国有独资外，其他都要以混合所有制为企业的主要组织形式，但要视国企的功能确定合适的国有股权比例。未来将鼓励民资以货币、实物、知识产权、土地使用权等法律和行政法规允许的方式参与国企改制重组"③。这种改革承袭了引入社会资本、改变国资垄断的思路，仅从股权角度而言，构成机构型公私合作；但从本质上而言，公私合作往往是就单个项目进行的有明确产出的设计，其结构较为复杂，私部门承担的功能、对价、双方风险都是经过严格规划、限定的，因此，单纯的股权合作不构成机构型公私合作的典型形态，只是在外观上较为接近，仅属于广义上公私合作。

2. 契约型公私合作

契约型 PPP 主要由公部门透过契约来确保欲达成的目的及尽到监督

---

① Cento Veljanovsky, *Selling the State: Privatisation in Britan*, (Weidenfeld & Nicolson 1987), 136-137. 转引自〔美〕E. S. 萨瓦斯：《民营化与公私部门的伙伴关系》，周志忍等译，第 131 页。

② Charles A. Lave, "The Private Challenge to Public Transportation—An Overview," in Charles A. Lave ed., *Urban Transit: The Private Challenge to Public Transportation*, (Pacific Institute 1985), 16. 转引自〔美〕E. S. 萨瓦斯：《民营化与公私部门的伙伴关系》，周志忍等译，第 196 页。

③ 王维丹：《国企混合所有制时间表已定 2020 年基本完成股权多元化改革》，见 http://wallstreetcn.com/node/107088，2018 年 11 月 12 日最后访问。

的义务，它包括委托模式和许可模式。在本书的论述框架下，委托模式主要是指公共产品的外包。从政府建设工程的外包，到某些市政服务的合同外包，如垃圾收集、道路树枝修剪等服务的外包，甚至公部门后勤服务委托私部门提供都属于此种委托模式。当然，委托外包既可能是纯粹地将产品和服务的提供职能外包，由公部门付费；也有可能是委托私部门经营有关业务，由私部门自负盈亏，某些情况下还需要上缴部分盈利收入。政府部门事实上在多种层面介入市场，从事经营活动①，这点在我国的情况更为明显。由于意识形态的影响，我国社会主义改造完成后，几乎见不到私有制的身影，企业都是清一色的国家所有制或集体所有制。商店、工厂、宾馆甚至澡堂都是公有的。经过多年的发展，很多国有企业到后期经营不善，负债累累，面临严重亏损，成为吸收国家补贴的无底洞。我国在20世纪90年代开始的以“抓大放小”为指南的大规模国有企业改革②过程至今历历在目。很多国企更是承担了许多社会功能，如企业办幼儿园、学校、医院、宾馆等，在改制期间，这些社会功能大部分都通过委托经营的方式外包给私人部门。

许可模式是指政府授予某一私人组织直接向公众出售其服务或产品的权利（通常是排他性的权利）。私部门通常为此向政府付费。萨瓦斯将涉及公共场域的使用，如领空、街道、地下空间等的许可和租赁——私营企业租用政府的有形资产从事商业活动——都称为特许。事实上这个关于许可的界定并不明晰，容易与委托经营造成混淆。另一种关于特许的表述是：“特许经营是指行政部门也称经营权发租方，将一公用事业经营权交给一私人机构（有时是公立机构），即经营权承租方，由其通过对用户征收租金等手段以及其它有利条件，对所承租的公用事业进行开发管理，自负盈亏，并承担各种风险。”③ 以上界定都过于宽泛，不够严谨，未能反映出特许的实质。实务部门对特许经营的界定反而能为我们提供更为清晰的指引：基础设施领域的特许经营是指政府为项目的建设和经营提供特别行政许可，由民间资本作为项目的投资者安排融资、承担风险、开发建

① 如埃及名义上是禁酒的伊斯兰国家，但政府却拥有并经营酿酒厂，还拥有和经营可口可乐工厂。在美国，政府拥有高尔夫球场、电台、公墓、饭店、成人书店和实际上的色情场所。

② 国企改革的历程参见陈国恒：《国有产权制度改革研究》，中国社会科学出版社2004年版，第二章。

③ 徐宗威：《法国城市公用事业特许经营制度及启示》，《北京天则经济研究所公用事业研究中心参考资料》第8期，见 http://www.ccppp.org/，2016年12月1日最后访问。

设、获取回报。[①] 笔者以为，特许的本质特征在于其受制于政府部门的特别许可权限，即政府部门在该领域实施了进入规制，只有经过特别许可才得开展经营。我国《行政许可法》第 12 条第 2 项是关于可以设定许可范围的规定，即“有限自然资源开发利用、公共资源配置以及直接关系公共利益的特定行业的市场准入等需要赋予特定权利的事项”。该项一般被学界认为是政府特许权的法理基础，即对于上述这些领域，政府设置一定的准入资格，而一旦符合了这些资格，获得特许权，就获得在一定范围内独占经营的权利。这种由于特许制度而产生的垄断经营往往会带来收益的保证，从而也是政府开展公私合作，增加收入的重要渠道。当然特许在更多时候是基于产业自然垄断的属性形成，而非通过授权人为建构的。如供水产业由于自身的特性，必须具备一定的规模，才能产生经济效益，而开放竞争则不符合产业经济本身的规律。同时由于管网的建设本身需要极大的前期投入，且不具有转变用途的可能，巨大的沉淀成本和投资也使得一般的企业无力参与。因此获得许可的私部门通过一定范围的独占经营权参与投资、建设、经营中的部分或全部，向公众收取费用以弥补投资获得盈利，并向政府交纳一定的特许权利金，便是典型的特许过程。特许可以说是公私合作最为常见的形式，也是分析公私合作模式中最重要的一环。世界上很多著名的公私合作案例都是通过特许的方式展开的，如连接英法的海底隧道项目，作为目前为止世界上投资最大的 PPP 竣工项目，就是通过特许建成的。整个项目历时 8 年多，耗资约 100 亿英镑。1986 年 3 月英、法政府与欧洲隧道公司正式签订协议，授权该公司建设和经营欧洲隧道 55 年（后来延长到 65 年，从 1987 年算起）。到期后，该隧道归还两国政府作为联合业主。协议还规定两国政府将为欧洲隧道公司提供必要的基础设施，并且该公司有权执行自己的商业政策，包括收费定价等。该项目被撒切尔首相看作“私人部门有能力建设大规模工程的标志”[②]。

---

① 郭励弘：《民间投资城建与特许权经营》，《经济参考报》2004 年 10 月 20 日。该作者进一步指出特许（franchise）经营与特许权（concession）经营是两个不同的概念。特许经营是指特许人与受许人之间有契约关系，特许人提供拥有产权的商业技术和经营诀窍并对受许人进行培训，受许人交纳一定费用取得使用权。典型例子是连锁店。特许权经营则是政府对特定产业的一种规制手段，以特别授权的方式批准所选派的经营者进入市场。典型例子是银行业的准入、美国禁酒时期的酒商许可。在本书范围内，属于公私合作形式的即为特许权经营，为叙述方便，下文中不再加以区分，特许或特许权在同一意义上交替使用。

② 姜红德：《公私合作模式的国际经验借鉴》，见天则经济研究所公用事业研究中心网站，http://www.ccppp.org/，2015 年 1 月 3 日最后访问。

第三节 实证分析：北京地铁四号线案例

实践中很多公私合作的案例都是同时包含以上多种具体合作形式的，笔者在此以北京地铁四号线为例加以说明（图 2.4）。地铁四号线是北京为了迎接奥运，加快建设轨道交通的需要采用公私合作方式吸纳民间资本参与基础设施投资建设的重要实例。

北京地铁四号线由北京市基础设施投资有限公司（简称基础设施公司）与香港地铁公司、北京首都创业集团有限公司（简称首创集团）合作成立公私合营公司（简称 PPP 公司），获特许经营列车及机电设备的投资建设和四号线运营，成为国内首例以 PPP 模式运作的地铁项目。项目所有投资建设任务被划分为 A、B 两部分。A 部分占总投资的 70%，约 107

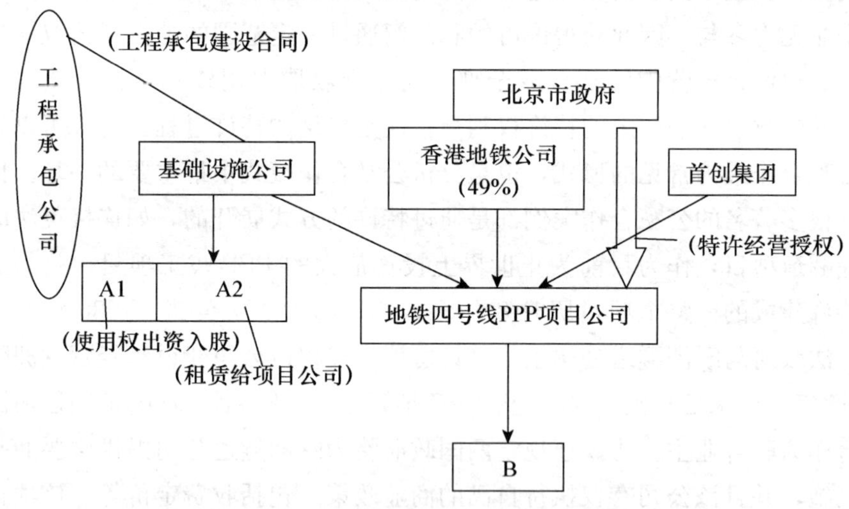

图 2.4 北京地铁四号线 PPP 结构图

亿元，包括征地拆迁、土建工程、轨道、人防工程等，其投资与建设由基础设施公司负责。建成后该部分资产以使用权出资和租赁两种方式提供给 PPP 公司使用，其中以使用权出资的资产部分简称 A1，租赁的资产部分简称 A2。B 部分占总投资的 30%，约 50 亿元，包括车辆、自动售检票系统、信号和通信、空调通风、给排水和消防、自动扶梯和电梯、控制设备、供电设施等机电设备的购置和安装。香港地铁持股 49%，政府投资方（首创集团和基础设施公司）持股 51%。北京市政府通过特许经营协议授予 PPP 公司地铁四号线 30 年的特许经营权，并规定了线路的建设标准、运营标准和特许期结束后的项目设施移交标准，特许经营期内特许权不得转让。基础设施公司与 PPP 公司签署租赁协议，将 A2 租赁给 PPP 公司使用。在项目的成长期，实行象征性的租赁价格可为 PPP 公司实现合理的投资收益提供保障，而在项目的成熟期，通过增减租金，可分担部分客流风险，亦可收回部分政府投资，避免 PPP 公司产生超额利润。基础设施公司与有关工程承包公司签订承包协议，将 A 资产建设的完工风险以完工担保的形式转移给工程承包公司。项目参与方的强强组合使本项目成为国内实施 PPP 模式的成功典范。①

在该案中，由香港地铁与政府投资方共同出资建设一个 PPP 项目公司采用的就是典型的机构型公私合作的方式。虽然在此案例中，参与投资的“公部门”是基础设施公司与首创集团，并不属于传统意义上的公部门，但是很多时候，政府参与基础设施的投资建设，并不直接以政府自身的名义为投资主体，而是透过设立国有企业来完成投资建设和经营。全国各地设立的国有资产投资公司就是典型的以私法方式设立代表政府参与投资建设的部门。按照代理理论或者透明性理论，若某类国有企业系代理国家完成基础设施建设的投资，或者由于该类参与市场活动的主体受到国家政策导向和管控程度很高，可以透过它们发现其背后国家的身影，则这些主体完全可以被认定为属于公部门。与此同时，由北京市政府对该项目公司进行特许经营权的授权则又属于典型的契约型公私合作方式。实务中，特许经营权的授予可能是由政府直接进行的，也可能是由某一政府的业务主管部门进行的，有的时候也不排除由某些公用企业授权，但都不影响特许经营的实质性内容。另外，本案例中还提到基础设施公司将 A 部分工程承包给工程承包公司，这又属于契约型公私合作中委托模式下的合同外包形式。这种类型的合同外包在实务中不计其数，传统的行政法领域也无法对其有更多的着墨。在本书中，笔者虽也将其纳入公私合作的方式（因为这种类型的交钥匙合同也存在公私部门间的风险分担），但并不属于本书讨论的重点。

第四节　小结

本章从内涵、开展程序、类型三个方面描述公私合作过程，以期呈现

① 上述关于地铁四号线的合作结构描述参见邵瑞、张建高：《准公共产品领域公私合作伙伴关系研究》，《合作经济与科技》2008 年 12 月号下。

其全貌。对开展程序的介绍是为了动态地展示公私合作的流程，对其类型化的努力是为了理清错综复杂的公私合作现象自身的脉络和理路。正如前文所提到的，对于公私合作模式的更多分类如 BOT、BOO、TOT 等，主要是基于私部门参与的比重和角色所作的划分。按照融资、投资、建设、运营等环节分别由公部门或私部门承担的不同分配与建成设施等的所有权归属和移转阶段不同而发展出各种不同的排列组合。每一种模式都有其自身的特点和优劣，需要根据每个项目的具体要求和各自的不同特点选择合适的建设模式。如何选择各具体的模式主要是由融资学、管理学等学科来完成的。值得一提的是，通过将整个项目的分割式处理，将部分职能分配给私部门恰好开启了公私合作的大门。很多传统上被认为属自然垄断或应由国家单独经营的行业和领域由于巧妙和适当的切割而引入了竞争因素，从而摆脱了以公部门占主导来维护公益这一古老命题的窠臼。如上述北京地铁四号线案，很显然，由于地铁轨道的施工所需投资过大，不利于吸引私人资本进入而一向成为公私合作难以跨越的难题。然而通过分割地铁建设工程，基础轨道等大投入、回收慢的部分由公部门投资建设，然后部分作为使用权入股，部分作为设备出租给项目公司的做法既绕过了难题，又可作为调节公司盈利空间的手段，以免定价过高损及公众利益，实乃公私合作展现跨越公私界限，协力合作的魅力之所在。①

① 张晶晶：《王灏：我是如何说服别人投资地铁的》，《中国经营报》2008 年 6 月 2 日。

第三章 公私合作制度的理论基础

本书将公私合作的概念定位于公共产品提供领域。在探讨公私合作制度的理论基础时通过引入经济学上公共产品的概念，以其不适合市场化的结论为分析起点，用国家任务理论的分析框架来检验公共产品以公私合作方式提供的可能性，并最后将其置于中国的语境下加以具体探讨。

第一节 公共产品的提供模式分析

一、公共产品概念的借用

公共产品是经济学上的概念，是相对于私人产品而言的。私人产品通过（私人）市场提供，其消费具有排他性和竞争性。保罗·A. 萨缪尔森对公共产品的定义是："所有人都可以享受的东西，就是个人消费这种产品不能排除其他人消费这种产品。"① 狭义的公共产品具有共同受益或联合消费的特征，其消费具有非竞争性和非排他性。② 非竞争性是指增加消费人数不会影响到其他人的消费数量和质量。而非排他性则指无法或没有必要排除其他人的消费。同时具有非排他性和非竞争性的产品种类并不多见，通常只有国家防御、法律、空气污染控制、防火、路灯、公共卫生、天气预报。生活中常见的是只具备非竞争性或非排他性的产品，被称为准公共产品。如道路不具有排他性，但容纳通行的数量有限，具有一定的竞争性。而另一些被称为俱乐部产品的就是只具有排他性不具有竞争性的产品，如某些小范围受益的产品，受益群体相对固定，类似高尔夫球场③

①② 杜放、陈拂闻：《财政学》，清华大学出版社2005年版，第3—4页。

③ 丁茂战编：《我国政府投资治理制度改革研究》，中国经济出版社2006年版，第89页。

等，活动通常在一个固定团体内进行，并不对任何公众平等开放。广义的公共产品包括纯公共产品和准公共产品。关于公共产品的研究指出，公共产品会存在市场失灵的状况。如原本并不拥挤的道路，具有非排他性，若采用定价收费的机制，排除不缴费用户的使用，则会导致使用率减少。而道路的边际成本为零，反而会导致效率的降低，因而不能存在参与价格。另一关于公共产品的特点是公共产品必须提供给群体，不能像私人产品那样阻止拒绝支付费用的人们。[①] 与本书相关的公私合作领域涉及的产品毫无例外地可以归入广义的公共产品的领域。而对于传统上公共产品提供存在“市场失灵”的认知，公私合作模式恰好与其背道而驰。以下笔者就将分析这个传统命题是否存在探讨的余地，是否有修正的可能。

二、公共产品提供模式的历史考察

公共产品到底由谁来提供，可以通过考察历史上的提供模式获得些许线索。以公路为例，早期的公路就属于私人收费公路。政府出面大规模参与公共交通基础设施建设、发展交通运输事业是工业革命后，因技术革新带来的大规模建设需求而渐次出现的。而同样，铁路运输也大体经历了从早期的私人供给（铁路股份公司）到政府管制经营，再到近些年不少国家再度民营化的历程。Wilfried Lange 就明确指出，甚至最典型的国家任务，如军队、法院乃至警察事务，在历史上都曾经由私人经营过。[②] 观察各国公共产品提供模式的变迁，可以发现几乎没有一成不变的模式，公部门与私部门承担任务的界限并不明晰，且时移世易，随着情势的发展而不断变更。以德国为例，刘淑范教授在其《行政任务之变迁与公私合营事业之发展脉络》[③] 一文中十分详细地描述了德国公共产品经由私营事业兴起到公私合营占主导渐次发展至公营事业全面上升并至 20 世纪 60 年代复又开拓民营化道路，引发公私合营热潮的发展过程。文中提到德国公私合营事业初始于 19 世纪末，法国大革命之后的欧洲，不仅在政治上，而且在经济上，掀起一阵个人主义与自由主义之旋风，所有的国家垄断及诸多国营事业特权顿时瓦解，德国铁路的兴建也当然地落入民间企

---

① 以上关于公共产品的特征参见杜放、陈拂闻：《财政学》，第 3—4 页。

② Wilfried Lange, Rechtsprobleme der Privatisierung öffentlic her Unternehmen, JZ 1981, S. 699. 转引自陈爱娥：《公营事业民营化之合法性与合理性》，《月旦法学杂志》1998 年第 36 期。

③ 刘淑范：《行政任务之变迁与公私合营事业之发展脉络》，《中研院法学期刊》2008 年第 2 期。

业之手。① 后由于“纯以营利为考虑之私营企业在公共政策（质量、资费及郊区供应等）配合上成效不彰，各乡镇市遂又逐渐将之纳入公营范畴。但由于自来水、天然气、电力能源等公用事业需要庞大之密集资金及技术经验，因而公部门一方的财力难以负担，便结合私部门之力量发展公私合营之事业②”。随后第一次世界大战爆发，其后经历魏玛共和国以及纳粹政府统治，因现代化军事装备的迫切需要，帝国乃自身投入重要工业的生产制造及电力供应事业，并根据《魏玛宪法》之明文规定铁路财产权应划归共和国所有，且铁路行政亦纳入共和国之任务范畴。纳粹法学家 Ernst Forsthoff 的生存照顾理论便在此时期提出并兴盛。“不仅公部门的经济活动蓬勃活跃，连带地生存照顾之给付行政亦是蔚为可观。”③ 二战后自 20 世纪 50 年代开始，德国联邦政府由于经济自由主义的重新复兴，不断扩张的传统社会国家形态受到批判，去政府化、引入市场和竞争理念，改善效率开展民营化成为主导。当然财政日益困窘，减轻财政负担则成为推动民营化的直接诱因，公私合营事业因此呈现出复苏之势。

三、公共产品无统一的提供模式

上文中公共产品提供模式不断变更调整甚至出现类似循环反复的情境不仅发生在德国，在其他西方国家甚至在我国都可以或多或少地体察到历史的耦合与雷同。④ 我国在经济领域也有着公私形态不断交替的历程。1949 年以后我国实施“私有化改造”，将所有的经济形态收归公有。在改革开放后，又逐步进行国有企业改制，“抓大放小”，并从外商投资领域开始引入 BOT 等公私合作方式，鼓励私人投资。因此我们可以说从历史上看，公共产品的提供并无固定统一的模式，公部门或私部门在此过程中参与的成分与比重和每一时期的国家学思想、经济学思潮、社会需求及实定法的内容息息相关。

第二节　以国家模型为起点看待国家任务

与公共产品提供模式直接相关的问题是对于国家任务的理解。认为公共产品必须由国家提供的人将其定位于固有的国家任务的内容，反之则对

①②③　刘淑范：《行政任务之变迁与公私合营事业之发展脉络》，《中研院法学期刊》2008 年第 2 期。

④　这种雷同在我国特定时期的“国进民退”或“国退民进”潮流中尤其明显。

国家任务的界限划定更为宽松，认为可由私部门提供。一个国家在某一时期应采取哪种模式，循何种途径达成国家任务或行政任务，及国家任务的界限到底在哪里，哪些任务属于国家任务，哪些可以由私人出面承担，所有这些问题都构成公私合作模式的理论基础。由于本书主要讨论公共产品的具体提供，且不涉及法律这种公共产品，因而不会论及立法、司法等问题，国家任务主要指行政任务①，且在此意义上替换使用。而正如上文分析的那样，公共产品的提供模式深深地镶嵌于每个国家所处的时代、文化背景、政治和法律结构中，国家任务的理解也与这些要素密切关联，而下文引入的国家模型理论可以为这些要素的理解提供某些线索。

一、"夜警国家"转向"福利国家"模型的背后

"夜警国家"向"福利国家"转化的国家模型理论经常被法学界引用以论证国家任务扩张的合理性与必要性②，并用于引出以干预行政为主的行政法学研究向以给付行政为重心的行政法学研究转化的理论预期。然而这种模式变迁本身作为一种西方国家发展历程的事实反映并不必然适用于所有国家未来发展的模式，或至少这种直接的链接缺乏必要的论证步骤。

传统的夜警国家模式强调"做得最少的政府是最好的政府"，其理论源头主要在于西方国家经过资产阶级革命后，在新兴的权力架构下，为确认和巩固基本权利的享有，而确立的对于以自由权为主的基本权利的保障，以抗衡国家的干预和恣意。所以基本权利的构建是以自由权为核心，以防御和抵抗国家干预为向度展开的。以德国为例，"从君主专制发展到君主立宪，虽然维持了君主制，君主在人民自由的维护上却不得不退让，其结果形成了君主与议会对立之二元的宪政体制，这种对立反映了国家与社会的对立。在这样的宪政体制下，经由人民代表之同意所制定之法律，

① 行政任务其实是国家任务的一种下位类型即国家任务中指定由行政权执行的部分。见 Fr. Schoch, Privatisierung von Verwaltungsaufgaben, DVBI. 1994, S. 962. 转引自陈爱娥：《国家任务角色变迁下的行政任务》，《月旦法学教室》2003 年第 3 期。

② 如陈敏教授在其《行政法总论》一书中如此描述福利国家产生的背景："时至 20 世纪，因工业化之影响，人口集中于大都市，加以战祸导致普遍之贫困，家庭及邻里关系解体，并由于工业社会发展之结果，个人之需求增加，人民对国家行政服务之依赖日深。国家除必须顾虑个人之社会安全外，亦须设立种种之设施，作成种种之给付。此外，国家尚须维持经济景气以及重新分配社会财富。宪法内之社会原则，要求国家执行此等任务。国家除原有防御危害之传统行政任务外，大量增加对社会、经济与文化之供应、给付及促进等行政作用。国家行政，遂由单纯之秩序维护者，称为从事生存照顾以及社会形成之给付主体。"陈敏：《行政法总论》，台北三民书局 1998 年版，第 22 页。

成为节制君主（国家）之主要武器，因此法律的功能基本上乃是消极的防御功能：干预保留”[①]。

科技发展的日新月异带来人类生产力的极大进步，促进人类活动能力的提升，但同时也造成了人们生活空间的极度萎缩。日益精细的社会分工与合作使得人类的生存对外部环境的依赖越来越多，同时工业化造成的社会污染、生存环境的恶化以及两次经济危机的爆发都使得人们无法单纯依靠自身个人的力量抵御风险社会可能带来的损害。“欧洲社会自工业革命后，其间由于工业化挟以自由主义经济放任资本主义之运行，产生劳动条件之恶劣化，致使普遍广大劳工无法以个人之力，解决其因疾病、残废、失业与年老等社会风险而造成的贫穷问题。此一社会存在的处境引导着观念意识的变迁方向。因之，支配当时自由法治国的主流观念，最少干涉的政府，即最好的政府，受到撼动。”[②] 在此背景下，经济上的干预主义[③]、社会连带思潮[④]等都促成了人们对于国家形象的重构。“此一主流思潮的变迁，所带动的对国家任务的新定位是，国家之责任不再仅被定位为消极保障个人自由，而是应积极地提供人民生存的照顾。”[⑤] 更加积极的作为和介入，确保人们生活秩序之外，供给基本的生活需求和福利保障变成重要的国家课题之一，随之而来的福利国家模型和更加主动介入社会生活的福利行政便成为必要。

---

① D. Grim，Der Staat in der kontinentaleuropäischen，Tradition，in：R. Voigt（Hrsg.），Abschied vom Staat-Rückkehr zum Staat?，1993. S. 39f. 转引自张桐锐：《合作国家》，载《当代公法新论：翁岳生教授七秩诞辰祝寿论文集》，台北元照出版公司 2002 年版，第 563 页。

② 李玉君：《社会福利民营化法律观点之探讨》，《月旦法学杂志》2003 年第 11 期。

③ 经济干预主义主要是指针对 20 世纪 30 年代经济大萧条而产生的经济干预主义，主张通过国家强势的干预，增加需求来促进经济增长。由于该理论流派主要基于凯恩斯的《就业、利息和货币通论》展开，因而也被命名为凯恩斯主义。维基百科，见 http://zh.wikipedia.org/zh-cn/%E5%87%AF%E6%81%A9%E6%96%AF%E4%B8%BB%E4%B9%89，2016 年 12 月 1 日最后访问。

④ 社会连带理论实证主义哲学为理论基础的社会学理论流派，在政治学、法学等领域中也有较大影响。20 世纪初，法国社会学家蒲日热发表《连带关系》《连带关系的哲学论》二书，系统提出和论证了社会连带关系学说，奠定了社会连带主义的理论基础。法国法学家、社会学家狄骥也是主要代表人物。他们认为，由于人们共同的、不同的需要，产生了同求、分工两种连带关系。只有通过连带关系与他人合作，人们才能实现共同或不同的需要。因此社会连带关系是社会最高原则，是一切社会规范的基础。《马克思主义百科要览》，见 http://myy.cass.cn/file/2006012023931.html，2016 年 12 月 1 日最后访问。

⑤ 吴庚：《行政法之理论与实务》（第八版），中国人民大学出版社 2005 年版，第 18 页。

二、生存照顾意味着什么

在上述背景下，行政法学界提及最多的是德国法学家 Forsthoff 的“生存照顾”理论。考察“生存照顾”提出的历史背景，我们会发现其提出是由于德国纳粹时期所主张的国家高度干预和集权统治，由此国家对民众的控制高度密集化，同时也导出国家的生存照顾义务。“诸多论者着眼于这个万能行政国家理论，具体或系断然排斥生存照顾之概念，或则抒发警告性之诫语”①，认为“生存照顾将易沦为国家统治人民之政治权力工具，假借社会国家名义，致使人民完全依附在国家权力之下，不啻为中央集权主义（国家主义）粉饰太平等”②。虽然学界对于生存照顾理念产生的背景和理论基础有颇多批评，且对于这个原初社会学意义上的概念，是否具有法学上的规范意义也持怀疑态度，即认为其有社会学和启迪学的概念功能，但其生存照顾所系乎生存必要或生活有益之给付，实系欠缺轮廓而内容宽广空泛之社会学描述，是否能足以作为推衍出特定法律效果之法律概念，受到质疑。③ 这个理论在德国第三帝国破产之后被承继下来，其中的生存照顾理念剥离了时代背景后，少了国家强权控制意识却保留了国家积极作为义务的部分，并构成社会国模型的核心内容。值得注意的是，社会国的模型与任何其他国家模型一样，都是人们总结认识国家现象的一个角度和切入点，它将认识的重点置于国家与社会的关系，以及国家任务的范畴来描述国家的功能。正如有学者所指出的那样，所谓社会国理念即使在发源的西欧也并没有一个固定的内涵，各国的社会法制也都是经历了许多转折才逐步形成的，因而对社会国的理解以及其表现的形态毋宁说是与当时社会中通行的价值观息息相关的。④

三、生存照顾在中国

反观我国的历史发展和现状，随着改革开放成果的日益清晰化，国家完成小康社会的建设，步入快速发展的历史轨道。所有西方国家曾经因工业化带来的问题和忧虑，我们同样无法逃离。大规模开发带来的环境污染使得人们凭自身力量无法抗拒和弥补损害，高度的流动性使得大

①②③ Fritz Ossenbühl, Daseinsvorsorge und Verwaltungsprivatrecht, Döv 1971, S. 513 (514). 转引自刘淑范：《行政任务之变迁与公私合营事业之发展脉络》，《中研院法学期刊》2008 年第 2 期。

④ 蔡维音：《社会国之法理基础》，台北正典出版文化有限公司 2001 年版，第 62 页。

规模的群体性突发事件必须由国家介入管制。高度的分工和专业化使得家庭的功能逐渐弱化，社会和国家在更多的时候介入个人和家庭生活，让个人对外部的依赖性变得无以复加。[①] 我国《宪法》第45条规定："中华人民共和国公民在年老、疾病或者丧失劳动能力的情况下，有从国家和社会获得物质帮助的权利。国家发展为公民享受这些权利所需要的社会保险、社会救济和医疗卫生事业。"物质帮助权条款往往被用来论证社会国理念在我国的宪法位阶，并直接与德国法上的"生存照顾"概念连接来论证福利行政在当今行政法学研究中的重要位置。既然社会国理念可以从我国宪法条文的解释中得出，意味着国家应积极介入进行社会再分配，扶持弱者，维护社会正义，那么保障人民基本物质生活需求自然也可解释为国家的当然义务。公共产品的提供显然是比物质帮助权更基本的生存权和发展权的题中之意，也是国家生存照顾最低限度的要求。

笔者认为除了以上宪法条文的间接论证之外，尚可从我国近年来在发展人权领域的基本脉络来印证国家公共产品的提供义务。国家承接生存照顾的义务有很多内涵，其最终的目的在于通过收入再分配，防止个人面临工业化和全球化时因无力依靠个人和家庭承担不可预期的风险而陷入困境，恢复正常的个人生活。这里的个人生活水平一般是指：一个成年人经由工作收入满足其个人与家属的需求。[②] 当然这里的正常个人生活水平是与每个国家物质发展程度和经济发展水平密不可分的。我国自改革开放以来，强调以经济建设为中心，连续以多个五年规划为目标，致力于经济的健康、快速、稳定的发展，实现了中国经济实力的崛起和多年的高速增长。因此，从改革开放的实践来看，发展经济成为政府主导的目标，也变成国家任务的当然内容。因为经济发展水平和发展阶段直接关系到人民经济权利的实现。经济权利和社会、文化权利紧密相连，也与公民和政治权利互为促进。总之，物质生活水平的发展状况直接维系着人民基本权利的实现。我国一直以来都强调生存权与发展权作为基本人权的重要部分，且被列为当前阶段更应重视的权利内容，即"从基本国情出发，切实把保障人民的生存权、发展权放在保障人权的

① 学者认为在给付行政概念传入之前，中国实践中已有类似现象。参见胡敏洁：《给付行政范畴的中国生成》，《中国法学》2013年第2期。

② Vgl. Zacher, Hans F., Einführung in das Sozialrecht der BRD, 3 Aufl., R. v. Decker & C. F. Müller, Heidelberg, 1985, S. 10-12. 转引自蔡维音：《社会国之法理基础》，第63页。

首要位置”[①]。而2009年4月国务院新闻办公室发布的《国家人权行动计划（2009—2010年）》[②] 也将基本生活水准权利、社会保障权利、健康权利等列为经济、社会和文化权利的重要内容，制定发展目标加以落实。值得注意的是行动计划中提到：“在2009年再解决6 000万农村人口的饮水安全问题，提前实现联合国确定的‘2015年前无法可持续获得安全饮水人口比例减半’的目标。”[③] “推进城乡基本公共服务均等化。促进公共资源在城乡之间均衡配置、生产要素自由流动。”[④] 可见，政府将包括水务建设在内的公共产品的提供当作国家任务，并将其作为实现和保障人民基本经济、社会和文化权利的重要途径来对待。事实上，基础设施的建设和维护直接关系到国家经济发展的水平，是拉动投资，促进经济发展的重要手段，而经济的发展水平，又直接关系到人民基本的经济、社会和文化权利的实现，并链接至中国在联合国《经济、社会及文化权利国际公约》[⑤] 的框架下承担国际义务的承诺。因此，将公共产品的提供作为国家任务的重要内容符合我国的国际法义务和立法现状。实践中，我国公共产品长期以来也主要是由国家提供的，如自来水、电力、公共交通设施等基本的公共产品。

第三节　民营化[⑥]风潮对国家任务内涵的冲击

一、福利国家模型下的民营化之路

现代福利国家的兴起可谓源于德国1880年代社会保险制度的创设，尔后在1930年代世界经济危机冲击下，逐渐推延至其他西方工业国家。在1935年美国罗斯福总统主政下通过的“社会安全法案”，1942年英国贝弗里奇社会安全报告书的提出与相关社会立法之制定，均对福利国家理

① 《中共中央总书记、国家主席胡锦涛致中国人权研究会的信》，见中国人权网 http://www.humanrights.cn/cn/dt/xwtt/t20081221_396759.htm，2016年8月1日最后访问。

②③④ 国务院新闻办：《国家人权行动计划（2009—2010年）》，见中国人权网，http://www.humanrights.cn/cn/dt/gnbb/t20090413_438873.htm，2016年8月1日最后访问。

⑤ 联合国大会1966年12月16日通过，我国政府于1997年10月签署，对第8条第1款（甲）项等提出了3项声明。2001年3月27日批准，同年6月27日对中国生效。

⑥ 由于民营化所指涉的范畴比本书的研究对象“公私合作”更为广泛，用于此处更能体现这股风潮产生时的全貌。

念在第二次世界大战后之蓬勃发展，发生关键性的影响。[①] 然而社会国理念和实践在西方国家实施后，国家不断扩充其行政任务，造成了人民自由发展空间的限缩。[②] 另外，公营事业[③]经常受到过多法制上的约束，甚至因不正当政治考虑的加入，使其经营缺乏效率，必须借各级政府资源来弥补。这一方面影响正常的竞争秩序，另一方面也导致财政困难。为赢回人民自由活动的空间，民营化的风潮应运而生。始于 1980 年代英国撒切尔政府时期的民营化，经由财政赤字催生，主张排除政府介入，加强公营事业经营自主权，提升效率，"将公部门承担的任务，由私部门或以市场机能运作之"[④]，通过"出售资产股权增加财政收入"[⑤]。

公私合作正是民营化过程中产生的形态，因此本部分所有关于民营化的讨论都能适用于公私合作的情形。社会法治国理念下的国家机构庞杂，往往产生预期外的人浮于事和效率低下。同时，对公共产品和服务的需求扩张也必然导致国家的财政紧张。当越来越多的国家发现用出售公营事业股份的方式可以短时间内获得大笔财政收入，同时又引入私部门的管理技术和经验，提高企业运营效率时，这股风潮便势不可挡了。财政上的纾困，效益上的提高，专业人员和知识的引进，及公部门负担的减轻成了公私合作极有利的筹码，从而形成被学界誉为始于 20 世纪 80 年代的民营化浪潮。有学者这样描述到：国家瘦身、行政革新与自由化政策等理念盛行，连带开启新世纪之民营化运动，有如排山倒海，沛然形成一股无法抵挡之世界潮流。[⑥]

二、公私合作的正当化证成之一：解构国家任务

在这股民营化风潮下，学者仍谨慎关注其是否具有正当性。基本上，国家任务和公共任务的区分以及完成国家任务的行为形式选择理论是讨论

---

① F. Tennstedt, Geschichte des Sozialrechts, in: von Maydell/Ruland (Hrsg.), Sozialrechtshandbuch (SRH), 2 Aufl., 1996, §2, S. 25ff. 转引自李玉君：《社会福利民营化法律观点之探讨》，《月旦法学杂志》2003 年第 11 期。

② 陈爱娥：《公营事业民营化之合法性与合理性》，《月旦法学杂志》1998 年第 36 期。

③ 此处公营事业的提法指公部门依其所拥有的财产权、财政上的参与、章程或其他规整事业活动的规定，可以直接或间接地享有决定性影响力的事业，相当于我国的事业单位和国有企业。参见陈爱娥：《公营事业民营化之合法性与合理性》，《月旦法学杂志》1998 年第 36 期。

④ 詹中原：《民营化政策》，台北五南图书出版公司 1993 年版，第 5 页。

⑤ 林淑馨：《民营化国际动向之探讨——以西欧诸国为中心》，台湾《公营事业评论》2001 年第 2 卷第 3 期。

⑥ 刘淑范：《行政任务之变迁与公私合营事业之发展脉络》，《中研院法学期刊》2008 年第 2 期。

的核心。刘淑范教授引用公法学者 Hans Peters 于 1965 年发表的《公共任务与国家任务》一文[①]，提出公共任务与国家任务应当加以严格区分。所谓公共任务，泛指公众对其履行具有重要利益之任务，亦即所有为实现公共福祉之利益而履行之任务。[②] 也就是说公共任务履行的主体并不确定，可以由社会承担，也可以由国家承担，以任务的性质来决定，并且随着时间和环境的改变而不断变更，最终公共任务[③]被分为了五个层次（见表 3.1）。

表 3.1　　公共任务分类表[④]

1	私人的以自主妥善处理之公共任务，国家完全放任不管
2	某些公共任务虽交由私人履行，但所涉公共利益十分重大，国家机关须加以监督
3	对于私人履行的公共任务，国家就任务主体及任务履行制定抽象规范准则
4	国家将相关公共任务交由国家机关，依据国家规范履行之，即直接国家行政
5	国家将公共任务交由归属于其之权利主体履行，即间接国家行政

由此种范围的划定，学者继而导出了国家与私人权限关系中私人的优位性及国家的备位性，即公共任务的履行，并不以国家履行为原则，私人能自由活动的范围，国家不能随意介入。也有人称此为补充性原则，指个人依其创意、力量能完成的工作，即不应将之派由社会承担，否则将违反下述正义的要求：比较小型、比较基层的团体能完成，并由此获致利益之事务，较大规模、较高层级的团体不应将之纳为己有。[⑤] 依此思路，那么到底提供公共产品的职能应如何定位呢？

提供公共产品旨在满足人民基本的生活需要和维持基本的生活水平，显然系于公益，应属于公共任务的内容。在现有的法制框架下和社会实践中作为国家任务是否违背了私人优位、国家备位性原则呢？公共产品本身

① Hans Peters，öffentliche und staatliche Aufgaben，in：Dietz/Hübner（Hrsg.），Festschrift für Hans 2 Carl Nipperdey zum70. Geburtstag，Bd. 2，1965，S. 877 ff. 转引自刘淑范：《行政任务之变迁与公私合营事业之发展脉络》，《中研院法学期刊》2008 年第 2 期。

② Hans Peters，öffentliche und staatliche Aufgaben，in：Dietz/Hübner（Hrsg.），Festschrift für Hans Carl Nipperdey zum 70. Geburtstag，Bd. 2，1965，S. 878，879ff. 转引自刘淑范：《行政任务之变迁与公私合营事业之发展脉络》，《中研院法学期刊》2008 年第 2 期。

③ 关于公共任务，另参见“公共任务指公共利益为前提之群体事务，不论其是否由国家或由社会所履行皆属之。国家任务则是指由国家所独占承担的公共任务。”林昱梅：《警察任务民营化理论初探》，《月旦法学杂志》2003 年第 11 期，文中注释 14。

④ 该表参考了刘淑范文中的表述，参见刘淑范：《行政任务之变迁与公私合营事业之发展脉络》，《中研院法学期刊》2008 年第 2 期，文中注释 136。

⑤ Roman Loeser，System des Verwaltungsrechts，Band 1，1. Aufl.，1994，§1 Rn. 28.，转引自陈爱娥：《公营事业民营化之合法性与合理性》，《月旦法学杂志》1998 年第 36 期。

的非排他性或非竞争性，使得其提供只有具备了一定的规模，才能获益。因此，由私人在自由竞争的市场中提供此类产品或服务，并不符合经济效益的原则，且巨大的基础设施投资本身也构成了开放市场由多个私人参与竞争的障碍。与此同时，由于公共产品的普遍服务需求，即使在某些区域的提供不符合经济效益的原则，也需要持续地提供。这使得私人不愿意主动参与承担这种公共任务。因此，由国家来承担这一责任，提供公共产品和服务，实为私人无力或不愿承担的领域，并不违背国家备位性原则，将其定位为国家任务并无瑕疵。

三、公私合作的正当化证成之二：完成国家任务的行为形式选择自由

紧接着的问题便是，既然将其定位于国家任务，那么它能否以公私合作来完成呢？换言之，公私合作乃公部门与私部门共同参与生产、提供公共产品的任何安排，那么这种共同参与将任务释出至私部门，由其参与其中，是否违背了社会国理念下对国家任务划定的界限呢？在此，很多学者敏锐地意识到，将某项任务划归为国家任务，其本质并不在于由国家来履行该任务，而在于由国家承担最后的责任。至于履行任务的方式，则并不给出限制。除了几项极为核心的国家任务不能由私人参与共同提供以外，其他的任务，国家有自由选择的空间（见图 3.1）。基于行政行为形式选择自由，行政机关在合法性范围内可以自由选择任务的达成方式。若行政机关纳入私法要素，以私法方式完成行政任务，则直接归属于行政私法理论。①

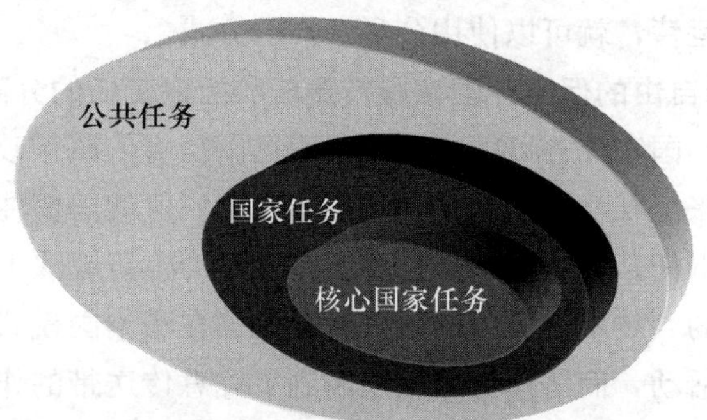

图 3.1 公共任务、国家任务、核心国家任务关系示意图

① 行政私法（Verwaltungsprivatrecht）的概念，源自德国行政法学，始于 1960 年代，由 H. J. Wolff 首度于其行政法教科书中所提出。依其说明，概指“公行政为追求公法上之任务规定所赋予之公行政目的（给付目的或引导目的）而成立私法上法律关系，其于形式上或内容上，并非以往之‘国库活动’（fiskalischeTätigkeit），故适用特别之行政私法理论。此一领域之特色，为行政主体于其所从事之法律行为并非完全享受私法自治，而受有若干公法上之限制或拘束”。刘宗德：《制度设计型法学》，台北元照出版公司 2009 年版，第 77—94 页。

（一）选择自由的前提：非核心国家任务的释出

关于核心国家任务，即划定哪些属于国家任务中不可或缺，绝不允许私部门介入的绝对保留领域，不同的学者有不同的看法。有人认为，并无所谓核心的国家任务一说，就是最典型的国家任务，如军队、法院乃至警察事务，在历史上都曾经由私人经营过。① 另有部分学者认为，某项公共任务是否确属公权力主体的特殊任务，必须依据特定时空下的具体法秩序来决定。具体地说，国家可否将某项公共任务视为国家任务纳入管理，或者可否将该公共任务释出由私人负责，首先应解释宪法以及所有合宪法规范的规定，才能决定。② 这种将抽象的核心国家任务置于特定法秩序下讨论的做法无疑是值得肯认的。它适应了不同国家不同法体系的需求，又为各国在论证公私合作可行性时，提供了具体又富有弹性的指引。具体于宪法解释的场合，有学者认为，组成各种行政、立法、司法等机关之国家自我组织事项，乃是典型的国家保留。此外，由于国家武力独占，任何以物理强制力为后盾之国家任务无疑都属于国家保留事项，如军事、警察、课税、刑罚和强制执行。③ 循以上看法，我们可以看出，由于公共产品和服务的提供一般说来并不涉及国家自我组织事项，也与以物理强制力为后盾的国家任务无涉，因而完全可以将其划出核心国家任务的范畴。“像水、电、瓦斯、电信、交通、邮递、医疗等生活照护的提供，都具有民营化的潜在可能。”④ 值得一提的是，如今即使是传统上被认为属于核心国家任务的领域，如警察、军事等领域，只要析出的部分不涉及物理强制力，如监狱里餐厅的运营，就可以使用公私合作的方式。

（二）选择自由的保障：国家履行责任和担保责任的分离

在排除核心国家任务可能之后，是否可以径直依照行政行为形式选择自由理论，主张公私合作的合宪性与正当性呢？这就需要在释出国家任务后，保留国家责任。如前所述，公私合作往往产生行政法上的、道德层面的、经济层面的、技术层面的问题。行政机关在法治国模式下，依照法律保留原则开展活动，而法律保留正是起到了民意传送带的作用，以此保证行政行为的民主基础。若行政机关的行政任务完成过程中掺杂了私人行为

---

① 陈爱娥：《公营事业民营化之合法性与合理性》，《月旦法学杂志》1998 年第 36 期。

② Fritez Ossenbhül，Die Erfüllung von Verwaltungsaufgaben druch Private，VVDStRL29/1971，S. 204，转引自陈爱娥：《公营事业民营化之合法性与合理性》，《月旦法学杂志》1998 年第 36 期。

③④ 许宗力：《论行政任务的民营化》，载《当代公法新论：翁岳生教授七秩诞辰祝寿论文集》，台北元照出版公司 2002 年版，第 581 页。

的成分，而私人无法如公部门一般受这些规则的拘束，原本经过传送带隔离已显微弱的民主基础将受到更大的破坏。此种情况下，如何保障民意的传达自然成了难题。关于这点，有学者主张“为确保国民全体对国家重要事项的最后决定权，民主国原则固然要求公权力主体对重要事务应有一定的影响力，但并不排斥公共事务由私人承担，只要公权力主体对承担该任务的私人保有适当的监督权限，即已满足民主原则的要求”①。这种观点寄希望于公部门的最终监督职能，通过一系列监督机制的设置来保证私人参与的部分最终仍然符合法律保留的原则和要求。这就是履行责任与担保责任分离的机制。当然，这只能在法律保留的空间范围内展开，即只有既定法秩序允许私人部门参与的，才可认为这种安排事先已经过民主程序的考量，并得到接纳，因而不会产生民主基础的真空和危机。依此路径，似乎可以推出即使在给付行政领域，展开公私合作仍然需要有法律保留原则的严格贯彻。②

由上述论证可知，在那些绝对国家任务范围之外，多数的国家任务，国家只要承担最后的责任，就可以实施公私合作模式。具体的任务履行和执行由谁来做，并不重要。在本书的讨论范围内，公私合作的各种类型，不管是契约型的还是机构型的，都有公部门与私部门共同参与的成分。若是机构型的合作，公部门的监督权就体现在对公私合作组织的掌控力上，这就是很多国有股要占控股地位的原因。若属于契约型的公私合作，则公部门的监督和控制则更多地体现于合作合同的设计上。如何通过条款的安排维持对公用事业等公共产品和服务的价格与质量的控制，保护大众的利益，成为这类公私合作极为重要的议题。因此，在合法性视角下，行政任务的开展只要公部门仍保有最后的责任即国家负担保责任，具体任务的执行即履行责任可以委由私部门承担。

第四节　国家任务理论的中国式检验

当我们将公私合作的合宪性与最佳性检讨③模式置于中国时，同样需

① 陈爱娥：《公营事业民营化之合法性与合理性》，《月旦法学杂志》1998 年第 36 期。

② 关于法律保留在给付行政领域的适用问题，传统上认为给付行政领域并不适用法律保留，近年来因重要性理论之提出，已打破以干涉行政或给付行政作为有无法律保留原则之区分标准，认为给付行政如涉及原则性问题，因而属于重要事项者，亦应有法律之依据。参见吴庚：《行政法之理论与实务》（第八版），第 19 页。

③ 由于目前关于公私合作的法制储备非常有限，基本上处于零星、不系统的状态，因而这里的分析集中于合宪性与最佳性分析。后文会对具体的法律适用问题展开讨论。

要经过仔细的求证。正如上文所说，合宪性的探讨应视每个国家的具体法秩序和法解释的结果而定。

一、民主原则

我国《宪法》第2条规定："中华人民共和国的一切权力属于人民，人民行使国家权力的机关是全国人民代表大会和地方各级人民代表大会。人民依照法律规定，通过各种途径和形式，管理国家事务，管理经济和文化事业，管理社会事务。"因此，民主原则在我国属于宪法的基本原则。为了符合该原则，公私合作项目应符合法律保留原则，盖经由民主化程序制定的法律可通过法律保留的固守将人民意志传递到行政过程中。要符合民主原则，国家任务释出由私人参与须遵循严格的法律保留，如特许经营的授权须有明确的法律依据。而目前看来，我国在公私合作立法上尚显不足，若要严格遵循法律保留，则需在立法层面继续开拓空间以促成公私合作制之实现。

二、法治原则

我国《宪法》第5条规定："中华人民共和国实行依法治国，建设社会主义法治国家。"因此，与多数西方国家一样，法治原则在我国具有宪法上的位阶。除了上述法律保留的讨论，法治原则还要求，执行行政任务的行政组织应具有相当的透明性，不应以复杂的私人介入方式，混淆行政主体的行政责任。① 正如上文所述，行政任务并不必然要求由行政组织来实施，因此，公私合作并不构成对该原则的违反。

三、公民基本权利的保障

我国宪法第一章便规定了多项公民的基本权利。使公私合作的开展不致违反公民的基本权也是合宪性检讨中的重要内容。如前文所述，公共产品和服务的获得属于公民基本生存权和发展权的重要内容。有学者指出，基本权作为主观公权利，原则上只具有防卫国家侵害的作用，并不提供人民积极请求国家担当一定行政任务，如提供必要的生存照顾的权利，由此也无法推出国家的积极行为义务，因此并不能借基本权的规定，一般性地推论出转移公共任务给私人的限制。② 但另一方面，在公私合作的过程中，也可能涉及对公民基本权的侵害。如公用事业的普遍服务义务对应于

---

①② 陈爱娥：《公营事业民营化之合法性与合理性》，《月旦法学杂志》1998年第36期。

公民的平等权，一旦存在无合理基础的有偏差待遇，将损及其平等权。因此，国家须一方面保障第三人之基本权，另一方面防止侵害合作的私部门的基本权（若私部门作为基本权主体成立的话），始能符合基本权保障之宗旨。

四、关于经济制度的具体规定

我国的释宪机制并不发达，宪法作为根本大法，其实施仍有待各具体领域法律制度的具体化和落实。就公私合作的合宪性而言，除了以上宪法基本原则的解读外，还需要考量宪法中有关经济制度的规定。《宪法》第6条规定："中华人民共和国的社会主义经济制度的基础是生产资料的社会主义公有制，即全民所有制和劳动群众集体所有制……国家在社会主义初级阶段，坚持公有制为主体、多种所有制经济共同发展的基本经济制度，坚持按劳分配为主体、多种分配方式并存的分配制度。"第7条规定："国有经济，即社会主义全民所有制经济，是国民经济中的主导力量。国家保障国有经济的巩固和发展。"以上关于国有经济在国民经济中地位的规定彰显了国家在关系国家安全和民生基本需求的领域要占据主导地位的立场。而主导地位，主要体现在控股权上。因此，在这些领域实施全面的民营化有宪法上的障碍，但是就公私合作而言，只要公部门仍占据控股地位，就不违背宪法意旨。从实务上看，近年来波澜壮阔的国有企业改革，股份制推行和股权分置改革都是公私合作经营的实例。而如BOT等完全由私人投资的公私合作，到最后产权仍转移至公部门所有，也不会产生大的问题。

五、最佳性分析

从最佳性方面看，我国推广公私合作同样将面临上述经济层面、道德层面、技术层面的质疑。[①] 具体而言，主要指公益与私益的冲突，监管的可能与监管成本的增加，公众的接受程度等问题。关于公部门追求公益与私部门追求私益的冲突，确实向来属于公私合作制度设计者深表忧虑的问题。多个公私合作项目的实务表明，良好的合作结构和对双方逐利性的充

---

① 行政法上的最佳性分析框架，可参见朱新力教授在若干论文中阐述的理论由来、分析思路。如朱新力、唐明良：《法治政府建设的二维结构——合法性、最佳性及其互动》，《浙江学刊》2009年第6期；朱新力、梁亮：《公共行政变迁与新行政法的兴起》，《国家检察官学院学报》2013年第1期。

分预期是至关重要的，只有在不同的利益结构中求同存异，发现共同点，扬长避短，才能实现双方的长期合作，发挥效益。因此，关于利益的冲突问题不容否认。但实践表明，只要有良好的合作结构设计，即能将私部门对私益的追求用于对公益的发展上，并通过有力的监督机制确保人民权利的维护和保障，从而最大限度地避免这种利益冲突。

关于监督成本增加的问题。确实，当人们将筹码都放在公部门的监督制度上时，密集的监督势必需要大量的信息与事后的审查，而所有这些行为都将产生大量的成本。因此，这就需要人们在决定采取公私合作模型之前，仔细考量各种因素，比较公私合作前后的成本与效益，而非受短期的财政收入驱使，从而做出合理化的决策。

就公众的消费习惯和消费心理而言，大众对于公共产品和服务由私人提供若一开始无法理解，则系长期以来受公私严格界分的传统影响，并先入为主地认为国家任务由私人参与将出卖国家责任，服务私人利益，弃公众权益于不顾。事实上，经过几个公私合作项目的成功实施，公众的心态和习惯就会随之变更。因而这种顾虑能否消除，始终维系于项目能否成功地运作。

我国基础设施和公共产品领域的公私合作尚处于起步阶段，如何在实践中规避上述最佳性怀疑，对可行性论证进行精细化和中国模式化都需要更多经验的积累和实践的检验。更需要引起我们警戒的是，我国长期以来公私部门实力悬殊，私部门跨入传统上由国家资本占主导的领域与公部门合作，往往带有强烈的不信任感，以共担风险与精诚合作为基础的合作恐需长久的磨合期。

第五节　小结

公共产品的提供没有固定的模式，往往与特定国家某一历史时期的法律制度、价值体系相关。解读中国的国际法义务和宪法要求，可以发现，公共产品和服务的提供属于国家任务。但只要不属于国家核心任务，其他国家任务的实现方式可以自由选择，即国家承担担保责任，将任务的履行责任委以私部门。在进行合宪性与最佳性考量之后，笔者认为，我国的公私合作只要符合法律保留的原则、在保障公民基本权利的前提下，经过精巧的利益衡量，便可通过合理的结构设计达成行政任务。

第四章 政府作为监管者：公私合作监管的具体法制

分析政府的监管者角色需要对具体的实证法进行条分缕析。本章将从规范实证的角度出发对我国公私合作开展的监管环境进行制度上的整理。由于该论题涉及的范围极广，因而以供水行业的公私合作为例展开。本章主要的法律规则乃至政策都以该领域为对象展开叙述。另外，由于公用事业领域各层级的法律规范也不计其数，本章论证中只限于就选定的有限法律文本进行分析。

在中国，城市公用事业的市场化改革，包括供水、供热、供电、垃圾处理、公共交通、污水处理等行业的市场化都是晚近的事情。以垃圾处理为例，从资料上看，2003 年才全面开征垃圾处理费①，之前的垃圾处理一直未纳入产业化轨道。据《南方周末》② 报道，很多城市的垃圾处理能力将饱和甚至超负荷，给环境带来了极大的负担。而其他公用事业领域的市场化运作方式也都刚刚起步。以公交行业为例，2003 年 4 月温州五马汽车出租公司正式签下了收购十堰市公交集团的合同，以 3 816 万元取得十堰市公交公司 68%的股份，每年出资 800 万元买断十堰市已经开通的 23 条公交线中 18 条的特许经营权，成为中国第一家进入国有公交行业的民营企业。而建设部于 2004 年 5 月 1 日才开始正式实施《市政公用事业特许经营管理办法》（2015 年修正，下称建设部特许办法）。因此，很多方面的法律制度建设都处于摸索阶段，未形成高位阶、稳定成熟的法律指引。笔者以下就试图从纷繁复杂的部门规章等文件中理出公用事业市场化改革的政策脉络，并评价规范对 PPP 形式的契合度。

---

① 中华人民共和国国家发展计划委员会、中华人民共和国建设部、国家环境保护总局：《国家计委、建设部、国家环保总局关于推进城市污水、垃圾处理产业化发展的意见》（计投资〔2002〕1591 号），2002 年 9 月 10 日颁布。

② 徐楠、赵一海：《垃圾焚烧，是出路还是歧路》，《南方周末》2009 年 4 月 15 日。

第一节　市场准入监管

一、市场开放的范围

市场化改革的前提是开放市场，放宽准入门槛。按照我国行政许可法①的规定，直接关系社会公共利益和涉及有限公共资源配置的行业，可以设置许可。许可是一种解禁行政行为。对于公用事业领域的解禁主要是通过特许权的授予实现的。这里的特许权指许可特许企业在一定期限和范围内经营某项市政公用事业产品或者提供某项服务。② 虽然目前文件中的特许都以“特许经营权”的方式出现，但细读文件内容就发现这里的“特许经营”除了经营外，还可以但不必然包括设计、建设、融资等阶段。

市场的开放包括哪些行业呢？如何界定直接关系社会公共利益和涉及有限公共资源配置的行业？建设部特许办法规定，城市供水、供气、供热、公共交通、污水处理、垃圾处理等行业，依法实施特许经营的，适用本办法。虽然此条款在列举之后加了“等”字，但在其他行业的准入能否同样适用该办法，有待进一步解释。如教育事业、医疗卫生行业也是关系社会公共利益的行业，能否以特许的方式开放市场准入，吸引社会资本呢？答案并不明确。2003 年 10 月 1 日实施的作为地方政府规章的《北京市城市基础设施特许经营办法》③（下称北京特许办法）对开放行业的规定如下：“（一）供水、供气、供热、排水；（二）污水和固体废物处理；（三）收费公路、地铁、城市铁路和其他城市公共交通；（四）其他城市基础设施。”可以看出除了对公共交通加以具体化外，多了一个限于“城市基础设施”的兜底条款。事实上按照基础设施的分类，教育、医疗等行业的设施属于社会性基础设施，也能纳入此范围。比此更早的 2003 年 5 月 1 日深圳市人民政府颁布的《深圳市公用事业特许经营办法》（下称深圳特许办法）④ 中却并未出现类似的列举条款，仅于第 2 条指出：“公用事业

---

① 《行政许可法》第 12 条。

② 《市政公用事业特许经营管理办法》第 2 条。

③ 《北京市城市基础设施特许经营办法》（北京市人民政府令〔2003〕第 134 号），2003 年 8 月 28 日颁布，2003 年 10 月 1 日实施。

④ 《深圳市公用事业特许经营办法》（深圳市人民政府令〔2003〕第 124 号），2003 年 3 月 21 日颁布，2003 年 5 月 1 日实施。

特许经营是指市政府特别授权许可符合条件的企业或其他组织在一定时间和范围内经营某项公用事业。”另外，该特许办法中的“公用事业”并未如北京市的政府规章一样加上“直接关系社会公共利益和涉及有限公共资源配置”的限定语。饶有兴味的是，尔后深圳市出台了于2006年3月1日才开始实施的《深圳市公用事业特许经营条例》①（下称深圳特许条例），采用了限定＋列举的方式加以规定。该条例第3条规定：“本市行政区域内涉及公共资源配置和直接关系公共利益的下列行业可以实行特许经营：（一）供水、供气、供热；（二）污水处理、垃圾处理；（三）公共交通；（四）法律、法规规定的其他行业。”很显然，这样的规定方式较之原来的规章更具体详尽，但较北京版本多了“法律、法规规定的”限定语，可以说既多了解释空间又遵循了法律保留，较为妥当。虽然深圳特许办法并未被明文废止，但从位阶上看，深圳特许条例已经取代了深圳特许办法的适用。2014年开始密集出台的PPP新规，亦对准入有所着墨。《基础设施和公用事业特许经营管理办法》（新办法）② 提出“能源、交通运输、水利、环境保护、市政工程等基础设施和公用事业领域”都可适用特许经营。《政府和社会资本合作模式操作指南》（指南）③ 中则规定：“财政部门（政府和社会资本合作中心）应负责向交通、住建、环保、能源、教育、医疗、体育健身和文化设施等行业主管部门征集潜在政府和社会资本合作项目。”可见，允许开展特许经营的范围越来越广，几乎涵盖了公共产品和服务的各个领域。相关条文的分析亦可以看出该领域立法的变迁和进步，显示出PPP未来广阔的发展前景及官方的推广趋势。

二、市场准入的资格

建设部特许办法对市场准入资格的规定为：“（一）依法注册的企业法人；（二）有相应的注册资本金和设施、设备；（三）有良好的银行资信、财务状况及相应的偿债能力；（四）有相应的从业经历和良好的业绩；（五）有相应数量的技术、财务、经营等关键岗位人员；（六）有切实可行

① 《深圳市公用事业特许经营条例》（深圳市第四届人民代表大会常务委员会公告第11号），2005年12月29日颁布。

② 《基础设施和公用事业特许经营管理办法》（国家发展和改革委员会、财政部、住房和城乡建设部、交通运输部、水利部、中国人民银行令（第25号）），2015年6月1日起实施。

③ 《关于印发政府和社会资本合作模式操作指南（试行）的通知》（财金〔2014〕113号），2014年11月29日。

的经营方案；（七）地方性法规、规章规定的其他条件。”① 而北京特许办法则规定得更加宽松：“中华人民共和国境内外的企业和其他组织均可依照本办法平等参与竞争，获得本市城市基础设施的特许权。”② 另外北京特许办法还将基本准入资格委由具体的授权方案个案加以规定。“特许项目确定后，市城市基础设施行业主管部门应当拟定实施方案，经市发展改革部门组织财政、价格、规划、国土房管、建设、环境保护等有关行政主管部门依照各自职责对实施方案审查修改后，报请市人民政府批准实施。实施方案应当包括下列内容：…… （六）经营者应当具备的条件及选择方式；……”③深圳特许条例中未对基本条件做详细的规定，而是采用与北京类似的做法。“市政府应当根据不同行业的特点制定授权实施方案，并就授权实施方案的有关内容举行公开听证。授权实施方案应当包括下列内容：（一）项目的基本情况；（二）申请人应当具备的基本条件……”④

新办法中由于涉及多个行业，因此只规定合作方选择程序按照政府采购法展开，未对参与竞争社会资本的准入条件作统一要求，只表述为“实施机构应当公平择优选择具有相应管理经验、专业能力、融资实力以及信用状况良好的法人或者其他组织作为特许经营者。”⑤ 这样将市场准入资格条件授予每个项目发起人自行规定，不做一刀切，也是适应各类 PPP 项目复杂性的内在要求。

事实上，只有在正式进入竞争程序时，才能对申请人的资格进行实质性审查。采用项目法人制的企业在获得授权之前，尚未设立项目公司，因此，过早在参与竞争阶段规定过于苛刻的实质性条件并无必要。

第二节　特许权授予过程监管

一、授予主体

特许权的授予主体是人民政府。这无论从建设部特许办法里略显间接的规定——“直辖市、市、县人民政府市政公用事业主管部门依据人民政

① 《市政公用事业特许经营管理办法》第 7 条。
② 《北京市城市基础设施特许经营办法》第 4 条。
③ 《北京市城市基础设施特许经营办法》第 6 条。
④ 《深圳市公用事业特许经营办法》第 14 条。
⑤ 《基础设施和公用事业特许经营管理办法》第 17 条。

府的授权（主管部门），负责本行政区域内的市政公用事业特许经营的具体实施”[①] ——还是从深圳特许条例单独直接的规定“特许经营权的授权主体是市政府”[②]中都可以看出。

新办法中对此有更为明确的规定，即“政府采用竞争方式依法授权中华人民共和国境内外的法人或者其他组织，通过协议明确权利义务和风险分担，约定其在一定期限和范围内投资建设运营基础设施和公用事业并获得收益，提供公共产品或者公共服务。”[③] 从语义解释角度，该条明确了授权主体是政府。

二、授权行为的载体

关于如何授权，是由政府或其部门单独通过单方授权行为进行授权，还是越过单方行为，直接以签订特许经营合同方式开展授权，上述几个规定略有不同。建设部特许办法中指出具体的授权实施由主管部门负责。因此，经过一定程序确定授权对象后，由主管部门经直辖市、市、县人民政府批准，以与中标者签订特许经营协议[④]的方式授权。这与建设部 2002 年 12 月 27 日印发的《关于加快市政公用行业市场化进程的意见》（下称建设部公用行业意见）中的规定高度一致。[⑤] 该意见指出：“城市人民政府负责本行政区域内特许经营权的授予工作。各城市市政公用行业主管部门由当地政府授权代表城市政府负责特许经营的具体管理工作，并行使授权方相关权利，承担授权方相关责任。”这属于行政授权的典型规定，得到授权的主管部门可以在授权范围内履行与政府同样的职责。

而北京特许办法的规定与此几乎一致。“特许项目由城市基础设施行业主管部门或者区、县人民政府或者市人民政府确定的其他部门（实施单位）负责具体实施。实施单位的职责：（一）负责拟订招标文件，组织招标投标；（二）同中标人谈判并签订特许协议……”[⑥]即通过授权实施单位与授权对象签订特许协议完成。不同的是，实施单位不一定是行业主管部门。

① 《市政公用事业特许经营管理办法》第 4 条。

② 《深圳市公用事业特许经营条例》第 7 条。

③ 《基础设施和公用事业特许经营管理办法》第 3 条。

④ 《市政公用事业特许经营管理办法》第 8 条。

⑤ 《建设部关于印发〈关于加快市政公用行业市场化进程的意见〉的通知》（建城〔2002〕第 272 号），2002 年 12 月 27 日颁发。

⑥ 《北京市城市基础设施特许经营办法》第 11 条。

深圳特许条例的规定却与上述做法大不相同："市政府应当采取招标、拍卖等公平竞争的方式，按照有关法律、法规的规定，公开、公平、公正地将某项公用事业的特许经营权通过颁发特许经营授权书（授权书）的形式授予符合条件的申请人。"[①] 显然该条例使用授权书的方式进行授权，且直接由政府而非政府的行业主管部门或其他部门实施授权。

笔者从立法资料中无法得出立法者确切的立法原意，但这样的规定，使得授权主体的级别升高，避免了以往行业主管部门参与谈判并签订授权协议时可能存在的利益冲突。虽然行业主管部门是从事该领域改革的主导者和实施者，但很多情况下也存在利益冲突，升高授权主体级别的制度设计显然值得肯定。

新办法中对此也有规定，授权主体不同于PPP项目实施主体，相应的行业管理部门、事业单位、行业运营公司或其他相关机构，都可作为政府授权的项目实施机构，在授权范围内负责PPP项目的前期评估论证、实施方案编制、合作伙伴选择、项目合同签订、项目组织实施以及合作期满移交等工作。[②] 因此，实施授权的主体允许多样化，以单方行为还是合同行为实施授权则并不明确。综上，PPP新办法和部分地方性法规在具体实施授权路径上存在出入，需要按照法律冲突解决规则确定适用的授权程序。

三、授权对象的选择程序

建设部特许办法第8条规定授权对象的选定要适用招投标程序，指出："主管部门应当依照下列程序选择投资者或者经营者：（一）提出市政公用事业特许经营项目，报直辖市、市、县人民政府批准后，向社会公开发布招标条件，受理投标；（二）根据招标条件，对特许经营权的投标人进行资格审查和方案预审，推荐出符合条件的投标候选人；（三）组织评审委员会依法进行评审，并经过质询和公开答辩，择优选择特许经营权授予对象；（四）向社会公示中标结果，公示时间不少于20天；（五）公示期满，对中标者没有异议的，经直辖市、市、县人民政府批准，与中标者签订特许经营协议。"简单地说，程序就是发布招标条件——受理投标——预审——候选人评审——公示——签订协议。此处的招投标是否与

① 《深圳市公用事业特许经营条例》第8条。

② 国家发展和改革委员会关于开展政府和社会资本合作的指导意见（发改投资〔2014〕2724号），2014年12月2日。

《招标投标法》[①] 中的"招投标"同义呢？根据建设部 2002 年公用行业意见的规定（"实施特许经营，应该通过规定的程序公开向社会招标选择投资者和经营者。要按照《中华人民共和国招标投标法》的规定，首先向社会发布特许经营项目的内容、时限、市场准入条件、招标程序及办法，在规定的时间内公开接受申请；要组织专家根据市场准入条件对申请者进行资格审查和严格评议，择优选择特许经营权授予对象。"）来看，答案十分明显。另外，根据《招标投标法》关于"在中华人民共和国境内进行招标投标活动"都适用该法的规定可推知，公用行业授予特许权的招投标同样适用。

北京特许办法对于对象选择程序的规定除了招投标外，还包括直接委托的方式。"特许经营者应当通过招标投标的方式确定。现有城市基础设施拟采取本办法第三条第二项规定的特许经营方式运营的，经市人民政府批准，也可以采取直接委托的方式授予特许权，并由城市基础设施行业主管部门与特许经营者签订特许协议。"[②] 对于"在一定期限内，将城市基础设施移交特许经营者运营，期限届满无偿移交"[③] 的经营者，可以采取直接委托。此规定虽然在建设部特许办法中未曾提到，但却在建设部 2002 年公用行业意见中有所提及。该意见明确："现有国有或国有控股的市政公用企业，应在进行国有资产评估、产权登记的基础上，按规定的程序申请特许经营权。政府也可采取直接委托的方式授予经营权，并由主管部门与受委托企业签订经营合同。"很显然，直接授权的适用对象不尽相同。这一规定并不符合 PPP 竞争性的要求，很难保证效率的提升，因为竞争是保证更好运营效率的前提，因而该规定更容易被看成是一种过渡型规定。

招投标程序需要大量的成本，在某些情况下，如投标意向很少时，一味采用该程序将造成极大的浪费。因此，在不违反《招标投标法》的情况下，设置多种 PPP 合作对象选定机制，由主管机关根据实际情况灵活选择是较好的方式。但这必须有严格的程序限制，在符合特定要求的情况下才可适用。上文中已建成项目特许经营的直接委托由市人民政府批准作为唯一条件并不足以防止某些情况下对招投标程序的恶意规避，有必要作进一步规定。

---

① 《中华人民共和国招标投标法》，1999 年 8 月 30 日通过，2000 年 1 月 1 日开始实施，2017 年修改。

② 《北京市城市基础设施特许经营办法》第 12 条。

③ 《北京市城市基础设施特许经营办法》第 3 条第 2 项。

最后再来比对深圳特许条例的规定。该条例给出了招标、拍卖、招募等方式用于确定合作对象。“市政府应当采取招标、拍卖等公平竞争的方式，按照有关法律、法规的规定，公开、公平、公正地将某项公用事业的特许经营权通过颁发特许经营授权书（授权书）的形式授予符合条件的申请人。”① “通过招标、拍卖等方式不能确定经营者的，市政府也可以采取招募方式确定经营者。前款所称招募，是指市政府将拟授权经营的公用事业公告后，由市政府或者其委托的机构向申请人发出邀请，通过审慎调查和意向谈判，确定经营者候选人，提交专门设立的评审委员会确定优先谈判对象，通过谈判确定经营者。”② “通过招募方式确定经营者的，市政府应当事先制定招募的条件和程序并予以公告。”③很显然，这样的规定既保证了不同项目根据具体情况选择不同形式的可能性，又通过事先公告程序用信息公开的方式防止竞争程度的削弱，颇值得借鉴。

以往，关于特许经营竞争程序的讨论多集中于招投标程序本身的僵硬化，导致其不适应 PPP 项目，新办法中对此问题进行了明确，即可以采取公开招标、邀请招标、竞争性谈判、竞争性磋商和单一来源采购方式进行项目采购，并明确了公开招标的适用范围，解决了上述问题。当然，政府采购实践本身在国内仍存在很多问题，这些问题在目前的规范状况下，同样会出现在 PPP 项目采购中，因而采购程序监管将构成 PPP 合同前监管的重点，项目实施主体具有多大的程序裁量权，还需要进一步讨论。

第三节　特许协议监管

诸多研究已经意识到协议本身所承载的监管功能，将双方的权利义务以条文明确下来，监管的标准即转化为，双方是否符合约定，有无违约行为发生，借合同约束力完成监管，被认为属更柔和、更有效的监管方式。典型的公私合作合同即特许协议。公共产品和服务关系到公共利益，因此，该特许经营协议并不能如一般的民商事合同经自由协商订立，而应遵循一些特殊的规定。对此，不同的法规、规章都作出了明确规定。

① 《深圳市公用事业特许经营条例》第 8 条。
② 《深圳市公用事业特许经营条例》第 9 条。
③ 《深圳市公用事业特许经营条例》第 10 条。

一、对特许协议内容的约束

从表 4.1 可以看出这三个规范性文件对此规定的异同之处：

表 4.1　　对特许协议内容规定的比较表

建设部特许办法	北京特许办法	深圳特许条例	新办法
特许经营协议应当包括以下内容：（一）特许经营内容、区域、范围及有效期限；（二）产品和服务标准；（三）价格和收费的确定方法、标准以及调整程序；（四）设施的权属与处置；（五）设施维护和更新改造；（六）安全管理；（七）履约担保；（八）特许经营权的终止和变更；（九）违约责任；（十）争议解决方式；（十一）双方认为应该约定的其他事项。①	特许协议包括下列内容：（一）项目名称、内容；（二）特许经营方式、期限；（三）产品或者服务的数量、质量和标准；（四）投融资期限和方式；（五）收费或者补贴及其调整机制；（六）政府的承诺和保障；（七）特许经营者的权利和义务；（八）特许期内的风险分担；（九）特许期满项目移交的方式、程序；（十）违约责任；（十一）争议解决方式。②	特许经营协议应当包括下列内容：（一）项目名称；（二）经营方式；（三）经营者应当履行的义务；（四）违约责任；（五）双方认为应当约定的其他事项。③	特许经营协议应当主要包括以下内容：（一）项目名称、内容；（二）特许经营方式、区域、范围和期限；（三）项目公司的经营范围、注册资本、股东出资方式、出资比例、股权转让等；（四）所提供产品或者服务的数量、质量和标准；（五）设施权属，以及相应的维护和更新改造；（六）监测评估；（七）投融资期限和方式；（八）收益取得方式，价格和收费标准的确定方法以及调整程序；（九）履约担保；（十）特许经营期内的风险分担；（十一）政府承诺和保障；（十二）应急预案和临时接管预案；（十三）特许经营期限届满后，项目及资产移交方式、程序和要求等；（十四）变更、提前终止及补偿；（十五）违约责任；（十六）争议解决方式；（十七）需要明确的其他事项。④

---

① 《市政公用事业特许经营管理办法》第 9 条。
② 《北京市城市基础设施特许经营办法》第 14 条。
③ 《深圳市公用事业特许经营条例》第 16 条。
④ 《基础设施和公用事业特许经营管理办法》第 18 条。

毋庸置疑，协议可约定的内容与协议之外的规定存在动态的协调关系。协议“应当包括”的事项越少，其灵活性就越大。特许协议中的约定越少，协议之外对配套规定的需求就越多，以此保证监管的密度。

由上述比对可知，新办法对特许协议所应包含事项作了大幅扩充，反映出监管部门尽量以详尽的合同约定减少不可预期事件发生，以此防范风险的态度。为呼应新办法的规定，据笔者所知，几个公用事业领域特许协议示范文本都处于修订过程中。不管是示范文本还是具体个案项目中的协议拟定，除了符合上述新办法的要求，还应从不断累积的协议纠纷解决司法经验中获取灵感，将后续可能出现的争议化解在合同拟定过程中。

二、对协议变更、解除的特殊规定

关于特许协议的变更，建设部特许办法规定了协商一致的变更与单方变更两种情形。“在协议有效期限内，若协议的内容确需变更的，协议双方应当在共同协商的基础上签订补充协议。”① “获得特许经营权的企业在协议有效期内单方提出解除协议的，应当提前提出申请，主管部门应当自收到获得特许经营权的企业申请的 3 个月内作出答复。在主管部门同意解除协议前，获得特许经营权的企业必须保证正常的经营与服务。”② 显然被许可企业并无单方变更、解除协议的权利，只能申请解除，有待主管部门的同意。但在被许可方有如下行为时，主管部门则有权单方解除合同，终止协议：“（一）擅自转让、出租特许经营权的；（二）擅自将所经营的财产进行处置或者抵押的；（三）因管理不善，发生重大质量、生产安全事故的；（四）擅自停业、歇业，严重影响到社会公共利益和安全的；（五）法律、法规禁止的其他行为。”③ 这几类情形类似于民事合同的根本性违约，非违约方获得单方解除权。

北京特许办法也有主管单位单方解约的规定④，基本上都以被特许方

① 《市政公用事业特许经营管理办法》第 14 条。

② 《市政公用事业特许经营管理办法》第 17 条。

③ 《市政公用事业特许经营管理办法》第 18 条。

④ 第 21 条规定：“项目公司有下列情形之一的，实施单位有权终止特许协议：（一）不按照特许协议的约定提供公共产品或者服务，情节严重的；（二）转让特许权的；（三）擅自停业、歇业影响公共利益和公共安全的；（四）因项目公司破产等原因导致特许协议不能履行的。”

主观上故意或客观上无法亲自提供产品或服务从而影响公共利益为标准。

深圳特许条例同样规定了被许可方严重违约时的政府单方解除条款①，但其解除以政府撤销特许权的方式出现，且设置了听证程序。除此之外，该条例还规定了被特许方在出现不可抗力时的解除提出权："特许经营期间，因不可抗力的原因无法继续正常经营的，经营者应当及时报告市政府，经市政府同意，可以提前终止特许经营。"② 这与建设部特许办法中的单方解除提出权相比，范围更小。

PPP 新办法中，对此问题的表述是："在特许经营协议有效期内，协议内容确需变更的，协议当事人应当在协商一致基础上签订补充协议。如协议可能对特许经营项目的存续债务产生重大影响的，应当事先征求债权人同意。特许经营项目涉及直接融资行为的，应当及时做好相关信息披露。特许经营期限届满后确有必要延长的，按照有关规定经充分评估论证，协商一致并报批准后，可以延长。在特许经营期限内，因特许经营协议一方严重违约或不可抗力等原因，导致特许经营者无法继续履行协议约定义务，或者出现特许经营协议约定的提前终止协议情形的，在与债权人协商一致后，可以提前终止协议。"③

综上，我国在特许协议变更问题上，只以双方协商一致为基本要件，个别规范中加入了信息公开的要求。国际采购规则对该问题有不同的观察视角。特许协议的随意变更可能会导致对公平竞争的伤害与腐败的滋长，因此，如何规制协议履行期间的变更是重大的现实问题。不管是新办法还是旧规定，都尚未注意到该问题。

在新办法出台以前，在单方解约上，公部门显然处于优势。私部门没有单方解约权，甚至在公部门出现根本性违约的情况下，亦无单方解约权，仍受制于公部门的批准。新办法出台以后，在措辞上，用"与债权人

① 《深圳市公用事业特许经营条例》第 55 条规定："第五十五条经营者有下列情形之一的，市政府应当责令其限期改正，逾期未改正的，撤销其特许经营权：（一）未经市政府同意，以转让、出租、质押等方式处分特许经营权的；（二）因转让股权而出现不符合特许经营协议约定的授权资格条件的；（三）达不到公用事业产品、服务的标准和要求，严重影响公众利益的；（四）因经营管理不善，造成重大安全责任事故的；（五）因经营管理不善，财务状况严重恶化，危及公众利益的；（六）不按城市规划建设、改造和维护公用设施的；（七）擅自停业、歇业的；（八）不履行法律、法规和授权书规定义务以及特许经营协议约定义务的；（九）法律、法规规定的其他情形。"

② 《深圳市公用事业特许经营条例》第 37 条。

③ 《基础设施和公用事业特许经营管理办法》第 37－38 条。

协商一致”取代了“申请–批准”模式，虽然保留了公部门的单方解约权，但加大了私部门单方解约权的行使空间。

三、对违约责任的规定

建设部特许办法规定违约责任的归责原则为过错归责原则：“主管部门或者获得特许经营权的企业违反协议的，由过错方承担违约责任，给对方造成损失的，应当承担赔偿责任。”① 而深圳特许条例与北京特许办法对违约责任都无明确规定。

违约责任的归责原则并无定论，但一般认为按照我国合同法的规定，违约责任采无过错责任原则，以合同规定的权利、义务为标准，一旦违反，除非属于不可抗力等除外责任范围，一般都不考察违约人是否主观上存在过错而直接要求其承担责任。因此，规定过错责任的立法例需要调整。

PPP 新办法中规定除法律、行政法规另有规定外，实施机构和特许经营者任何一方不履行特许经营协议约定义务或者履行义务不符合约定要求的，应当根据协议继续履行、采取补救措施或者赔偿损失。② 该规定采无过错原则，规定违约即承担责任，符合我国合同法违约责任的一般归责原则，值得肯定。目前 PPP 立法正在进行中的，从公布的两部草案看，对该问题的规定也承袭了无过错原则。从 PPP 新办法现有规定来看，关于违约责任的表述不具备特殊性，只是一般合同违约责任的继续沿用，如违约方需承担继续履行、采取补救措施或者赔偿损失等责任。不管是公部门还是私部门，其违约责任的承担都要遵守该规定。当然上述规定并未排除公、私部门在公私合作协议签订时约定特定的违约责任。此外，公部门作为监管部门的角色，在违约责任部分如何实现违约方责任承担，颇值得留意，公部门是如同一般的合同主体方，以诉讼等途径请求法院判令违约方承担责任，还是以监管者的身份，作出责令违约方承担责任的行政行为？按照行政协议的一般原理，公部门采取协议的方式实现公共任务，即不得中途转而采用高权行为的形式替换跑道，否则显然不公。实务中，两种情形都存在，但由于高权行为引发纠纷的案例也较常见，因此，该问题在下一步 PPP 立法中需要加以完善。

① 《市政公用事业特许经营管理办法》第 29 条。

② 《基础设施和公用事业特许经营管理办法》第 26 条。

第四节　价格监管

一、一般性定价规则

价格监管一直是主管部门保障公益的重要手段。此处就以供水价格为例加以分析。按照我国《价格法》的规定："下列商品和服务价格，政府在必要时可以实行政府指导价或者政府定价：（一）与国民经济发展和人民生活关系重大的极少数商品价格；（二）资源稀缺的少数商品价格；（三）自然垄断经营的商品价格；（四）重要的公用事业价格；（五）重要的公益性服务价格。"① 水价显然属于此处的重要公用事业价格，应实行政府指导价或政府定价。在特许协议中，一般都约定了水价由政府制定。但由于私部门进驻以后需要有合理的收益，因而在物价水平、汇率水平等变动的情况下，需要有合理的调价空间。一般合约都会附有调价公式。

萨瓦斯曾对公私合作合同的一般性定价规则作出如下评述：合同的价款可采用一系列方式，两端分别是成本加成与固定费用。价格有激励的作用，对于那些首次实施、高度复杂且有一次性特征的服务项目，为促进有效的非正式合作，可以在固定价格之外给承包商一笔额外的费用，以资奖励。单位计价也是一个可行的方法。在计价时要注意通货膨胀补贴要以官方数据为基础，运营成本上升不是调整价格的充分理由。②

二、水务业若干常用计价模式

而在具体的价格构成里，一般而言，价格构成公式如下：

总成本＝经营成本＋折旧费＋摊销费＋财务费用；

经营成本＝外购原材料、燃料和动力费＋工资及福利费＋修理费＋其他费用。

一般说来，收费价格的确定③有如下几种方法（见表 4.2）。

表 4.2　　水务定价方式表

平均成本定价法	在产品成本的基础上计增利润、税金等费用，参考同行业同类型项目基础上确定

① 《中华人民共和国价格法》第 18 条，该法于 1997 年 12 月 29 日通过，自 1998 年 5 月 1 日起施行。

② 〔美〕E. S. 萨瓦斯：《民营化与公私部门的伙伴关系》，周志忍等译，第 183 页以下。

③ 王梅等主编：《市政工程公私合作项目（PPP）投融资决策研究》，第 60 页。

续前表

复合定价法	自然垄断行业的成本结构比较鲜明地分为固定成本和变动成本，复合定价对固定成本和变动成本分别收费
投资回报率反推价格法	通过财务现金使用分析，利用设定的内部收益率，推算求得

按照各国PPP模式中出现的计价方法，以给水BOT为例，目前可能采用的计价模式包括以下几种：（1）综合水价模式。费用＝实际用水量（吨/日）×综合水价（元/吨）。该综合水价由项目公司根据协议和政府商定，这种模式可预测性较小，风险较大。（2）保本水价＋超量水价模式。费用＝保本水量（吨/日）×保本水价（元/吨）＋超量水量（吨/日）×超量水价（元/吨）。这种模式下，项目公司根据BOT提供保本水价和超量水价，即无论实际的水量是否达到保本水量，政府都需要按照特许协议所规定的保本水量和保本水价支付费用，超过保本水量部分的水量按照超量水价支付。一般两者在经营期内都可以调整。（3）固定成本费用＋可变成本水价模式。费用＝固定成本费用＋实际用水量（吨/日）×可变部分水价（元/吨）。此模式需要在协议中明确固定成本和可变成本各自的范围及计算依据、标准。一般固定成本费用无法调整，只有可变水价部分可以调整。这种方式对项目公司和政府都较为公平。①

另外，价格的调整需要启动调价机制，而调价机制可能与下列要素挂钩：通货膨胀、汇率波动、需求变化、生产材料价格起伏、利息波动等。②

我国《城市供水价格管理办法》中提出的城市供水的计价方法为："容量水价和计量水价相结合的两部制水价或阶梯式计量水价。容量水价用于补偿供水的固定资产成本。计量水价用于补偿供水的运营成本。"③这种新的计价方式采用复合定价法，具有一定的灵活性和可调整空间。

三、代表性价格规制方法

有学者将目前世界上最有代表性的价格规制模式分为美国的最低回报率模式与英国的最高限价模式。所谓最低回报率模式通常是由被管制企业先向管制者提出提价申请，管制者经过一段考察期，根据价格影响因素，

---

① 王梅等主编：《市政工程公私合作项目（PPP）投融资决策研究》，第65页。

② 参见上书，第66页。

③ 《城市供水价格管理办法》第12条，该规章由国家计委和建设部于1998年9月23日通过并施行。

对价格水平作必要调整，最后规定企业的投资回报率，作为企业一定时期内定价的依据。这种方式由于回报率固定，容易导致成本投入越多，回报越多，而对缩减成本，提高效率失去兴趣。① 以英国为代表的最高限价模型是指 RPI-X 模型。RPI（Retail Price Index）指零售指数，即通货膨胀率，X 指有关机关指定的在一定时期内生产效率增长的百分比。② 其依据是竞争才是反对垄断、保护消费者利益的最好手段，一味控制价格只会抑制竞争者进入市场。因此，价格管制的目标是将价格和利润保持在一个既不失公平，又对企业有所激励的水平上。③

四、我国的价格规制实践

（一）既有的价格构成规定

笔者以下按时间顺序整理了水行业主要的规范性文件对于价格规制的主要规定（见表 4.3）。

表 4.3　各级规范中的价格决定因素对比表

规范名称	价格制定条款
城市供水条例（1994 年 7 月 19 日国务院令第 158 号发布，自 1994 年 10 月 1 日起施行）	第 26 条 城市供水价格应当按照生活用水保本微利、生产和经营用水合理计价的原则制定。
境外进行项目融资管理暂行办法（计外资〔1997〕612 号）（1997 年 4 月 16 日国家计划委员会、国家外汇管理局发布）	第 7 条 项目产品或服务价格的确定应符合我国有关价格管理规定，有助于形成稳定的预期收入，合理反映物价上涨和汇率变动的影响，充分考虑项目所在地的承受能力，并得到有关价格管理部门的批准。
城市供水价格管理办法（计价格〔1998〕1810 号）（1998 年 9 月 23 日国家计委和建设部发布）	第 7 条 城市供水价格由供水成本、费用、税金和利润构成。成本和费用按国家财政主管部门颁发的《企业财务通则》和《企业会计准则》等有关规定核定。 （一）城市供水成本是指供水生产过程中发生的原水费、电费、原材料费、资产折旧费、修理费、直接工资、水质检测、监测费以及其他应计入供水成本的直接费用。 （二）费用是指组织和管理供水生产经营所发生的销售费用、管理费用和财务费用。 （三）税金是指供水企业应交纳的税金。

① 王俊豪：《英国政府管制体制改革研究》，上海三联书店 1998 年版，第 14—15 页。
② 王俊豪：《英国政府管制体制改革研究》，第 120 页。
③ 王俊豪：《英国政府管制体制改革研究》，第 16 页。

续前表

规范名称	价格制定条款
	(四) 城市供水价格中的利润，按净资产利润率核定。 第 10 条 制定城市供水价格应遵循补偿成本、合理收益、节约用水、公平负担的原则。 第 11 条 供水企业合理盈利的平均水平应当是净资产利润率 8%－10%。具体的利润水平由所在城市人民政府价格主管部门征求同级城市供水行政主管部门意见后，根据其不同的资金来源确定。 (一) 主要靠政府投资的，企业净资产利润率不得高于 6%。 (二) 主要靠企业投资的，包括利用贷款、引进外资、发行债券或股票等方式筹资建设供水设施的供水价格，还贷期间净资产利润率不得高于 12%。还贷期结束后，供水价格应按本条规定的平均净资产利润率核定。
关于印发推进城市污水、垃圾处理产业化发展意见的通知（计投资〔2002〕1591 号）（国家计委、建设部、国家环保总局 2002 年 9 月 10 日发布）	对社会资本投资的城市污水、垃圾处理项目，当地政府或所委托的机构可参照同期银行长期贷款利率的标准，设定投资回报参考标准，并根据其他具体条件计算项目的运行成本，合理确定城市污水、垃圾处理的价格，以此作为对投资者招标的标底上限，通过招标选择最优化的方案及项目的投资、运营企业。
关于加快市政公用行业市场化进程的意见（建城〔2002〕第 272 号）（建设部 2002 年 12 月 27 日印发）	市政公用产品和服务价格由政府审定和监管。应在充分考虑资源的合理配置和保证社会公共利益的前提下，遵循市场经济规律，根据行业平均成本并兼顾企业合理利润来确定市政公用产品或服务的价格（收费）标准。
北京市人民政府批转市发展改革委关于本市深化城市基础设施投融资体制改革实施意见的通知（京政发〔2003〕30 号）（北京市人民政府 2003 年 12 月 12 日发布）	建立城市基础设施项目价格制定和调整的专家论证、价格听证、定期审价制度。在综合考虑市场资源合理配置和保证社会公共利益的前提下，建立与物价总水平、居民收入水平以及企业运营成本相适应的价格联动机制。改革高速公路收费方式，运用价格调控杠杆，逐步理顺交通、水、电、气、热等城市基础设施产品价格，定期公布总体价格走势预报。
深圳市公用事业特许经营条例（深圳市第 4 届人大常委会第 11 号公告，2006 年 3 月 1 日起实施）	第 40 条 公用事业价格应当依据社会平均成本、经营者合理收益、社会承受能力以及其他相关因素予以确定。经营者的合理收益，应当根据不同行业特点，分别采取净资产或者固定资产净值收益率、投资收益率、成本收益率等方式予以核定。 第 41 条 市政府应当根据社会平均利润水平、银行利率和物价指数等因素确定公用事业各行业的收益率水平。价格主管部门应当会同监管部门每年对公用事业各行业的收益率水平进行考核，必要时报市政府予以调整。

由上表可以看出，我国价格制定的主要依据仍是净资产投资回报率，按照行业平均水平在政府给定数值范围内，考虑物价、汇率和当地经济发展状况而决定。这种价格确定方式类似于美国，仍存在如上所述的缺点。另外，将定价权归于政府监管部门，且定价的具体模式并不清晰，很难确保不产生“俘获”的情形。最后，关于价格制定的核心——信息公开，我国只提到“公布总体价格走势”，并未提供定价过程中公众参与的有效途径。

（二）我国当前的价格监管方式

目前我国对于价格的监管包括以下几种方式：（1）政府批准。建设部特许办法第 22 条规定：“直辖市、市、县人民政府有关部门按照有关法律、法规规定的原则和程序，审定和监管市政公用事业产品和服务价格。”此处审定即指审查确定。北京特许办法虽未明确指出价格批准模式，但规定要按价格法的规定办理，也间接规定了政府的价格批准权。深圳特许条例的规定为：“经营者应当执行价格监管规定，按照市政府制定的价格标准向用户收取费用。市政府与经营者对价格有约定的，经营者应当按照约定价格向用户收取费用。”① 不管是统一制定还是个别约定，都明确了市政府的价格确定权。（2）监管价格构成。这种方式在法律规范中规定具体的价格制定模式和影响因素，以缩小裁量的范围。这在深圳特许条例中得到了体现。“公用事业价格应当依据社会平均成本、经营者合理收益、社会承受能力以及其他相关因素予以确定。经营者的合理收益，应当根据不同行业特点，分别采取净资产或者固定资产净值收益率、投资收益率、成本收益率等方式予以核定。”②“市政府应当根据社会平均利润水平、银行利率和物价指数等因素确定公用事业各行业的收益率水平。价格主管部门应当会同监管部门每年对公用事业各行业的收益率水平进行考核，必要时报市政府予以调整。”③ （3）审计制度。即通过定期审计的方式，约束成本，形成成本资料数据库，确保成本的真实性和准确性。④ （4）以听证为核心的调价制度。当经营者或公众监督组织、消费者组织、行业协会、价格主管部门、其他部门认为需要调整价格时可以提出调价申请或调价方案，价格主管部门受理调查申请后或指定调价方案后，开展社会平均成本

① 《深圳市公用事业特许经营条例》第 38 条。
② 《深圳市公用事业特许经营条例》第 40 条。
③ 《深圳市公用事业特许经营条例》第 41 条。
④ 《深圳市公用事业特许经营条例》第 42 条。

和社会承受能力调查，并在作出受理决定之日起 3 个月内举行听证会。听证会应当在 2/3 以上听证会代表出席时举行，并于上报市政府批准时提交听证会纪要、听证会笔录和有关材料。获得批准后，向社会公布。① 听证属于价格法规定的法定程序："制定关系群众切身利益的公用事业价格、公益性服务价格、自然垄断经营的商品价格等政府指导价、政府定价，应当建立听证会制度，由政府价格主管部门主持，征求消费者、经营者和有关方面的意见，论证其必要性、可行性。"② 深圳特许条例的上述规定使价格听证进一步具体化，防止其流于形式。（5）价格调节准备金制度。深圳特许条例还规定了市政府可以根据公用事业不同行业的特点设立价格调节准备金，专项用于公用事业价格和利润的调控，以保持公用事业价格稳定。③ 这种制度的设立能有效防止因价格变动过大带来的社会不稳定和政治风险，属于有力的调控手段。

（三）结论

可以看出，我国目前的价格最终审定权在政府手上，但建议调整权却需由价格部门与公用事业的监管部门联合行使。另外，经营者或公众监督组织、消费者组织、行业协会、其他部门也可以提出调价申请方案，并由价格主管部门启动听证程序，最后交由市政府批准。但目前为众人所诟病的乃是听证程序流于形式，对最终结果不产生实质性作用。现有的法律规定对听证材料之于政府决定权的拘束作用并不明确，导致很多听证会成为"涨价会"。这背后更深层次的问题在于，公众并不了解整个价格构成的调整方式，而主张提价的经营者却占有信息优势，总能以其掌握的数字来证明调价的理由。因而有效的公众监督还需要必要程度的信息公开相配合。此时在公私合作的情况下，私部门信息公开的公法义务就会与其持有商业秘密的权利冲突。如何衡量这其中公益和私益的重要程度，是否需要将公法义务加诸于私部门详见本书第六章的分析。

值得注意的是，除了价格审定、检查等监管手段外，准备金制度的引入很大程度上注意到了纯粹行政手段对于风险防范的不足，正如价格杠杆对于市场的作用一般，准备金制度也以价格和利润的调控为监管手段，弥补了传统纯命令——控制调控模式的不足。

---

① 《深圳市公用事业特许经营条例》第 43—47 条。

② 《中华人民共和国价格法》第 23 条。

③ 《深圳市公用事业特许经营条例》第 48 条。

第五节　质量监管

质量监管与价格管制一样属于公部门维持公益的重要手段。私部门参与 PPP 的过程可能从设计、融资到建造、营运，覆盖其全程。研究表明，成功的 PPP 需要公部门预先给定详细的质量要求，以保证提供的产品与服务符合项目需求。因此，对于产出不明晰或不易定义的项目不适合采用 PPP 方式进行。从目前的规范性文件来看，建设部特许办法与北京特许办法都将具体的产品服务质量要求纳入特许协议约定的范围，但只规定协议应对此加以约定，具体如何约定并无更多的指引。深圳特许条例则另外对监管者赋予了制定质量标准并监督检查的义务。该条例第 49 条规定："监管部门对经营者进行监督管理，履行下列职责：（一）组织制定公共产品和服务质量标准；……（六）监督检查经营者提供的公共产品和服务质量……"

就供水领域而言，除了以上特许办法和条例，另有几部相关规范性文件提到了质量监管，相关内容分列于表 4.4。

表 4.4　　　　质量监管规定对比表

城市供水条例（1994 年 7 月 19 日国务院令第 158 号发布，自 1994 年 10 月 1 日起施行，2018 年 3 月修正）	第 19 条　城市自来水供水企业和自建设施对外供水的企业，经工商行政管理机关登记注册后，方可从事经营活动。
城市供水水质管理规定（中华人民共和国建设部令第 156 号，自 2007 年 5 月 1 日起施行）	第 11 条　城市供水单位应当履行以下义务： （一）编制供水安全计划并报所在地直辖市、市、县人民政府城市供水主管部门备案； （二）按照有关规定，对其管理的供水设施定期巡查和维修保养； （三）建立健全水质检测机构和检测制度，提高水质检测能力； （四）按照国家规定的检测项目、检测频率和有关标准、方法，定期检测原水、出厂水、管网水的水质； （五）做好各项检测分析资料和水质报表存档工作； （六）定期向所在地直辖市、市、县人民政府城市供水主管部门如实报告供水水质检测数据； （七）按照所在地直辖市、市、县人民政府城市供水主管部门的要求公布有关水质信息； （八）接受公众关于城市供水水质信息的查询。

续前表

生活饮用水卫生监督管理办法（中华人民共和国建设部、中华人民共和国卫生部令第 53 号，1997 年 1 月 1 日起施行）	第 7 条　集中式供水单位必须取得县级以上地方人民政府卫生行政部门签发的卫生许可证。城市自来水供水企业和自建设施对外供水的企业还必须取得建设行政主管部门颁发的《城市供水企业资质证书》，方可供水。

综上，我国对于质量监管主要采用的是事前许可，事中检测、报告，事后处罚等方式。事前许可包括准入资格许可，如需经建设主管部门的资格审查、获得《城市供水企业资质证书》①，及获得卫生部门颁发的《卫生许可证》。事中检测、报告，是指对供水企业课予定期巡查检测、并将相关数据上报备案，必要时由主管部门公布的制度。事后处罚则是传统的行政处罚在该领域的运用。主管部门试图综合运用以上监管手段以保证供水质量符合相关标准。

第六节　连续服务、普遍服务和保证竞争

一、连续服务

连续服务义务是指公用产品需保证无地区、时间差异地不间断提供。也有学者将其纳入普遍服务义务的范畴。② 为达到该目的，有关规范中规定了受特许企业的连续服务义务和公部门的接管义务。在通常情况下，特许企业有稳定、持续服务的义务，当发生特许权变更等情况时，特许权企业需保证服务的稳定，而公部门需要尽快接管。一旦发生不得不中断的情况，特许企业有及时报告主管部门并告知公众的义务，且须尽快采取措施恢复服务。我国的相关规范梳理列于表 4.5。

表 4.5　连续服务义务条款表

连续服务义务	北京特许办法第 17 条规定："特许期限内，项目公司应当按照特许协议的约定不间断地提供公共产品和服务，对实施特许经营的城市基础设施进行维修，保证设施的良好运转。"建设部特许办法第 19 条规定："特许经营权发生变更或者终止时，主管部门必须采取有效措施保证市政公用产品供应和服务的连续性与稳定性。"建设部公用行业意见中有同样的表述："在特许经营权发生变更或终止时，必须做好资产的处置

① 《城市供水企业资质管理规定》（建设部第 26 号令）2004 年被废止后，城市供水企业资质核准已被取消 。

② 骆梅英：《通过合同的治理——论公用事业特许契约中的普遍服务义务》，《浙江学刊》2010 年第 2 期。

续前表

	和人员的安置工作，必须保证服务的连续性。”深圳特许条例第 32 条规定：“经营者应当对公用设施进行定期检修保养和更新改造，确保不间断提供约定的公共产品和服务，并按时向监管部门报告设施运行情况。”新办法第 40 条规定：“新的特许经营者选定之前，实施机构和原特许经营者应当制定预案，保障公共产品或公共服务的持续稳定提供。”第 48 条规定：“特许经营者因不可抗力等原因确实无法继续履行特许经营协议的，实施机构应当采取措施，保证持续稳定提供公共产品或公共服务。”第 52 条规定：“特许经营协议存续期间发生争议，当事各方在争议解决过程中，应当继续履行特许经营协议义务，保证公共产品或公共服务的持续性和稳定性。”
公部门接管义务	深圳特许条例第 50 条规定：“监管部门应当制定特许经营监管应急预案，在经营者擅自停业、歇业或者市政府决定撤销特许经营权时，能有效组织临时接管，或者采取其他有效措施保证公共产品或者服务的连续性、稳定性。”建设部特许办法第 25 条规定：“主管部门应当建立特许经营项目的临时接管应急预案。对获得特许经营权的企业取消特许经营权并实施临时接管的，必须按照有关法律、法规的规定进行，并召开听证会。”
提前告知义务	《城市供水水质管理规定》第 27 条规定：“城市供水单位发现供水水质不能达到标准，确需停止供水的，应当报经所在地直辖市、市、县人民政府城市供水主管部门批准，并提前 24 小时通知用水单位和个人；因发生灾害或者紧急事故，不能提前通知的，应当在采取应急措施的同时，通知用水单位和个人，并向所在地直辖市、市、县人民政府城市供水主管部门报告。”

连续服务义务是由公用行业对于人们基本生存权的重要性决定的。人们对其不可间断的依赖性导致该行业经营者承担这一特殊的义务，且这种义务属于公法义务。同时该义务又通过供水合同等形成平等主体间民事上的权利义务，若有违背连续服务义务而造成损失的，消费者可以之为请求权基础提起诉讼。经营者的连续服务义务与公部门的接管义务是相辅相成的。目前看来，建立应急预案、临时接管等方式基本能满足连续服务的需求。

二、普遍服务

普遍服务也被认为属于公私合作后监管的要点，正如学者指出的：“民营资本进入公用事业后，其逐利性与普遍服务之间的冲突，典型表现为企业偏好成本低、收益高的项目，忽视对偏远地区、消费量低的居住区域、低收益服务项目的供应，而后者的受众往往是低收入群体或者弱势消费群体，因而导致公共服务的不均衡供给。”① 为了将“普遍服务”要求

① 骆梅英：《从“效率”到“权利”：民营化后公用事业规制的目标与框架》，《国家行政学院学报》2013 年第 4 期。

普遍纳入特许权协议，新办法第 46 条规定："特许经营者应当对特许经营协议约定服务区域内所有用户普遍地、无歧视地提供公共产品或公共服务，不得对新增用户实行差别待遇。"根据笔者的搜索范围，约有 32 部地方法律文件中亦作了类似规定。由于公用事业的公益特征，普遍服务是公用事业公益性所衍生的必要内容，也是被多数国家立法所承认的公用产品提供者的应有义务。目前处于立法进程中的 PPP 立法也会承袭上述规定，较早出现的《基础设施和公用事业特许经营法》（征求意见稿）已规定特许经营者应当按照特许经营协议约定的服务区域以及政府规划向消费者普遍地、无歧视地提供公共产品或者公共服务。普遍服务义务的确立之所以重要，还在于其可以衍生出公部门的强制缔约义务，为普通用户的缔约请求权确立基础。

三、保证竞争

很多人主张管制与竞争是互相排斥的，任何管制措施只能降低效率，减少竞争。而以管制措施来保障竞争，事实上属于用管制措施来模拟市场状况，保证竞争，其是否有效，有待经济学科的检验。

正如本书之前指出的，很多人反对 PPP 的原因在于长时间将大规模的公共产品和服务供应委托给一个公司容易导致垄断。私部门垄断不仅将产生与公部门垄断同样的低效问题，而且会产生垄断高价，侵害公民利益。在笔者作为样本分析的几个规范性文件中，只有深圳特许条例对此作出了明确的规定。首先，条例对授予对象的数量作了规定，尽量保证除行业特点和区域条件限制外，同一地区同一行业的特许能授予两个以上经营者，使其进行同业竞争，防止垄断。① 其次，对获得授权的经营者的经营行为课以禁止滥用优势地位义务："经营者不得利用特许经营的优势地位，强制、限定、阻碍用户购买某种产品，或者有其他侵害消费者合法权益的行为。"② 再次，对于其他经营者的设施接入请求，现有经营者应允许其进入。③ 这样就防止了现有经营者利用优势地位阻碍后来经营者进入市场的现象。最后，在经营期满后，是否重新进行招投标等竞争程序选择新的经营者，条例规定："市政府应当按照本条例的规定，重新进行特许经营

---

① 《深圳市公用事业特许经营条例》第 11 条规定："同一行业的特许经营权应当授予两个以上的经营者；但因行业特点和区域条件的限制，无法授予两个以上经营者的除外。"

② 《深圳市公用事业特许经营条例》第 27 条。

③ 《深圳市公用事业特许经营条例》第 29 条规定："经营者应当允许其他经营者按照规划要求连接其投资建设或者经营管理的公用设施。"

权的授予。特许经营权的重新授予应当于特许经营期限届满六个月前完成。”[①] 这种期满重新招投标的规定，有利于重新形成竞争环境。[②] 值得注意的是，模拟竞争的前提在于消费者有如在市场上自由挑选的权利一样，在不同的经营者中间选择，所以仅分不同地域引入多个经营者，但某一特定区域的消费者仍然无法自由选择的情况下，竞争的条件仍然无法形成。

此前，能否于特许经营协议中明确约定在特许经营期内不增加新的竞争者，一直存有争议。新办法对此的态度是较为宽松的，其在第 21 条规定：“政府可以在特许经营协议中就防止不必要的同类竞争性项目建设、必要合理的财政补贴、有关配套公共服务和基础设施的提供等内容作出承诺”，且于第 40 条规定：“因特许经营期限届满重新选择特许经营者的，在同等条件下，原特许经营者优先获得特许经营。”可见，为了吸引投资者，满足其利润需求，新办法将保证竞争的重点放在合同签约前，而非履约期间。

第七节　其他监管措施：公益保障为由的行政介入

通读有关特许的规范性文件，可以发现公部门保留了很多行政介入的空间。这构成了特许协议与一般协议的不同之处。上述所说的价格监管、质量监管、连续义务保障、竞争性保障等都体现了高权行为的介入，不管是事前的许可，事中义务的课予，还是事后的处罚，都是如此。以下仅对文件中特别指明的几处行政介入加以分析。有必要指出的是，行政介入不仅指侵益性的，还包括授益型的，政府的补贴等都可归入。

一、政策性指令

为了公益的目的，公部门可以对特许企业下指令，因此而造成的损失，政府要给予相应的补偿或给予补贴。建设部特许办法第 13 条规定，

① 《深圳市公用事业特许经营条例》第 19 条。

② 期满后的处理程序，《市政公用事业特许经营管理办法》有相同的规定，其第 16 条规定：“特许经营期限届满，主管部门应当按照本办法规定的程序组织招标，选择特许经营者。”但《北京市城市基础设施特许经营办法》却只规定了对原经营者期限的延长，并未规定直接进入新一轮的招投标程序。该办法第 23 条规定：“特许期限届满，项目公司可以申请延长特许期限。延长特许期限的申请应当在特许期满 1 年前向城市基础设施行业主管部门提出，经城市基础设施行业主管部门组织评审同意并报市人民政府批准后，可以延长。”

获得特许经营权的企业承担政府公益性指令任务造成经济损失的，政府应当给予相应的补偿。建设部公用行业意见规定："若为满足社会公众利益需要，企业的产品和服务定价低于成本，或企业为完成政府公益性目标而承担政府指令性任务，政府应给予相应的补贴。"深圳特许条例也有类似的补偿规定。

北京特许办法同时对政策调整作出了规定："特许期限内，因政策调整严重损害项目公司预期利益的，项目公司可以向城市基础设施行业主管部门提出补偿申请，城市基础设施行业主管部门应当在收到项目公司的补偿申请后 6 个月内调查核实，经市人民政府批准给予相应补偿。"① 这里的政策调整也可能包括政策性指令。可见，政府保留了合同签订后因客观状况的变化或公益的需要而对公私合作企业进行政策性指令的权力，但这种权力的行使需要以损失补偿为前提。

二、征用

征用往往与政策性指令一并规定，但由于其直接涉及经营权的终止，对相对人权益的影响重大，因而特别单独加以说明。建设部特许办法并未对征用加以规定。北京特许办法和深圳特许条例则都有相应规定。北京特许办法第 22 条规定："特许期限内，除本办法第二十一条规定的情形外，特许权不得收回，实施特许经营的城市基础设施不得被征用；但确因公共利益需要，经市人民政府批准收回特许权或者征用实施特许经营的城市基础设施的，应当给予相应补偿。"深圳特许条例第 34 条规定："市政府因公共利益需要可以依法征用公用设施或者指令经营者承担公益服务，经营者应当予以配合，市政府应当给予经营者合理补偿。"以上条款缺乏对补偿款的具体规定，给公部门留下了过大的裁量权。合理补偿的合理性裁量完全视政府本身而定，私部门并无参与的权利，从而任何以"征用"为名的行为都可能会出现同样的问题。

三、处罚

处罚是指公部门对于特许经营过程中出现的违法事件行使法定处罚权的行为。各个特许办法中都对法定处罚情形作出了规定。建设部公用事业意见中指出，公部门有权"对市场行为不规范、产品和服务质量不达标和违反特许经营合同规定的企业进行处罚"。建设部特许办法第 28 条规定：

① 《北京市城市基础设施特许经营办法》第 19 条。

"对以欺骗、贿赂等不正当手段获得特许经营权的企业，主管部门应当取消其特许经营权，并向国务院建设主管部门报告，由国务院建设主管部门通过媒体等形式向社会公开披露。被取消特许经营权的企业在三年内不得参与市政公用事业特许经营竞标。"《国家计划委员会、电力工业部、交通部关于试办外商投资特许权项目审批管理有关问题的通知》[①] 中规定："政府部门具有对特许权项目监督、检查、审计以及如发现项目公司有不符合特许权协议规定的行为，予以纠正并依法处罚的权力。"北京特许办法第 18 条规定："特许期限内，有关行政主管部门有权对特许项目进行检查、评估、审计，对特许经营者违反法律、法规、规章规定和特许协议约定的行为应当予以纠正并依法处罚，直至依法收回特许权。"深圳特许条例第 53 条规定："经营者违反本条例规定，依照有关法律、法规和规章的规定予以处罚。"

处罚权作为最典型的政府高权行政行为方式，在公私合作的场景下未必能起到制度设计时期待的效果，因为在合作的场域，公、私双方处于共担风险、共享收益的状况，良好合作关系的维系和双方的互相信任是合作成功的基本要素。因此，公部门在兼具行为人和监管人双重角色的情况下，何时换上监管人的面具常常需要权衡。

四、政府协助

政府协助是指为了顺利开展 PPP，合理分配风险，发挥公私部门各自的优势以实现最佳的合作，政府需要在 PPP 开展过程中给予私部门很多协助。这种协助可以表现为赋予私部门某项权利、优惠、补贴，也可以仅表现为在私部门履行义务过程中给予必要的帮助。协助不属于类型化的行政活动，但由于其内容繁多、种类多样，此处暂以"协助"称之，在实践中，可以再定型为有名行政行为。

表 4.6 所列规定体现了这种协助。

表 4.6　　　　政府协助相关规范梳理表

文件名称	体现协助的规范内容
关于印发推进城市污水、垃圾处理产业化发展意见的通知（计投资〔2002〕1591 号）（2002 年 9 月 10 日发布）	城市污水、垃圾处理生产用电按优惠用电价格执行；对新建城市污水、垃圾处理设施可采取行政划拨方式提供项目建设用地。投资、运营企业在合同期限内拥有划拨土地规定用途的使

① 该文件由国家计划委员会、电力工业部、交通部于 1995 年 8 月 21 日发布。

续前表

文件名称	体现协助的规范内容
	用权。（六）各级政府要从征收的城市维护建设税、城市基础设施配套费、国有土地出让收益中安排一定比例的资金，用于城市污水收集系统、垃圾收运设施的建设，或用于污水、垃圾处理收费不到位时的运营成本补偿。（七）实行产业化方式新建污水、垃圾处理设施时，各级政府应在明确政府投资权益的前提下，适当安排财政性建设资金用于支持其产业化发展。国家支持城市污水、垃圾处理工程的项目法人利用外资包括申请国外优惠贷款，并对产业化项目给予适当补助。
国家计划委员会、电力工业部、交通部关于试办外商投资特许权项目审批管理有关问题的通知（1995 年 8 月 21 日发布）	对于项目公司偿还贷款本金、利息和红利汇出所需要的外汇，国家保证兑换和汇出境外。
北京市城市基础设施特许经营办法（北京市人民政府令〔2003〕第 134 号，2003 年 10 月 1 日实施）	第 7 条 特许经营者可以通过下列方式取得回报：……（三）享有政府给予的相应补贴。第 8 条 政府承诺可以涉及与特许项目有关的土地使用、相关基础设施提供、防止不必要的重复性竞争项目建设、必要的补贴，但不承诺商业风险分担、固定投资回报率及法律、法规禁止的其他事项。
北京市人民政府批转市发展改革委关于本市深化城市基础设施投融资体制改革实施意见的通知（京政发〔2003〕30 号，2003 年 12 月 12 日发布）	对有经营收入但不足以回收成本的轨道交通等城市基础设施项目，在价格改革没有到位的情况下，可通过适当补贴和相关政策对投资者给予投资补偿，保障其合理收益；随着价格逐步到位，减少或取消上述投资补偿。
北京市人民政府批转市计委关于对经营性基础设施项目投资实行回报补偿意见的通知（京政发〔2000〕30 号，2000 年 10 月 20 日发布）	（一）建立补偿资金，对中标价格与政府定价之间的差额进行现金补偿。 1. 补偿资金来源：包括政府的部分基础设施建设资金、基础设施产品价格和收费标准调整增加收入的部分、政府资金和专项资金收入、政府对企业的政策性亏损补贴等。 2. 补偿方式：由市政府有关主管部门提出产品、服务的质量和技术标准，承诺收购（处理）量，根据中标价格确定补偿。考虑到最终消费者承受能力，确定的产品和服务价格低于中标价格时，政府就价差部分给予投资者补偿。补偿金额计算公式为：补偿金额＝（中标价格－政府定价）×承诺收购（处理）量或预测客运量。 3. 补偿期限：在经营期内，投资者的中标价格执行期限根据不同项目具体确定，原则上不短于三年。三年以后，发生上游产品价格调整或汇

续前表

文件名称	体现协助的规范内容
	率变化超过一定幅度时，经批准，可对中标价格作适当调整。政府定价低于调整后的中标价格时，其价差部分由政府给予补偿。 （二）提供开发土地补偿。 对于地铁等大型基础设施项目，如补偿金难以实现对差价的补偿，可考虑在符合城市总体规划和土地供应总量的前提下，给予投资者一定数量的开发用地。具体方法由市计划部门组织规划、国土房管等部门研究提出，报市政府批准，限期内开发使用。 （三）特许经营权补偿。 经行业主管部门审查并报市政府批准，给予投资者在其建设经营的项目中一定期限内的广告等方面的特许经营权。鼓励投资者结合所建设的基础设施项目，开发旅游、娱乐等文化体育项目。 （四）为投资者提供投融资的协调服务。 投资者可选择以上一种补偿办法，也可选择几种办法进行综合补偿。对于投资规模很大并在短期内难以回收资金的项目，政府可投入一定数量股本金，参与投资与经营。在国家政策允许的条件下，政府协助投资者申请国外政府及国际金融组织的贷款，支持投资者资本证券化的运作，并协调基础上建设和运行过程中的外部相关公用条件。

以上协助充分利用了双方合作的优势，有利于项目的顺利开展。公部门的协助多数体现在公部门有优势的地方，如土地的划拨或税收优惠，这些是传统行政法上高权行政的部分，在公私合作的过程中，在法律保留的前提下可以借由协商的方式达成一致。

第八节　小结

本章通过对公私合作具体法制的实证研究发现，政府作为监管者，在市场准入、特许过程、特许协议、价格、质量、连续服务、普遍服务、竞争保证等方面开展监管，并以政策性指令、征用、处罚、协助等方式介入监管全程。研究表明，对市场准入监管程度弱化；就特许过程监管，部委规章和地方性法规略有出入、选择合作伙伴参与竞争程序的裁量空间应受压缩；对特许协议内容的规范更加细化、受国际规则影响，对协议变更的规定需要慎重对待、公部门单方解约权获保留的前提下，私部门获得对等权利的空间提升；价格监管的关键在于信息公开，减少信息不对称。对竞争保证的监管更多集中于特许协议签订前的竞争、而非签约后竞争者的引入。总体而言，公私合作与其他领域的监管不同，更注重事前的特许和事中的合同监管，事后处罚的适用需要非常谨慎，而且以公益为由的行政介入也只能作为补充性手段而存在。

第五章　政府作为合作者：现有法制框架下的公私合作合同设计

在现有的法制环境下，政府作为合作参与方，如何实现公私合作的功能，关键在于进行缜密的公私合作合同设计。这属于本书绪论所提到的技术面向的考量，也是法学学科本身的关怀所在。本章将针对 PPP 的核心——公私合作合同展开论述。涉及合同的拟定、内容及公、私部门间的权利义务关系。所有的分析以典型的公私合作模式——许可模式为中心展开讨论。

第一节　公私合作过程中可能出现的合同

一、公私合作中的合同

公私合作过程中所涉及的是由一系列合同构成的合同集合。机构型公私合作视机构设立过程的不同而呈现多种形态。将部分国有资产出售的将涉及国有资产出让合同或股权转让协议。以国家直接投资与私部门合作新设项目公司的就涉及发起人协议等。若是契约型的公私合作，可能是简单的服务外包合同、交钥匙合同或租赁协议等。许可型公私合作一般被作为典型的公私合作类型来对待，也属于狭义 PPP 的核心内容。以其为例，图 5.1 展现了公私合作中的合同集合。

二、各类型合同分述

（一）特许协议

这是许可类公私合作中的主体协议，也是本书研究的重点。特许是整个 PPP 项目运行的基础。公私双方的所有权利义务都在这一协议中得以体现，剩余的其他合同都是围绕着特许协议展开的。

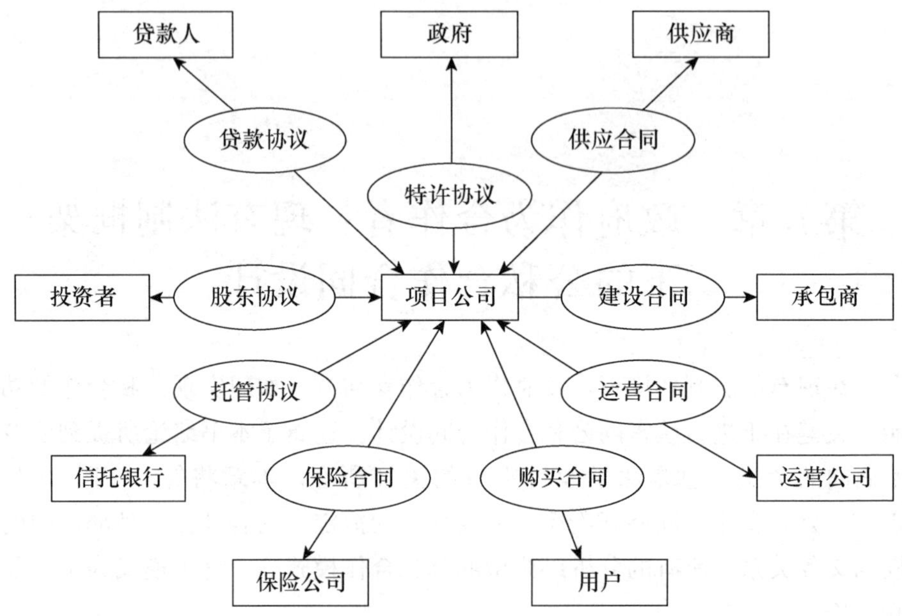

图 5.1 特许经营模式合同集合图[①]

（二）供应合同

指项目公司与供应商签订的原材料供应合同。只有保证原材料的稳定供应才能实现公共服务的连续提供义务。

（三）建设合同

指项目公司与工程建设公司签订的工程承包合同，一般都是固定工期和价格的交钥匙合同。通过这样的安排将完工风险转移到承包商处，但公部门对私人承包商的选定、资质、施工情况等也有相应的监管权力。

（四）运营合同

有些项目可能由项目公司自己运营，但大部分是将其通过运营合同外包给专业公司。

（五）购买合同

在提供水、电等公共产品的场合，国家通常承担所有购买义务。如发电厂输出的所有电力都由政府购入，此时就可能由公部门通过购买合同事先约定最低购买量以保证私部门投资的收回。在直接面向公众的 PPP 项目中，如高速公路等，项目公司被授予收费权以后，实质上的购买合同在项目公司和高速公路付费者之间产生，此时就构成了三方主体法律关系。这将在后文中具体分析。

① 王梅等主编：《市政工程公私合作项目（PPP）投融资决策研究》，第 96 页图。

（六）股东协议

成立项目公司时，若有不止一方投资人（一般说来PPP项目投资巨大，都是由多方投资人共同注资），则股东之间需要通过股东协议分配权利义务。实践中，项目资本可能来源于战略投资者、资本市场或产业投资基金。近年来，随着基础设施领域的逐步开放，社会资本被允许甚至鼓励进入该领域，加上在基础设施建成后能带来稳定的现金流保证和收益，因此，很多风险投资者对此领域跃跃欲试。资本市场是融资的另一大资金来源。国内沪深股市中基础设施建设的上市公司为数不少，如宁沪高速、福建高速、赣粤高速、华北高速、海南高速、粤高速、东北高速等。产业投资基金[①]是通过契约或公司的形式，将个人或机构投资者的资金聚到一起，委托专家投资经营管理，限定资金的投向为基础产业。基金融资渠道包括政府提供和私人投入。政府提供的部分包括财政优惠贷款、政府担保贷款、政府采购资金等。私人资本包括退休基金、养老基金、大公司和银行控股公司、保险公司、捐赠基金等。[②] 若通过以上多种融资渠道取得资本，股东协议将涉及资本运作，显得更加灵活复杂。

（七）贷款协议

在PPP项目中，一般说来项目公司的资本金只占了整个项目资金的30%左右，因此，大量的资本需要通过贷款等其他融资渠道获得。贷款包括国家政策性银行贷款、商业银行贷款、银团贷款、出口信贷机构贷款、国际组织或外国政府贷款、国际债券市场融资等主要方式。

国家政策性银行贷款目前主要指国家开发银行的贷款，集中在以下重点行业：电力、公路、铁路、城市基础设施、石油、石化以及邮电通信。而商业银行在基础设施贷款方面主要倾向于以下项目：供水供热、污水处理、垃圾处理、市政干道及立交桥项目等。银团贷款是指由一家金融机构牵头、多家国外金融机构组成银团，联合向某借款人提供较大金额的长期贷款，现已成为国际筹资的主要形式，其使用条件较外国政府贷款和国际金融组织贷款更宽松。出口信贷是西方国家为了支持和扩大本国商品出口，加强国际竞争力，对本国出口商品给予利息贴补并提供信贷担保的方法，鼓励本国的银行对本国出口商和外国进口商提供较低利率的贷款，以解决本国出口商资金周转困难，或满足外国进口商对本国出口商支付货款需要的一种融资方式。国际上买方信贷使用更为广泛，特别是把贷款发放

---

① 国外通常称为风险投资基金（Venture Capital）和私募股权投资基金。

② 王梅等主编：《市政工程公私合作项目（PPP）投融资决策研究》，第97页。

给进口商所在地银行再转贷给进口商的买方信贷。世界银行、亚洲开发银行和国际农业发展基金组织等多边金融机构贷款的使用也是相当有利的一种方式，它们针对发展中国家提供很多低利率贷款，借用国际金融组织贷款的对外工作，对外窗口统一到财政部。至于外国政府贷款、国际债券市场融资在我国应用并不广泛。① 以上各种融资渠道贷款协议的签订更多地受制于贷款机构本身的制度约束，因而条款的设计更多出自于贷款人自身债务资金运用风险和借款人自身融资成本的考虑。具体的贷款审批和还款安排中涉及财务的比重大于法律的比重，因而不成为本书讨论的重点。

（八）托管协议

托管协议也称为第三方账户协议，是项目融资条件中贷款人广泛使用的方式，由贷款人指定的信托银行作为第三方账户，在满足某些需求之后，所有项目公司的回报直接移交给第三方账户。项目公司只有通过第三方账户才可以拿到所分担份额，由第三方账户确保合理使用 PPP 项目的收益。②

（九）保险合同

为了分担风险，很多项目公司会将某些风险通过保险合同的方式分散出去，如意外险、责任险等。

以上就是一个典型的许可型公私合作过程中可能出现的合同集合。由于公私合作的类型灵活多变，出现的合同种类也多种多样。另外由于 PPP 模式中经常出现财务和融资结构的创新，因而会引出很多新型的合同组合。本书不可能面面俱到，将每一类型都分析详尽。因此，以下将以供水 PPP 过程中的特许协议为例探讨如何设计供水 PPP 中的特许合同。而最终的目标指向政府角色和责任的探讨并回应既有的行政协议理论。

三、公私合作合同

本书研究的对象是以上合同集合中的一类合同，笔者称之为公私合作合同。在下文中，公私合作合同将特指公部门与私部门签订的合作合同。

（一）公私合作合同的提出

毛雷尔教授将民营化中的公私合作关系分为两大模型：第一种为个别经营者模式，由地方政府与业者签署经营者契约。第二种为合作模式，指

---

① 以上贷款融资方式的介绍参见王梅等主编：《市政工程公私合作项目（PPP）投融资决策研究》，第 62—85 页。

② 参见上书，第 97 页。

公私部门经由缔结契约而筹组一个独立公司，由之与行政部门签订契约。他认为两者都属于公法契约，具体而言是公私合伙关系之合作契约。① 这种分类刚好契合了笔者对于公私合作两种类型即契约型与机构型的划分，在此笔者先不直接对这两类合同的性质下结论，但套用公私合作契约这一概念，称机构型公私合作中公部门与私部门之间的合同、契约型公私合作中的委托合同及许可合同为公私合作合同。但若论述只针对某一类特别的合同，下文中将具体指明。

(二) 公私合作合同类型的选定

针对不同的 PPP 模式，将可分出更加细化的合同类型。如何选择 PPP 模式则取决于每个项目的具体情况，图 5.2 就是 PPP 模式简明的选择流程，可供参考。

尽管种类繁多，但这里是以私部门的参与成分为标准而划定的，与第二章公私合作的具体分类中的第二种分类暗合。虽然有层出不穷的排列组合，但背后的逻辑其实是简单明了的。

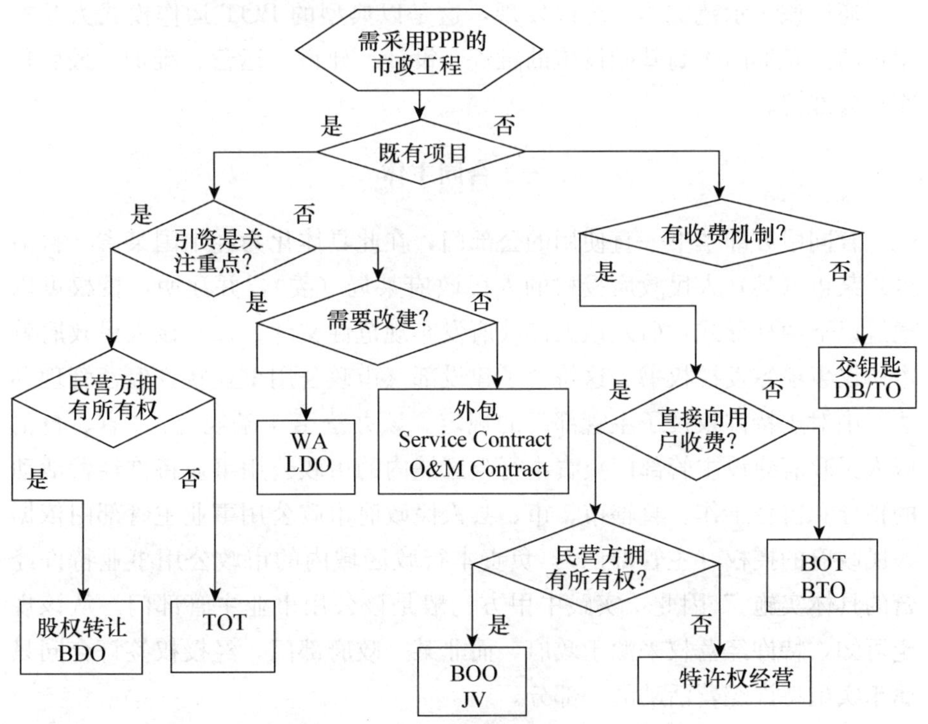

图 5.2　PPP 模式一般选择图②

① 杨欣：《民营化的行政法研究》，知识产权出版社 2008 年版，第 1 章第 1 节。

② 王梅等主编：《市政工程公私合作项目（PPP）投融资决策研究》，第 18 页图。

第二节 公私合作合同条款的设计

本书在行文中不区分合同、契约和协议，视语境替换使用，合先叙明。

建设部颁布过供水、供气、垃圾处理三个特许经营协议示范文本，以下仅以供水特许经营协议为例说明。我国于 2004 年 9 月 14 日由建设部颁布了《城市供水特许经营协议示范文本》(《示范文本》)①，发布时建设部指出："该《示范文本》主要体现了特许经营协议的原则性规定。各地在签订具体项目的特许经营协议时，应当根据当地和具体项目的实际情况，对《示范文本》规定的原则性内容进行细化。该《示范文本》不影响当事双方对协议的具体内容进行的自愿约定和协商。"因此，该《示范文本》不具有强制性，但足以对实务中的合同签订起到指导作用。以下就以该《示范文本》为例，探讨特许经营协议条款拟定的细节。

通读该《示范文本》可以发现，这是以典型的 BOT 运作模式为蓝本制定的。私部门参与基础设施的融资、设计、建设、运营、维护，最后移交至公部门。

一、合同主体

合同甲方即本书一直使用的公部门，在此具体化为经中国某省（自治区）某市（县）人民政府授权的人民政府某局（委），并注明，授权可以通过以下两种形式：(1) 该人民政府发布规范性文件；(2) 该人民政府就本协议事项签发授权书。这符合了建设部《市政公用事业特许经营管理办法》中对于特许权授予主管部门的规定。该办法第 4 条规定："省、自治区人民政府建设主管部门负责本行政区域内的市政公用事业特许经营活动的指导和监督工作。直辖市、市、县人民政府市政公用事业主管部门依据人民政府的授权（主管部门），负责本行政区域内的市政公用事业特许经营的具体实施。"因此，实践中甲方一般是该公用事业主管部门。从该规定可知，特许经营权来源于政府，而非某一政府部门，经授权签订合同只属于实施特许经营活动的一部分。

乙方即为经过竞争程序获得授权的项目公司。

---

① 《建设部关于印发城市供水、管道燃气、城市生活垃圾处理特许经营协议示范文本的通知》(建城〔2004〕162 号)，2004 年 9 月 14 日颁布。

二、公部门的权利义务

(一) 公部门的权利

该《示范文本》中约定，甲方的权利包括：特许授予权、收费调整核实提议权、监督权、检查权、设施回收权、单方解约权、获取信息权、不可撤销、非独占使用设计图纸等资料权、获得保证权、违约行为的处罚权、索赔权等。以下将对重要的几项内容加以详细阐述。

水价的审批权在于政府。一般说来，水价由政府部门制定，依《示范文本》第 111 条的规定，由甲方协助有关部门按照适用法律制定城市供水收费标准，此处有关部门一般是物价部门。若遇到需调整的情形，按照《示范文本》第 112 条的规定："乙方因非乙方原因造成的经营成本发生重大变动时，可提出城市供水收费标准调整申请。甲方核实后应向有关部门提出调整意见。"可见，甲方有对水费调整申请的核实权与调整提议权，但最后的决定权仍在政府部门。价格的监管就很大程度上控制了项目利润，也是保证公共利益的重要手段。因此，这样的设计可以使公部门在价格设定上占据主导地位。然而具体的价格调整机制会出现更加复杂的博弈，需要在充分掌握信息的基础上协调公共利益和私部门利益。所以具体的调价公式通过这一条款无法获知，还需要结合作为合同附件的《水价调整协议》展开探讨，这点前文已有详细论述。

该协议体现的监督权、检查权贯穿始终。首先，甲方监督项目的运转，使其符合特许授权的目的。协议第 9 条规定："未经甲方书面同意，乙方不得：(1) 从事本协议规定特许经营权以外的任何经营活动；(2) 将依本协议所取得的土地使用权用于供水工程以外的任何其他用途。"其次，在整个建设、运营过程中，甲方对每一步骤都享有监督权，具体见表 5.1。①

表 5.1　　甲方监督权条款

项目阶段	甲方的约定监管权	供水特许经营示范文本条文内容
设计、施工、建造阶段	审查施工图设计并批准权	第 23 条　乙方必须随时将施工图设计已编制的部分提交甲方审查，并且在提交施工图设计之后的(　)工作日内未经甲方批准，不得将施工图设计文件用于建设。

① 该表所有条文引自上述《建设部供水特许经营协议示范文本》。

续前表

项目阶段	甲方的约定监管权	供水特许经营示范文本条文内容
	建设方案监管权	第 25 条　乙方必须按附件（　）《工程进度》规定的日期开始工程建设和实现最终完工并向甲方提交工程建设方案。
	材料设备参加测试、检验权	第 26 条　对用于建设的材料和主要设备在离开制造厂前，乙方必须按适用法律安排测试和检验。甲方的代理人或代表有权参加测试和检验。
	设计、建设进度监督权	第 27 条　乙方必须将有关供水工程设计和建设的所有技术数据，包括设计报告、计算和设计文件，随进度在编制完成后立即提交给甲方，以使甲方能监督项目设施的设计和建设进度。
	按月获得建设进度报告权	第 28 条　工程开工之日的下一月起，每月的第一天（如遇节假日顺延），乙方应向甲方（提交）供水工程建设进度报告。
	建设期检查监督权	第 29 条　除政府部门依照适用法律进行的监督检查以外，甲方的代理人或代表可在建设期间经合理的通知，在乙方代理人或代表参加的情况下对建设进行监督检查。
	进入设施用地，获得图纸等资料权	第 30 条　乙方必须：(1) 确保甲方的代理人或代表可以进入供水工程设施、供水工程设施用地，但该等进入不应妨碍建设；并且 (2) 应甲方的代理人或代表要求，提供图纸和设计资料。
	参加初步性能测试权	第 34 条　乙方必须按照附件（　）《技术规范和要求》在出具初步完工通知后，进行初步性能测试。甲方的代理人或代表有权参加初步性能测试。
	参加完工检查权	第 38 条　以有关政府部门和机构依适用法律完成项目工程各项验收为前提，在甲方发出初步完工证书或按第三十六条测试结果被视为满意（或认可）之后（　）工作日内，乙方必须书面通知甲方有关完工检查的日期和时间。甲方的代理人或代表有权参加完工检查。
	发出允许供水通知权	第 41 条　在完工检查后的（　）工作日内，如果初步性能测试和完工检查的结果令甲方满意（或认可）或视为令甲方满意（或认可），甲方应发出允许供水通知。
	参加最终性能测试权	第 43 条　在开始试运营日后（　）日内，乙方必须按照附件（　）《技术规范和要求》进行最终性能测试。甲方的代理人或代表有权参加最终性能测试。
	发出最终完工证书权	第 44 条　甲方可以书面通知乙方，表示最终性能测试的结果符合本协议要求并发出最终完工证书。

续前表

项目阶段	甲方的约定监管权	供水特许经营示范文本条文内容
运营阶段	制定服务标准，监督工作方案、水源、水质、供水服务监督、检查权	第 57 条　在特许经营期内甲方享有以下权利和义务： ①对乙方的供水服务进行监督检查； ②结合经济社会发展需要，制订供水服务标准和近、远期目标，包括水质、水量、水压以及维修、投诉处理等各项服务标准； ③制定年度供水水质监督检查工作方案，对乙方的供水水源、出厂水及管网水质进行抽检和年度综合评价。
	审查五年和年度经营计划，实施决定权	第 60 条　乙方于开始运营日起（　）日内向甲方呈报第一个五年和年度经营计划。每个五年计划执行到期前六个月应向甲方提交下一个五年经营计划，每年十月底以前向甲方提交下一年度的经营计划。甲方在收到乙方五年经营计划后三个月内、在收到年度经营计划后一个月内作出审查实施决定。
	获取上年度经营报告权	第 61 条　乙方应在每年第一季度向甲方提交上一年度的经营情况报告并保证报告内容准确真实。
	获取设施运行报告权	第 67 条　乙方应对取水设施、净水厂、加压泵站、主干供水管网等主要供水工程的状况及性能进行定期检修保养，并于每年（　）月和（　）月向甲方提交设施运行情况报告。
	获取设施更换备案权	第 69 条　在运营期内如供水工程设施的任何部分需要替换，乙方必须支付必要的额外金额用以购买和安装替换部分，并将替换情况说明报甲方备案。
	批准新建工程权	第 70 条　在特许经营期内如乙方需要建造新的供水工程时，必须经（　）市政府书面批准。
	运营检查权	第 79 条　为确保乙方履行本协议的义务，在不妨碍乙方正常运营和维护项目设施的情况下，甲方的代理人或代表有权在任何时候进入供水工程用地和接近相关设备进行监督检查。
	水质监督、检查权	第 98 条　甲方对乙方的供水水质进行全面监督检查并进行评估。乙方必须允许甲方代理人或代表进入供水工程，并配合甲方代理人或代表进行水质监督和检查活动。
	获取营业规章备案权	第 105 条　乙方须建立营业规章并报甲方备案。
	获取供水服务报告权	第 106 条　按照甲方的要求，乙方应随时向甲方提供有关供水服务的书面报告，并作详细的说明。
	经营成本监管权	第 112 条　甲方有权对乙方经营成本进行监管，并对乙方的经营状况进行评估。

另外，笔者还整理出公部门的如下权利。

设施回收权，指运营期结束回收设施的权利。需要关注的是设施能否保持良好的运营状态，因此一般都要求在运营期结束前进行性能测试，通过后才能移交。在移交后一定时期内也要确保私部门能提供工程维护，以良好过渡，培养接手的工作人员。

单方解约权，包括两种情形，即乙方违约或无违约的情况。在乙方有某些违约情形时，甲方得提前通知后单方终止协议。《示范文本》第 114 条规定："在特许经营期内，乙方有下列行为之一且未在收到甲方通知后（　）日内纠正的，甲方有权提前通知乙方提前终止本协议：（1）擅自转让、抵押、出租特许经营权的；（2）擅自将所经营的财产进行处置或者抵押的；（3）因管理不善，发生重大质量、生产安全事故的；（4）未根据本协议规定提供、更新、恢复履约保函或维护保函的；（5）擅自停业、歇业，严重影响到社会公共利益和安全的；（6）乙方出现第五十二条规定的放弃建设或视为放弃建设；及（7）严重违反本协议或法律禁止的其他行为。"在乙方无违约情形时，甲方也有单方解约权。《示范文本》第 116 条规定："甲方有权在乙方没有任何违约行为的情况下提前（　）日通知乙方提前终止本协议，但是应按照本协议支付补偿款项。"该规定未指明何种情形甲方可行使该单方解约权，形成巨大的解释空间，对乙方而言，也存在着风险。

获取信息权，即甲方在项目融资、设计、建造、运营阶段享有多面向的信息获取权。当政府不亲自参与项目融资、设计、建造和运营时，项目的监管就依赖信息的充分获取。当然信息的获取不可避免地会产生成本，但在合同中约定信息获取权比单纯的行政命令式的介入获取信息更加合理，有利于绑定私部门的义务，使其主动提供。《示范文本》中与信息提供相关的条文包括第 80 条（"甲方或其代理人或代表可要求乙方提供下列资料：（1）净水和原水质量的检测分析报告；（2）设备和机器的状况及设备和机器的定期检修情况的报告；（3）财务报表；（4）重大事故报告；（5）计量器具校核证明文件；（6）甲方认为需要提供的其他资料。"）、第 88 条（"乙方应按照适用法律定时向甲方提供生产以及经营的统计数据。为了核实某些情况，甲方可要求乙方对供水系统的性能和运转情况提供统计资料。"）与第 89 条（"乙方应无条件地向甲方提供有关供水服务和成本的信息和相关解释。"）。

不可撤销、非独占使用设计图纸等资料权，指对于甲方工程中涉及的作为知识产权客体的设计文件等拥有的权利。《示范文本》第 27 条规定："乙方向甲方保证，乙方对其用于供水工程设施的设计、建设且作为知识产权客体的初步设计、施工图设计和任何其他文件，拥有所有权或使用权。乙方给予甲方不可撤销的、非独占的许可，使用本条第二款所述的任何文件：（1）用于供水工程的目的，包括但不限于本协议因任何原因终止、移交后，甲方继续对供水项目进行建设、运营和维护；（2）参加与本供水工程类似的供水工程的设计和建设方面的会议。”

获得保证权，指甲方有权要求乙方对合同各个履行阶段提供履行保证。如履约保函、维护保函等，一般要求由符合资格的金融机构提供。当乙方存在某些违约情形时，甲方可提取保函名下的金额。

违约行为的处罚权，按《示范文本》第 84 条的规定，甲方有权对城市供水工程安全保护范围内危害供水工程安全的活动实施处罚。此种处罚权并不同于政府法定的行政处罚职权，而是基于合约的约定获得的单方处罚权。这种意定处罚权如何与“处罚法定”原则相协调，值得思考。

索赔权，指甲方基于乙方违约行为，要求赔偿的权利。与任何合同都定有违约、赔偿的条款一样，甲方基于合约也有同样的权利。

（二）公部门的义务

公部门的义务则主要包括协助建设义务、保证义务、合理补偿义务。

协助建设义务，指公部门不但要提供项目用地和有关设施的使用权，还要从法律、金融、财税等多方面给予津贴或协助。《示范文本》第 17 条指出：“除本协议规定的其他义务外，在遵守、符合中国法律要求的前提下，甲方负责协助、监督、检查乙方实施以下工作，但甲方并不因其承担有关协助、监督、检查工作而承担任何责任，且并不解除或减轻乙方应承担的任何义务或责任：监督和检查供水工程的设计、建造、运营和维护；协助乙方获得设计、建造、运营和维护供水工程所需的所有批准；协助乙方取得供水工程场地的土地使用权；协助乙方完成前期工作和永久性市政设施建设和其他工作，包括：①安置受建设影响的居民和其他人，拆除需要建设供水工程的场地上的任何建筑物或障碍物；②供水工程建设所需的临时或永久用电、供水、排水、排污和道路。（注：本条只适用于新建项目）”因此，公部门的协助主要体现在土地使用权的获得、相关政府部门审批手续的获取、前期工作如拆迁安置等方面。这种协助正是体现公私合作的优势所在。一般私部门在取得审批手续、安置拆迁等工作方面往往困难重重，若取得公部门的协助，则将大大推进工程进度，减少成本。当然这里的协助必须明确并非等同于政府在各个审批环节大开绿灯甚至违法操作，仅是在合法前提下，在公权力自由裁量范围内的协助，因此，条文设计中明确提出这种协助并不解除或减轻乙方应承担的任何义务或责任。

保证义务，是指项目要求政府提供保证，包括供货保证，外汇汇出保证，不竞争保证、经营期限保证、不予征收或国有化保证等。一般说来，公私合作项目成功的关键就在于双方能否合理承担相应的风险和责任。因此对于私部门而言，有公部门的保证存在对其是极大的激励，使其对项目产生更多的信心。《示范文本》第 149 条规定了主权豁免放弃保证："对于甲方可能在任何司法管辖区主张的其自身、其资产或其收益对诉讼、执行、扣押或其他法律程序享有的主权豁免，甲方同意不主张该等豁免并且在法律允许的最大限度内不可撤销地放弃该等豁免。"主权豁免保证属于国家对自身主权豁免的放弃，同样起到保证的作用。但其余的保证，《示范文本》中并无直接提到，可以说不够完备。尤其是对于征收和国有化，一般是外国投资者较为敏感的条款，若不作出相应的保证，不利于合作的达成。笔者发现在建设部的几个示范文本中，只有《城市生活垃圾处理特许经营协议》提到了有关外汇的保证，该文本第 19 条规定："……（5）在使用外资情况下，应规定项目公司在特许期内将项目的人民币收入兑换成外汇，以支付项目外汇支出、外币贷款还本付息和支付外国股东股本金的利润等事宜。（6）在利用外资情况下，项目公司（或股东）将其利润汇出境外的条件。"虽然并未提出具体的保证，但至少规定了应对此加以明确。

合理补偿义务，主要指公部门为了公共利益使私部门受到本来不应有的损失时，需要给予的补偿义务。《示范文本》主要在以下几个方面体现了这种合理补偿（见表 5.2）。

表 5.2　　　　补偿条款

补偿情形	示范文本条文
不可抗力、甲方违约、发现历史价值物品、法律变更	第 11 条 如果出现下述情况影响到本协议的执行，有关的进度日期应相应延长，同时，甲方应选择支付补偿金，或调整供水价格，或相应延长特许经营期：（1）不可抗力事件；（2）因甲方违约而造成延误；（3）在供水工程建设用地上发现考古文物、化石、古墓及遗址、艺术历史遗物及具有考古学、地质学和历史意义的任何其他物品；（4）因法律变更导致乙方的资本性支出每年增加（ ）元人民币或收益性支出每年增加（ ）元人民币。
乙方启动应急预案	第 87 条　乙方有权因启动供水应急预案而增加的合理成本向甲方提出补偿要求，甲方应选择支付补偿金，或调整水价，或延长特许经营期限给予补偿。

续前表

补偿情形	示范文本条文
甲方单方解约	第 116 条 甲方有权在乙方没有任何违约行为的情况下提前（　）日通知乙方提前终止本协议，但是应按照本协议支付补偿款项。 第 124 条 如本协议根据第一百一十六条或第一百一十七条终止，甲方应在乙方完成第一百二十七条规定的移交后（　）日内按照甲方、乙方共同委托的资产评估机构对乙方移交的全部固定资产、权利所做评估的评估值和乙方从移交日起（　）年的预期利润补偿乙方。

上述情形中，由于甲方违反原有合同义务，使乙方蒙受损失，甲方作出补偿符合一般合同法的基本原理。出于公共利益的考虑，甲方单方解约或者令乙方启动应急预案致使其蒙受损失，在一般民事合同中并不常见，这是由该合同的公益优先价值考虑所决定的，也是公部门在参与合同过程中保留其公益维护者和监管者的身份所决定的。由此可以看出其性质与一般的民商事合同存在差异，后文将对此展开讨论。出于不可抗力或者法律变更的原因使乙方遭受损失，由甲方承担补偿责任在一般的合同中也不多见。这样的条款设计将法律变更和不可抗力的风险都归由甲方承担，使乙方减轻了相应的风险，这种安排符合一般的风险分配原则，即风险由最能控制风险的人承担或由承担风险后能获得最大效益的人承担。这样就使整个项目的风险合理分配给公私双方从而形成良好的风险控制体系。公部门显然比私部门更容易控制法律风险，因此，由其来承担该等风险符合该原则。

三、私部门的权利义务

相对于甲方而言，乙方的权利包括特许建设、占有、经营、收益权，征收通行费、使用费、租用费、出卖产品的特别授权，提前回收投资权①，获得政府协助权，利润外汇汇出权②，获得当地救济权③等。而其

① 经政府部门同意和批准后，有权将协议所涉及的权利部分或全部转让，以提前收回项目投资，参见《示范文本》第 115 条："在特许经营期内，乙方拟提前终止本协议时，应当提前向甲方提出申请。甲方应当自收到乙方申请的 3 个月内作出答复。在甲方同意提前终止协议前，乙方必须保证正常的经营与服务。"但该条仅规定了申请提前终止，尚待甲方的同意。

② 与政府保证相对应，这点在《示范文本》中并未提到。

③ 参见《建设部供水特许经营协议示范文本》第 115 条："双方同意，如在执行本协议时产生争议或歧义，双方应通过协商努力解决这种争议，如不能解决，双方同意按下述第（　）种方式解决：(1) 任何一方应将该争议提交中国国际经济贸易仲裁委员会由其根据其届时有效的仲裁规则在（注：可在北京、上海、深圳中选择）进行仲裁；或 (2) 任何一方应就该争议向人民法院提起诉讼。"

义务则包括项目融资设计建设的义务，项目设施管理、维护的义务，特许期满移交义务，接受监督、检查义务等。乙方的权利保护主要体现于合作合同履行及纠纷解决机制上，注重能否建立公平的裁断机制，本书第七章将对此展开详细阐述。

第三节　技术难题是否有解——示范文本合同条款设计的微妙解读

首先，从《示范文本》的条文设计可以看出，公部门在整个项目进行过程中处于强势，其监管权力无处不在，从融资、设计到建造、运营，无不将私部门处于严密的监督体系中。这一方面可以应对前文提到的如何维持公共利益的问题，另一方面也会产生监督成本的问题。正如委托代理问题带来监督问题一样，此处的监督需要投入大量的人力物力。不仅公部门需要此种投入，私部门同样需要付出一定的成本来应对这种监督检查。报告制度、审查制度、备案制度、派员参加制度、检查制度等都是如此。由于这里的监督检查权是在合同中设置的，存在协商的余地，并非公部门的法定职权，因而更好的方式在于订立合同时进行初步的效益评估、按照以往的数据和经验建立评估方法，预测这种监督和检查可能产生的成本和收益，以此来决定是否加以采用。这与 PPP 项目选定的初衷很大部分与提高效益是相符的。值得指出的是，许可型 PPP 理念的初衷在于使私部门参与项目设计、建造、运营的整个过程，以使其能将项目的整个生命周期纳入考量，因而不会出现完成设计建造就不顾后续运营部分的问题，反而会使其致力于降低项目整个周期的成本，在设计、建造阶段就考虑到整个运营期的成本问题。因此，公部门若更多地依靠私部门的自我管制，以最后产品和服务的质量为最终监督目标，将更多具体的细节工作交由私部门自主完成，在合同设计时多一点留白，将有利于降低监督成本。

其次，《示范文本》对于政府保证问题除了主权豁免保证之外，并未更多地涉及。诚然，包括外汇、不竞争保证等问题都取决于政府目前法律结构中已有的规定。然而若无法在合同中提出相关保证，意味着私部门无法在目前的法律框架下获得更多的优惠，也无法获得目前这种法律规定和相关政策能稳定地持续至整个合同履行完毕的担保，因此，私部门面临着外汇政策和竞争政策方面极大的不确定性。而这两个方面恰恰是关系到私部门能否有效收回投资并获得合理盈利的关键，因此大大提高了私部门投资的风险。关于法律变更引起的损失，公部门的补偿条款十分简单，对于具体的评估程序和具体预测盈利水平的方法并未具体加以规定，也可能造成私部门的犹疑。

最后，关于不予征收的保证，配合条文对于单方解约的约定，似乎可以认为公部门对征收或国有化持开放态度，且单方解约的原因并不限于征收这一种情形。因而造成极大的解释空间和不确定性。应该说在法律允许范围内严格限定单方解约权将能促进公私部门更好的合作。而在单方解约的情况下，对补偿条款作出详尽的规定则能最大限度地防止事后纠纷的产生，以减少争议解决成本。

值得肯定的是，公部门在信息获取上约定了很多私部门信息提供的义务，以配合监管的顺利进行，并规定了适时公布信息的制度，为社会监督和大众参与提供了渠道和平台。除了接受公众投诉之外，公布相关经营年度报告①的内容将使公众了解项目运营情况并进行监督。这属于信息公开事项的重要进步。

总体而言，技术层面的问题尽管无法彻底杜绝，但仍可以不断改进。而本书第一章所提示的技术难题，即很多既定监管目标无法用条文落实的问题，除了合理的条文设计，更多地依赖于合同的执行与外部监管权的实现。

近来，发改委和财政部都出台了较细化的合同指南②，较全面地介绍了 PPP 项目中的合同体系，就具体条文应规定的内容、条文设计目的、可能存在的风险等一一加以说明。因行业不同、项目不同，公私合作项目个案间可能存在千差万别，指南将最具共性的合同进行了说明。以财政部合同指南为例，它涵盖了项目的范围和期限、前提条件、项目的融资、项目用地、项目的建设、项目的运营、项目的维护、股权变更限制、付费机制、履约担保、政府承诺、保险、守法义务及法律变更等主要部分，并就不可抗力、违约、项目移交、争议解决都提供了说明和指南。实务中，为了确保公私部门间建立互信，使合同条款发挥强约束效应，往往寻求多种条文设计方案，建构合作的安全阀，防止违约。例如寻求公部门出具承诺函、政府提供担保、设计合同权利转让等方式，但各类风险规避方案是否

① 《建设部供水特许经营协议示范文本》第 61 条："乙方应将经营报告的主要内容以适当方式向社会公布。"

② 即财政部的《PPP 项目合同指南》及发改委的《政府和社会资本合作项目通用合同指南》。

符合立法规定，实务中仍有争议，比如合同权利转让条款，出于保证合作质量的需求，一般不允许合同权利被转让，甚至与之相关的股权转让等也受到限制。又比如政府承诺问题，指南就明确政府能提供如下承诺：付费或补助、负责或协助获取项目相关土地权利、提供相关连接设施、办理有关政府审批手续、防止不必要的竞争性项目及其他。政府承诺对项目的极端重要性和政府有能力控制及承担承诺义务是提供政府承诺的前提。当然合同指南并不具有强制性，主要功能在于指导合同的订立与履行。公私合作伙伴关系的架构以及履约的顺利进行除了公部门监管不可或缺外，主轴仍系于条款的合理设计，其关键在于各类监管制度下，有多少意思自治的形成空间。只有在外部框架稳定、可预测并留有空间的情况下，才能发挥合同设计的技术，为公私合作个案提供最佳的合约监管模式。

第四节　小结

注重监督权设计的合同条款配合本书第四章所述的以监管为重点的法律环境，能初步实现缓和公共利益与私部门私利的矛盾。通过这两章的分析，可以看出合同条款的设计不仅在于复写实定法的内容，更在于通过具体的权利义务设计，将公部门的监管目标加以落实。本章分析的所有合同条款都能在上一章的法律环境中找到对应的条款。而这种具体化的过程实质上是公部门行使裁量权的过程，只是在这个过程中，与私部门的协商占据了核心的地位，不再是传统单向度的裁量权行使。

在传统的合同理论中，大写的意思自治使合同效力丧失的情形限于屈指可数的几种情况，其中与法律和行政法规的禁止性规定抵触导致的合同无效是公部门施加监管义务的通道。而从本书的分析中来看，按照笔者目前为止的梳理，合同条款的设计无法僭越既有的管制框架，或逃避公部门已有的法律义务和责任，任何看似不同于常规法定权利义务的条款都立足于特殊性的授权，因此，合作合同的协商和签订行为依然需要贯彻合法行政的原则，这与本书第三章对 PPP 的合宪性分析中得出的结论，即公私合作仍要符合法律保留原则一致，而这种法律保留与普通民事合同的区别在于其法律规制的密度更大，协商的空间更小。

若进一步思考，这种合同条文对与既定法的细化是否间接起到了规则制定的作用？且这种制定过程完全不同于传统的规则制定过程，即是否有可能以合同之形式掩盖了其逃避规则制定的合法性约束之实。笔者认为这需要进行严格的区分，当出现合同条款内容超越了公部门的裁量空间范围，或者与既有的规定相抵触又找不到例外的授权条款时，这种实质上的规则制定是有很大的合法性缺陷的。对这些缺陷的弥补，就需要放宽起诉的主体资格，这也是本书最后两章为何主张应将合作合同定性为行政协议，将合同的订立视为行政行为，并扩大利害关系人的范畴，改善现有的行政协议诉讼状况，从而扩大对合同行为的监督渠道的原因。若只以普通的民事合同对待，则若第三人对合同内容本身不满则很难有救济的渠道。

第六章　政府作为责任担保者：公私合作中责任机制的重建

正如民营化会带来阵痛一样，在公私合作进行的过程中必然出现诸多问题，值得持续地关注和研究。

第一节　公部门责任机制落空的紧箍咒

当所有对公私合作的鼓吹都指向于效率的提高和财政预算压力的减轻时，公法学者仍然会用惯有的思路去检视公私合作过程中可能出现的政府责任（Accountability）问题。因为法学学者，尤其是公法学人不习惯将效率作为考虑问题的核心。专注于效能提高的其他学科无法解释为何良好的合作架构下仍然出现很多问题。传统的权利保障和权力制衡思维仍然是我们关心的面向，不管是基于大陆法背景的学者提出的“国家担保责任”① 的

① 国家之担保责任为责任划分思维之构成部分。其背后所存立之认知乃为：德国宪法，亦即基本法，系根植于国家与人民就应克服任务之执行而言，乃属一责任共同体之基础上。责任划分之要素，乃与责任阶段共同构成担保国家理念之核心。此等担保国家之理念，对于德国之国家传统而言，是如此般地具有吸引力。盖该理念乃将传统之社会国原则，与新自由主义观点作连结。担保国家理念乃为介于国家与社会执行任务之间位移的一种整体分析框架，并且同时提供使此等位移得以合理之相关机制。简言之，其重要内涵可归纳如下：责任划分之理念，应是指涉在履行具公益性质之任务时，介于国家与私人行动者间所为之角色分配。责任划分并不会导致国家退居任务执行之外，毋宁其为一种“国家权力行使之形式变迁”。变迁之形式则为“合作、社会自我管制与政治调控之组合”。国家于责任划分后对于公任务执行之剩余责任，乃透过责任层级化要素，进一步区分为执行责任、担保责任，以及承接责任三种“责任阶段”。就公私协力而言，担保责任别具意义。其特征为：国家从排他性之自我任务执行中脱逸而出，取而代之者为国家与私人共同履行任务，抑或在受国家法规范所引导之社会自我调控下为任务之执行。在此情形下，国家并不自己，或至少并不独自执行任务，但却透过调控措施以担保任务之合秩序履行。在公私协力下，随着私人伙伴承接任务之履行而来的执行责任将移转予私人。由于国家对于任务确实被执行之担保责任依旧存续，公私协力可视为是“担保国家”意义下责任划分之一适例。〔德〕Prof. Dr. Jan Ziekow：《公私协力在德国宪法与行政法上之挑战与发展》，詹镇荣译，载《公私协力（PPP）法制国际学术研讨会论文集》，台湾政治大学法学院于 2009 年 5 月 14 至 15 日在政大综合院馆五楼国际会议厅主办。

命题，还是有英美法系背景的学者抛出的责任机制①（Accountability Mechanism）的话题，都离不开责任二字。担保责任是基于国家与人民责任共同体而提出的责任分割理论，当国家假私人之手，将其部分功能授予私人履行以后，国家即使在脱离执行责任后（某些公私合作的情形，国家甚至保留部分执行责任），仍然要担负最后的担保责任。而这点恰恰是以效率为目标的其他学科所容易忽视的地方。真正的问题并不在于合作如何开展，而是开展后如何维持责任的落实。不管是台湾高铁案②，还是英法海底隧道案③，都因为开展合作后出现的问题而备受关注。责任机制在英

---

① Jody Freeman，“the Contracting State”，28 *Fla. St. U. L. Rev.* 155（2000）.

② 台湾地区高铁是台湾岛内第一个、也是全世界最大规模采取 BOT 模式（兴建、营运、移转）的公共工程，建设总成本估计约达新台币 5 000 亿元。由“台湾高速铁路股份有限公司”（大陆工程、长荣集团长鸿建设、太平洋电线电缆、富邦集团与东元电机为主要股东）负责兴建、营运阶段的工作，特许期限为 35 年（自 1998 年起算；事业发展用地则为 50 年）。台湾地区“交通部”高速铁路工程局为早期进行初步规划的机构，目前则负责高铁的兴建、营运监督及高铁站区联外捷运系统的兴建计划工作。台湾高速铁路公司是一个由台湾多家公司组成的联合体，殷琪任董事长的大陆工程公司是其中之一。1997 年，殷琪以政府不但“零出资”，甚至营运后还可收到 1 057 亿元的回馈金的方案中标，令各界大为惊奇。但在实际兴建过程中，资金仍出现问题，殷琪打破政府“零出资”的承诺，转而向政府求援，于是后来公营事业与政府捐助的财团法人，几乎投资了高铁 400 亿元，拥有 40%的股权。高铁投入运营后，财务状况无根本好转，亏损数字达到 700 亿元，五大民间股东均不愿意继续出资，使得高铁面临停驶倒闭的命运。在这种情况下，2009 年 9 月 20 日，台湾高铁召开董事会，原董事长殷琪辞职，改由欧晋德以公股代表身份接任台湾高铁董事长，等于宣告这个台湾最具指标性的 BOT 案正式失败。参见台湾高铁网，http://www.thsrc.com.tw/tc/? lc=tc，2016 年 10 月 15 日最后访问。

③ 英法海底隧道又称欧洲隧道（Eurotunnel），是一条英国英伦三岛连接欧洲法国的铁路隧道，于 1994 年 5 月 6 日开通。它由三条长 51km 的平行隧洞组成，总长度 153km，其中海底段的隧洞长度为 3×38km，是目前世界上最长的海底隧道。建造英吉利海峡通道，财务问题成了实施的关键。1981 年 9 月 11 日英国首相撒切尔夫人和法国总统密特朗在伦敦举行首脑会谈后宣布，这个通道必须由私人部门来出资建设和经营。1985 年 3 月 2 日法、英两国政府发出对海峡通道工程出资、建设和经营的招标邀请。此后收到过四种不同方案的投标。1986 年 1 月，两国政府宣布选中 CTG-FM（Channel Tunnel Group-France Manche S. A.）提出的双洞铁路隧道方案。CTG-FM 是一个由两国建筑公司、金融机构、运输企业、工程公司和其他专业机构联合的商业集团。它在 1985 年已分为两个组成部分，一个是 TML（Transmanche Link）联营体，负责施工、安装、测试和移交运行，作为总承包商；另一个是欧洲隧道公司（Eurotunnel），负责运行和经营，作为业主。1986 年 3 月英、法政府与欧洲隧道公司正式签订协议，授权该公司建设和经营欧洲隧道 55 年，后来延长到 65 年，从 1987 年算起。到期后，该隧道归还两国政府的联合业主。协议还规定两国政府将为欧洲隧道公司提供必要的基础设施，并且该公司有权执行自己的商业政策，包括收费定价。由于这个工程的预算从 1987 年估计的 48 亿英镑，上升到建成时的 106 亿英镑；全面营运的时间从原来计划的 1993 年年初，推迟到 1995 年，使欧洲隧道公司的财务状况极端困难，从私人资本的角度如何评价，最终将取决于欧洲隧道公司能否在今后几年内渡过它的财务危机。见欧洲隧道集团 Groupe Eurotunnel SA（GET SA）官方网站，http://www.eurotunnel.com/，2018 年 11 月 11 日最后访问。

美行政法中是作为理论核心呈现的。三权分立下的依法行政，传送带模式下[①]的政府法治，以及由公众的监督和诉讼所开启的权力制约都作为责任机制而存在。因而责任机制可以被作为行政法理论的主旨。对公私合作过程中的责任机制加以检讨也是行政法学的题中之意。

市场化基于所有权的清晰界定和体现自由意志的合同的有力执行来保证交换秩序。而国家作为维护公益的必要存在，承担了保证社会运转的基本秩序功能和基本的规则制定功能。国家的介入是为了保证公益的维护。但国家对于市场的过多介入一向为人所诟病。美国罗斯福主义的兴起和管制国家的出现与其说是一种历史的反常，不如说它更像是必要时刻对于重症患者下的猛药。当人们对于这种管制产生的成本深恶痛绝以后，现在的新自由主义潮流又再度复兴，要求去管制化和公部门自身的改革，引入经济指标作为价值考虑因素。但这种动向同时又引发了很多的争议，因为公部门的传统价值在于正当程序、公平、合理、权利保障、公众参与等。这个问题永远无法获得一个放之四海而皆准的答案，只能结合各国各个历史时期的具体背景寻求公私部门不同价值目标的协调和平衡。下文所罗列的问题多属于具体公私合作实务中出现的制度性问题，从根本上说，都属于责任机制问题。

一、公用事业领域公私合作后带来的涨价问题

价格是消费者最为关心的问题。然而公营事业领域展开公私合作后面临价格上涨的压力成为令政府、公私合作企业和公众都很尴尬的问题。有报道称，仅 2009 年，全国各地就掀起了一轮水价上涨的热潮：“关于水价调整方案，各地纷纷召开水价听证会进行讨论。4 月 27 日，上海召开水价听证会，将水价从之前的 1.84 元/立方米上调 0.96 元，水价将分步升至 2.8 元/立方米。5 月 6 日，沈阳召开听证会，居民用水由原来的 1.9 元/立方米提高至 2.4 元/立方米，本月（12 月）初，沈阳相关部门宣布，沈阳明年将试点阶梯水价，基量为 12 吨。7 月 20 日，兰州举行水价听证会，经过讨论，兰州水价从 11 月起上调 0.3 元/立方米，达到 1.75 元/立方米。7 月 29 日，宁波召开水价听证会，讨论的调整方案为将原来 2.2

① 〔美〕理查德·B. 斯图尔特：《美国行政法的重构》，沈岿译，商务印书馆 2002 年版。

元/立方米的水价上调1元，上涨幅度达45%。”[①] 这种接连的上涨局面使得人们不禁发出如此无奈的感叹，“水价听证：理由总是亏损，结局总是提价”。另外“兰州9年5次上调水价，水企亏损遭质疑”[②]“外资被指操纵水价上涨”[③]类似的新闻标题总是不时出现，刺激人们的大脑，造成价格听证流于形式化、企业生产成本信息不透明等疑虑。当然不排除这里面可能存在新闻报道的视角过于狭隘的问题。因为长期接受政府补贴的服务，一旦开展公私合作，势必面临价格的上升。而且公私合作带来政府开支的减少也可以增加税收，通过其他方式回馈公众，如建设其他设施等。因此，很多原有严重亏损的水企虽然提供较低价格的水产品，但需要国家长期的补贴。这部分隐形支付所引起的注意，远远不如现有的水价上涨引发的关注。国外的案例也显示，开展公私合作后，公众付费的价格大幅上涨[④]，对于价格的敏感度直接引发公众对公用企业公私合作制度的不满和怀疑。

二、公共利益和私部门利益的冲突

基于传统的假设，公部门作为公共利益的维护者，其所有行为的出发点都在于维护公共利益。依照社会契约论，公民让渡出部分权利给国家，使其完成确保公共利益的角色。一旦进入公私合作的结构，很多行政任务就由公、私部门协力完成，私部门资本逐利性的特征自然会引起人们的不安。很多资本领域原来由公部门占据是因为私部门认为其无利可图。以铁道部门为例，2004年年底铁道部移交给其下属融资公司近10个地方铁路项目，为了及时筹到资金，融资部门几乎倾巢出动找了很多地方企业，但一直没有实质性进展，主要问题之一便是投资回报率与企业的要

① 何敏：《各地水价听证会怪相百出，阶梯水价成热点》，见中国新闻网，http://china.huanqiu.com/roll/2009-12/663653.html，2018年11月13日最后访问。

② 包锐、李开南：《兰州9年5次上调水价，水企亏损遭质疑》，《中国经济周刊》2009年第32期。电子版见中国经济周刊电子网，http://www.qikan.com.cn/Article/zjzk/zjzk200932/zjzk20093209.html，2018年11月13日最后访问。

③ 《外资被指操纵水价上涨，住建部多路调研城市水价》，《济南日报》2009年8月23日。电子版见中国经济网，http://www.ce.cn/macro/more/200908/23/t20090823_19845281.shtml，2015年8月10日最后访问。

④ Kelsey Hogan，“Protecting the Public in Public-Private Partnerships：Strategies for Ensuring Adaptability in Concession Contracts”，*Colum. Bus. L. Rev.* 420 (2014). 文中印第安纳收费公路和芝加哥公园停车计时收费系统开展公私合作后都面临用户收费提升问题。

求差距很大。[①] 现开放私人资本进驻，需要通过合作结构的安排，把有盈利空间，能够吸引资本的部分开放。然而所有的盈利预测都伴随必然的投资和经营风险，当私部门发现无利可图时，就有可能采取降低质量等方式暗度陈仓，以追求私利为终极目标。因此基于对私部门逐利性的习惯认知，很多人认为公私合作的安排无法协调公益和私益的问题，最后牺牲的往往是公益。

三、委托—代理怪圈

委托—代理问题是指在委托型公私合作中，虽然公部门将行政任务委托给私部门完成，但公部门只是从具体执行中脱身了，最后的责任仍然由公部门承担。我国公用设施建设外包是一个普遍现象，其中豆腐渣工程就属于委托—代理问题的典型。一般说来代理人是为了委托人的利益行为，或按照委托人的指示（行政助手的情形）或按照自己的意志（如专家委托模式）完成指定的任务。但由于信息的不对称，很多时候，委托人无法掌握如代理人一样多的信息，因此，很可能无法监督代理人完全按其利益行事，从而出现代理人侵害委托人利益的情形。在公共工程承包的情形下，由于很多工程肩负着极大的使命，一旦出现问题往往损及第三人的利益，如大桥坍塌造成事故，此时最后对第三人负责的部门仍然是公部门。因而如何弥补这里的委托—代理风险是委托型公私合作成功与否的关键。萨瓦斯认为[②]这实际上是一个控制方面的问题。代理人往往比委托人拥有更多的信息，这使得控制问题更加复杂化。所有人（委托人）因此必须承担三项成本：为激励代理人追求委托人的目标而付出的成本；获取信息的成本和减少代理人投机行为而付出的监督成本；未能防范的代理人的投机行为带来的损失。[③] 而委托人必须要保证这些成本小于委托人自己亲自行为的成本。这就涉及公私合作开展前可行性论证的部分。能否克服委托—代理的问题，成为公部门责任能否落实的重要衡量尺度。

---

① 石朝格：《探险铁路：民营资本争夺未来财富》，《中国证券报》2005 年 6 月 8 日。电子版见中证网，http://www.cs.com.cn/jrbz/09/t20050608_685463.htm，2015 年 8 月 10 日最后访问。

② 〔美〕E. S. 萨瓦斯：《民营化与公私部门的伙伴关系》，周志忍等译，第 149 页。

③ Philip K. Porter & James F. Dewey, "The Political Economy of Privatization", in Arnold H. Raphaelson (ed.), *Restructuring State and Local Services*, (Praeger 1998), 71-89; Owen E. Hughes, *Public Management and Administration: An Introduction*, 2d ed., (Martin's Press 1998), 12-14. 转引自〔美〕E. S. 萨瓦斯：《民营化与公私部门的伙伴关系》，周志忍等译，第 186 页。

四、腐败梦魇

公私合作似乎总是与腐败问题互相纠缠。原来希冀于发挥公私两个部门各自的优势和长处，应对合作过程中的风险，以实现效率最大化的制度设计，若在实践中无法落实，便很容易走样，演变成权力和资本的结合。公部门承诺给予私部门特殊的利益而换取自身的私利。此一过程“正是将原来完全由政府供给和生产的一部分公共产品的经营权逐步转移到私人手中，这种权力带来的收益自然成为寻租的目标”①。

这样的案例并不少见。2009 年年末关于“温州瓯江采砂，‘金砂’暴利引出官商勾结黑幕”② 的报道就是其中一例。原为了防止温州地区无序采砂的局面，2006 年 11 月份，在划定开采区和禁采区，并严格设定开采深度后，温州市瓯江砂石采运销综合整治领导小组首次以协议的方式，将瓯江干流（温州段）及瓯江口 16 个采砂点的砂石开采权，以为期 3 年、1 700 多万元的总金额，有偿出让给温州市国岩、小旦、浙瓯、健能 4 家砂石开采公司。然而这一许可权的出让过程却成为滋生腐败的温床。为获得授权，沈某作为这几家公司的老板或关联人物每年都会给相关部门打点。“金钱与实权的结合，结果显而易见。2006 年获得开采权的 4 家砂石开采公司中，不仅国岩公司名列其中，而且与沈某不无关系的小旦和浙瓯公司，也占去了两个名额。短短几年内，沈某就成为了温州的采砂业‘寡头’”。

五、垄断抑或竞争

很多公私合作开展的初期便受到很多质疑和反对，人们担心将某一业务授予私部门投资建设经营，其许可期限有可能长达 20 年甚至 30 年，是否会造成新的垄断。正如很多人所主张的那样，私人部门并不必然比公部门更有效率，国有企业可能经营效益低下，但每天也都有私人企业面临破产的境地，单纯地变更所有权并不能推出效率的提升，而效率提升的最重要的根源在于竞争。只有竞争的机制才能促使优胜劣汰，敦促所有者和经营者提升效率。“英国的天然气零售市场实行充分竞争的制度，价格是竞争性市场运作的结果，而不是管制的结果。在欧洲，英国的天然气价格持

① 许彬：《公共经济学导论——以公共产品为中心的一种研究》，黑龙江人民出版社 2003 年版，第 303 页。

② 《温州瓯江采砂，“金砂”暴利引出官商勾结黑幕》，见浙江新闻网，http://news.zj.com/，2016 年 12 月 10 日最后访问。

续最低，证明了有效的竞争和较高的价格透明度是导致成本下降、价格降低和经济效率提高的重要因素。”① 而若造成新的垄断局面，消费者便无法受益于效率的提升，从而导致和公部门垄断相同的局面。深圳是较早在公用事业领域开展公私合作的地区，2004 年年底，五家试点公用事业国企中通过“招募”形式引入战略投资者的工作基本结束，其中法国威利雅等公司获得水务集团 45%股权，刘永好的新希望集团和香港中华煤气合计取得燃气集团 40%股权。② 然而就在深圳希望能总结经验，将原有的政府规章上升为地方性法规，制定《深圳市公用事业特许经营条例》时，有舆论却指出：“这有可能导致公用事业由原来的政府垄断，转变为特许经营后的企业垄断，不符合公用事业改革的基本宗旨和发展方向。”③

针对此问题，有学者撰文指出：“公营事业民营化前，为了使之更加体现市场自由化以避免相关产业被一家民营企业所垄断进而形成独断，妨碍竞争，必须有相关支持措施的出台。”④ 质言之，就是要通过创造竞争的机会来防止新的垄断。公共基础设施行业多有“自然垄断”⑤ 的经济学特征。在讨论上述腐败问题时，我们注意到应完善市场准入的规则和程序，通过事前的竞争来选择最佳的合作伙伴。然而解决事前的准入问题只是确保在合同签订当时选择了最有效益的合作伙伴，并不能保证在合同的履行过程中，时刻保持这种状态。因此有学者便指出：“在我国公用事业基础性和配套性法律框架尚未完善的情况下，单凭市场准入性单行法规来订立特许协议风险甚至更为巨大。”⑥ 总而言之，如何保证新的合作伙伴不成为新的垄断集团，已成为公私合作制度面临的重大考验之一。

第二节　责任机制落空的根源

一、效率价值的导入成为责任落空的导火线

有学者从国家和市场的关系或公领域和私领域的传统区分看待此

①②③　周敏：《深圳特许经营条例引争论，公用事业走向企业垄断?》，《羊城晚报》2005 年 6 月 27 日。

④　张秋华：《公营事业民营化的法律规制研究》，《行政与法》2007 年第 5 期。

⑤⑥　所谓“自然垄断”主要是指行业结构的规模经济和范围经济特征。以往对结构性垄断与行为性垄断之间没有清晰的定论。随着经济学、法学和公用事业管制理论研究的深入，人们对自然垄断行业的可竞争性有了认识并且创制出各种办法和措施来激励竞争环境的形成。参见周林军：《公共基础设施行业市场化的政府监管》，《环境经济》2007 年第 3 期。

问题。他们认为这种趋势不管从方法论还是理论基础上都将“成本意识”话语导入了公共部门成为国家目标之一，模糊了以前被认为的泾渭分明的“国家——市场”二分格局。这种价值的融合将导致法律体系本身的困惑。[①] 对于美国这种“被导向于建立清晰的公私二分法律体系”[②] 的国家如此，对于传统大陆法系国家更是如此。这种冲突更细化后变为对于法律体系中责任机制态度的分野，传统的更注重个体正义和民主参与的价值体系被成本——收益分析导向所取代。国家与市场的运作方式逐步靠拢，公民被作为顾客来对待。政府必须采用商业模型、话语和目标。[③] 很多地方的民营化指南中明确要求政府机构的工作人员要培养顾客导向和服务意识，要将民众作为顾客来看待。[④] 公民如顾客一般可以在几个竞争者中挑选符合自己偏好的服务，政府的服务要以效率为中心追求自身的“核心竞争力”。伴随着市场的语言体系的引入，经济导向的价值观便长驱直入，成为新的思考重点。与此同时产生的经济性目标和非经济性目标的冲突成为关注的焦点。正如该学者提到的“市场力量在诸如教育、提供扫雪服务等一系列的环境中是不够的，这些过程还需要公开、参与、公平以及其他的非经济性考虑”[⑤]。

当更多的资源分配交由市场去进行的时候，传统行政法关于合法性原则、合理性原则、公众参与原则这些基本的公法原则便逐渐缺失了。“传统市政服务的外包如供水、污水处理、教育等可能有助于资金投入的最大产出，并缓解政府的预算紧张，但这种公共任务的授权仍然存在很多固有的危险。”[⑥] 正如上文已经指出的那样，“其中一个重要的问题是私部门不承担任何合同或现有管制框架以外的义务。虽然公部门会试图鼓励或要求私部门以对公共负责的态度来提供服务，它们很少能真正实现这点，通常

①② Alfred C. Aman, Jr. , “New Forms of Governance: Ceding Public Power to Private Actors”, 49 *UCLA L. Rev.* 1687 (2002).

③ Gerald H. Goldberg (2004), “Address to the California Performance Review Commission”, Available from: http://cpr. ca. gov/updates/archives/pdf/08_27_2004/GOLDBERG. pdf, [Accessed 4 Mar. 2010].

④ Ellen Dannin, “Red Tape or Accountability: Privatization, Public-ization, and Public Values”, 15 *Cornell J. L. & Pub. Pol'y* 111 (2005).

⑤ Alfred C. Aman, Jr. , “New Forms of Governance: Ceding Public Power to Private Actors”, 49 *UCLA L. Rev.* 1687 (2002).

⑥ Ileana M. Porras, “The City and International Law: In Pursuit of Sustainable Development”, 36 *FDMULJ* 537 (2009).

都要依靠私部门自身的良好品质与自愿的行为”①。而私部门在盈利上出现问题时的自然应对方式早已屡见不鲜。这种目标价值的冲突本质上源于公私二分的传统观念。国家和市民社会的二元分立导致公部门和私部门遵循完全不同的游戏规则。

二、私部门角色的摇摆不定②

美国的学者对该问题的论述较为集中，原来使公部门对民众负责的诸多规则，如公开、参与、平等，在公私合作开展以后有被稀释、抛弃的风险。简而言之，私部门参与行政后如何看待其角色，成为所有问题的起点。我们在接受私人以经济性目标为首选，并只在合同框架下承担任务之后，按照传统的标签法，私部门不能受公法原则的约束。“私人参与行政的情况下，国家与市场的关系发生变化，私人主体在实质上参与了重要的政策决定和政策执行过程③，变为重要的行政参与主体与政策制定方。”④

① Roger C. Wesley, “Expropriation Challenge in Latin America: Prospects for Accord on Standards and Procedures”, 46 *Tul. L. Rev.* 232, 284 (1971).

② Ellen Dannin, “Red Tape or Accountability: Privatization, Public-ization, and Public Values”, 15 *Cornell J. L. & Pub. Pol'y* 111 (2005). 作者用三个案例展示了责任落空的情形。以下的三个案例可以反映出这种责任机制缺失的现象。第一，是个美国国防部的案件，有 3 180 万美元的计算误差。本以为可以节省 190 万美元，其实贵了 2 990 万美元。这主要是由于私人咨询师的错误造成的。如果联邦雇员和他们的联合会能有起诉资格，问题可能会早点解决。有人认为可以将该问题交由议员来解决，事实上，这样风险过大，需要制度性机制才能预防和解决。尽管我们都知道风险的预防比较重要，但很多时候外包过程中的信息在最后招投标结果公布以前仍然是保密的。没有信息，就无法知道是否应当或如何去起诉（challenge）如果那些利益相关者，如被外包任务的原有工作人员都无法获得起诉的机会，其他还有谁会有兴趣参与其中呢？除了公法机构原有雇员（public employee）的参与被阻止之外，一般公民也被限制了起诉资格。起诉资格被法院要求有真正利害关系（real interest）。一个法院发现原告主张的伤害，由于不够具体或者不够迫切而并非法律保护的利益，但这些标准也阻止了在有关公益案件中真正的利益相关方的起诉资格。第二，如在 Jones V. United States 案件里，法院认为四个民兵不能对于空军外包民事工程提起诉讼，因为没有起诉资格。他们并未被剥夺任何宪法保护的权利：政府法令认为雇员对其工作没有财产权，而且外包也并非一定会使他们丢失工作，即使其丢失了工作，他们也不能证明因此而受到伤害。第三，国家公园案件，2003 年 4 月 4 号，国家公园负责人 Fran Mainella 说要控制预算以达到政府的目标以及开展竞争。外包的工作包括维护以及行政和科学家职位。2 000 多个职位关涉其中，没有人可以起诉。这个结果还可能会影响工作成员的民族多样性（ethnically diversify）。但在目前的体制下，不管是过去的雇员还是将来或以前的顾客，都无法起诉。那么谁可以保证责任机制呢？除了投标失败的潜在投标者，其他人无法起诉。

③ 即使是供水过程这种看起来与普通的市场交易无太大区别的领域，也涉及权力的运用，如对于接入水表的批准，对于违法用水的处罚等。

④ Alfred C. Aman, Jr., “New Forms of Governance: Ceding Public Power to Private Actors”, 49 *UCLA L. Rev.* 1687 (2002).

然而，按照传统的标签法，公法领域适用公法规则，私法领域适用私法规则，私部门不受公法约束。① 公私合作以后，责任通道进一步拉长，某些时候人们甚至不知道他所购买或无偿享用的产品或服务是由谁提供的，他们对于产品提供方没有获得相关信息的渠道。在信息公开之外，即使民众知悉幕后的真正行为人，但监督机制的直径却无法伸至该行为人，只能监督到政府，相关的救济措施和机制也只能针对公部门开展，而此时政府很可能将问题归咎于私部门，造成互相推诿责任。这就导致如下问题，首先增加的效率可能会以我们原本享有权利的丧失为代价。更加根本的是，私有化可能会阻碍或伤害正当程序。如允许由私部门提供儿童福利的同时也会使该私部门介入退税、监控银行账号及核查甚至否认护照真实性等事项，这意味着这些事项未经由正当程序而作出决定，且受影响的对象无法因此而追索私部门的责任，除非其与政府有一样的责任机制。② 美国一位学者在分析该现象时指出，“外包是回避应对联邦雇员和他们的工会的值得忧虑的方法，但案例法对于政府参与这种实践的能力给予了保护”③。“政府需要符合集体协商、正当程序原则、第一修正案关于言论与结社自由的保护、政教分离的原则及对隐私权的保护。通过与私人部门合作来管理部分公民事务（civic enterprise）是否会导致对这些要求的违背？”④

当一种服务被外包了以后，承包方作为政府的代理人，其行为的期限（terms）和权限都不能超过政府本身。尽管有学者认为承包方的决定，虽不受公法原则的限制，但却可以视为政府的决定。⑤ “政府不能将其责任外包，并最终将为承包人的错误负责。”⑥ 但事实上并非如此简单。虽然

---

① Jack M. Beermann, “Panel Discussion: Public Oversight of Public/Private Partnerships”, 28 *Fordham Urb. L. J.* 1357 (2001).

② Sacha M. Coupet, “The Subtlety of State Action in Privatized Child Welfare Services,” 11 *Chap. L. Rev.* 85 (2007).

③ Jones v. United States, Available from: http://www.pubklaw.com/rd/courts/02-10775.pdf, [Accessed 10 Aug. 2015].

④ Alex J. Luchenitser, “Casting Aside the Constitution: The Trend Toward Government Funding of Religious Social Service Providers”, 35 *Clearinghouse Rev.* 615 (2002).

⑤ Harold J. Sullivan, “Privatization of Public Services: A Growing Threat to Constitutional Rights”, 47 *Pub. Admin. Rev.* 462 (1987).

⑥ American Federation of State County and Municipal Employees, “AFSCME Fact Sheet-Power Tools for Fighting Privatization: Legislative Approaches to Responsible Contracting 1-2”, Available from: http://www.afscme.org/private/tools05/htm, [Accessed 10 Aug. 2015].

"随着私有化的发展，一个公私严格区分的国家图像已经与现代政府的公私模糊的性格不相适应，解决宪法与行政现实中的断层问题仍然缺乏必要的努力"①。正如 Sheila Kennedy 教授指出的那样："我们有充分的证据证明政府合同的增长，以及对于国家行为的不切实际而又狭隘的理解造成一种法学理论，这种理论对于宪法权利的保护造成严重的影响。"② "对于公私合作的反对并不来自于经济或任何其他市场取向的论证理论，而是来自法学，来自以公私分界为根本性前提的法律团体内部。"③ 在美国，当"私主体一方主张自己的宪法权利受到侵害时，提起基本权侵权诉讼的基本前提是存在国家行为，也就是说，国家行为是作为保护公民基本权利和自由的门槛而存在的"④。目前看来，提供服务的机构的性质有多少属于公或私的成分，在宪法体系下只对因公法侵害而造成的损害赔偿有决定作用。⑤ 当服务是通过纯粹公法的方式提供时，提供人被看成是国家行为人，从而产生公权利受国家侵权诉讼的可能，而一旦由纯私人提供，这种情况便不复存在。因此，当我们要基于新的现实改变、发展传统的公私分界，会对现有的宪法体系造成什么影响，尚不是非常清晰。

第三节　公私合作中公部门责任的落实

一、责任落实的理想图景

责任机制概念本身的目的在于约束公法行为人的行为后果，即政府行为要向公众负责。在三权分立的国家，权力的制衡设计也是通过叠加交错的责任机制体现出来的。在我国，人民代表大会制度作为根本性制度，要求政府行为通过向立法机关负责的方式间接地向人民负责。与此相应而设立的正当程序原则与救济原则便是传统责任机制的体现，也是行政法学理论和制度设计的终极命题。"虽然责任问题看起来像是技术性问题，但事

---

① Gillian E. Metzger, "Privatization as Delegation", 103 *Columbia L. Rev.* 1367 (2003).

② Sheila S. Kennedy, "When is Private Public?: State Action in the Era of Privatization and Public-Private Partnerships", 11 *Geo. Mason U. Civ. Rts. L. J.* 203, 204 (2001).

③ Ronald C. Moe, "Exploring the Limits of Privatization", 47 *Pub. Admin. Rev.* 453 (1987).

④ David E. Lust, "What to do When Faced with a Novel State Action Question? Punt: The Eighth Circuit's Decision in Reinhart v. City of Brookings", 42 *S. D. L. Rev.* 508 (1997).

⑤ Harold J. Sullivan, "Privatization of Public Services: A Growing Threat to Constitutional Rights", 47 *Pub. Admin. Rev.* 462 (1987).

实上涉及到公民权利和民主体制的核心。它包含了公——私部门之间的关系以及作为公民需要知道的公共服务是否以一种人性而又有效的方式在运行。"① 作为责任机制内涵的合理性、公众参与、公开等行政法问题很难解决。它们涉及是否通过公开公正的程序展开服务的外包等合作，是否有足够的公众参与程序的设计，是否授予第三方受益人私人起诉权。②

责任机制的另一目的在于保护弱势群体。尤其是那些在政治上弱势，对于政府服务依赖严重的群体。就连一些公私合作倡议者都认为某些领域仍然需要控制在公领域手中。例如，他们担心对于药品管制的外包可能会给公众造成危害，因为私部门缺乏足够的科学知识和相关的经验以及独立的判断。③ 而弱势群体对于政策制定过程的影响很小，给政府行为造成的外在约束机制很弱，更加需要采用制度性机制来完成责任归位。

责任机制表现为责任人要向监督人定期报告，对其行为陈述理由，接受监督。承担责任的方式又包括事前由人民参与决策过程，事后允许其提起诉讼获得救济。更具体而言，在行政过程中，可以把责任机制分为决定前责任机制与决定后责任机制。

二、决定前责任机制

（一）理论共识

决定前责任机制包括信息权利、参与权、影响权的保障。人民需要及时获得关于公私合作决定的全部信息，如决定可能产生的影响。作为利益相关方，当事人需要获得对决定过程的参与机会且这种参与会对最后的结果产生影响。在美国，这种决定前责任机制由一系列的制度来保障：人权法案中宪法权利、正当程序和听证要求权，联邦和州的《行政程序法》（APA）都要求遵循的告示—评论（Notice-Comment）规则，正当程序原则，公开记录和阳光法案。当政府要作出如何提供公共产品的决定时，公众可以通过以上途径参与其中，决定如何提供产品，并评价其成果（具体参与形式可包括参与委员会，在听证会上作证，或提供其他证据给决定者），其证言（Testimony）同时可以作为记录公开保存并接受公众监督，

①② Ellen Dannin, "Red Tape or Accountability: Privatization, Public-ization, and Public Values", 15 *Cornell J. L. & Pub. Pol'y* 111 (2005).

③ William J. Curran, "Privatization and Human Services Contracting: A Legal Review", in Margaret Gibelman & Harold W. Demone, Jr. (eds.), *The Privatization of Human Services: Case Studies in the Purchase of Services*, (Springer Publishing Company 1998), 183, 192.

从而构成实体权利行使的基础。[①] 我国学者在论及此点时亦持类似的观点。“在民营化过程中必须要建立起更为顺畅的民意表达途径，因为民生发展之方向即来源于民意。民众的意思表达应该成为政府在民营化过程中作出决策的重要依据。为此，在整个民营化过程中，包括民营化之后，涉及相关事项的信息应当持续公开。”[②]

（二）规范现状及评价

1. 公众参与

对于我国而言，行政决定过程的参与制度和信息公开制度都落实在具体的单行法律规范中。目前，各地出台的公用事业特许经营条例中对公众参与规定偶有着墨，如青海规定州（市、地）、县（市、区）人民政府及其市政公用事业主管部门应当建立公众参与机制，保障公众能够对实施特许经营的情况进行监督，维护公众的合法权益。[③] 湖南规定公众享有对市政公用事业特许经营的知情权和监督权。有关人民政府应当建立社会参与机制，保障公众对特许经营活动的有效监督。[④] 从总体数量看，有民众参与权利规定的地方公用事业特许经营规范大约占半数。[⑤] 从规定内容来看，基本用语为“建立参与机制”、依托的权利内容为“知情权”“监督权”，多数规范中指出监督的对象是“特许经营活动”，少数规范将知情权、监督权的内容具体化为“依法将特许经营者经营的产品或者服务项目及其价格向社会公示，提供咨询服务，保障公众能够对特许经营情况进行监督”[⑥]。

显然，实定法中对“参与”寥寥数语规定，无法保证参与的实效。公众参与作为重要的行政法制度装置，学者对其发挥促成行政决定合理性，提升程序合法程度寄予厚望。学界对行政参与的研究成果不可谓不丰硕，如提出“在微观层面上，公众参与是实践民主的重要形式。这种以公众参与机制为核心的参与式民主，既可以使宏观意义上的民主具有持续性和活力，也可以使微观治理更体现民主性和理性”[⑦]。“通过利益组织化而展开

---

① Ellen Dannin, “Red Tape or Accountability: Privatization, Public-ization, and Public Values”, 15 *Cornell J. L. & Pub. Pol'y* 111 (2005).

② 刘飞：《试论民营化对中国行政法制之挑战》，《中国法学》2009 年第 2 期。

③ 《青海省市政公用事业特许经营管理条例》第 7 条。

④ 《湖南省市政公用事业特许经营条例》（2008 年修正）第 7 条。

⑤ 以北大法宝搜索结果为据，搜出 40 份公用事业特许经营规范，涵盖地方性法规、地方政府规章和规范性文件，其中提到公众参与权的大约 20 份。

⑥ 《武汉市市政公用事业特许经营管理办法》第 9 条。

⑦ 王锡锌：《公众参与：参与式民主的理论想象及制度实践》，《政治与法律》2008 年第 6 期。

的有序的、有效的公众参与，是政府转型和社会转型过程中一个具有重要意义的社会选择。"① 但参与实践往往呈现诸多难题，如参与效率不高，由于知识、专业、信息不足，民众参与水平不够。对参与信息的收集、分类、归纳没有良好的工作规程，参与意见吸收效率低下。民众参与对行政决定的作用不甚清晰，参与意见到底在何种程度上影响最终决定，无法制度化。公用事业特许经营涉及项目决定和实施全程，涵盖是否实施特许经营、社会资本方选定、特许经营执行和监督中的各类决定。公众参与因阶段和深度不同，可以组合产生多种不同的参与模型。实定法规范中明确的对经营的产品或者服务项目及其价格的监督只是参与类型中较浅层次的参与，从字面解释看，该规定只赋予公众对价格执行的监督权，对项目前期决定过程、项目架构、定价过程等并无参与权利。可见，作为决定前责任机制之一的公众参与在我国实定法上未明确获得确立，公私合作实践中的参与更需要后续的观察和评价。

2. 信息公开

信息公开制度主要在国务院《信息公开条例》（条例）中规定，而与公私合作有关的信息公开制度可以参照该条例执行，即"教育、医疗卫生、计划生育、供水、供电、供气、供热、环保、公共交通等与人民群众利益密切相关的公共企事业单位在提供社会公共服务过程中制作、获取的信息的公开，参照本条例执行，具体办法由国务院有关主管部门或者机构制定"②。国家层面，自条例公布以来，公共企事业单位的信息公开的专门办法一直未出台，直至 2015 年 6 月 1 日实施的新办法，才对此作了规定：县级以上人民政府应当将特许经营有关政策措施、特许经营部门协调机制组成以及职责等信息向社会公开。实施机构和特许经营者应当将特许经营项目实施方案、特许经营者选择、特许经营协议及其变更或终止、项目建设运营、所提供公共服务标准、监测分析和绩效评价、经过审计的上年度财务报表等有关信息按规定向社会公开。特许经营者应当公开有关会计数据、财务核算和其他有关财务指标，并依法接受年度财务审计。地方立法方面，据笔者搜索，只在 2015 年 5 月 1 日实施的《银川市市政公用事业特许经营管理条例》中规定：将特许经营产品或者服务的质量、技术标准及时准确地向社会公告，涉及公众利益、公共安全的信息应当及时向

① 王锡锌：《利益组织化、公众参与和个体权利保障》，《东方法学》2008 年第 4 期。

② 参见《中华人民共和国信息公开条例》第 37 条，该条例于 2007 年 1 月 17 日通过，于 2008 年 5 月 1 日起施行。

社会公开，对特许经营的产品或者服务项目向社会提供咨询服务并接受社会监督；组织制定市政公用事业发展政策、规划、建设计划和产品、服务质量标准，并及时将相关信息向社会公开。仅有的两处规定对公开的对象不尽一致，虽然都提到了服务、技术标准，但对于特许经营合同、项目实施方案等是否公开规定不一。学者对该问题关注视角略有不同。他们认为信息应作为规制工具、生存保障基础而存在。①“由于网络型公用事业企业一旦获取了特许经营权后，便在事实上拥有了对该区域的垄断经营权，公用事业企业往往利用这种地位使用诸多策略阻挠规制者对信息的获取。它们可能制造很少信息，或信息的表达方式过于晦涩，或延迟发布信息，利用诸如此类的手法加剧双方的信息不对称。”② 因而以信息为基础的规制成为对特许经营者进行监管的重要手段。同时，信息公布有利于特许经营者成本公开化、透明化，从而防止使用者费用的过度升高。还有学者通过法律解释方法，确立了条例中参照适用的具体内涵，认为条例前 36 条是第 37 条的解释基础，通过确立“最少存留适用”等规则以及“主体类同”和“职能类同”的解释方法，赋予“参照”具体的内涵。整理规范对象行为与不予公开的信息种类之间的一般属性和特殊性，以及审查程序与救济相关事项之间的关系，能为公共企事业单位的信息公开建立基本的适用规范。③ 在立法未完善时，学者上述努力希冀通过法律解释方法，证立公用企业的信息公开义务，从而保证监管部门的有效规制和第三人的知情权与监督权。囿于立法条文的精简，信息公开的具体内容、限度、程度、救济途径等仍无法通过解释方法获得明确，上述新的立法内容对原有条例作了进一步拓展，为公私合作项目未来架构信息公开制度奠定了基础。

三、决定后责任机制

（一）有效监管

公私合作的决定后责任机制主要落实于监督上。通过合同开展的公私合作，需要严密的合同监管体系来应对。一旦公私合作决定作出后，只剩市场机制来保证成果，在只有一个主体提供服务或不同区域由不同主体分

① 卢超：《民营化时代下的信息公开义务——基于公用事业民营化的解读》，《行政法学研究》2011 年第 2 期。

② P. P. Craig, *Administrative Law*, 6th ed. (Sweet&Maxwell 2008), 47. 转引自卢超：《民营化时代下的信息公开义务——基于公用事业民营化的解读》，《行政法学研究》2011 年第 2 期。

③ 朱芒：《公共企事业单位应如何信息公开》，《中国法学》2013 年第 2 期。

别提供服务的时候，市场力量也无法促进竞争。若要使卖方即提供福利的私部门在垄断的情况下受到任何可能的限制，这些限制只能来自于外部管制和监督。简言之，当公共职能由私部门实施的时候，并不受任何仿市场力量的约束。[①] 虽然有学者认为合同是有效的责任机制来源[②]，但“在公私合作过程中，政府官员失去承担责任的能力，因为他们的手脚被束缚于合同之中。违背这些合同将付出昂贵的代价。政府同样有可能将私部门当作替罪羊。因为公私合作以后，出了问题时，公众较少地将错误与政府联系起来。私有化同样有将政府碎片化为一系列合同的危险，它将丧失学习和适应的能力”[③]。因而更多的责任机制只能寄希望于外部的监管。

我国对分行业监管的研究已有丰富的成果，如针对药品市场的监管研究[④]、对电信行业规制的研究[⑤]、医疗行业监管[⑥]等。监管原本属于经济学上的用语，往往与管制、规制同义使用，分为经济性监管和社会性监管，主要用于解决信息不对称、外部性等问题。监管涵盖了完成特定目标而设定的各类手段，考察各种手段的实效，以检验监管手段和目的之间的匹配性是监管研究的重要内容。特许经营需要监管，主要目的在于解决特许经营者选定后，如何防止其滥用独占地位，提升价格，降低公共服务水平的问题。考察现有学者对监管的用法，发现其意义被泛化，如“城市公共交通行业服务质量监管改革服务质量代表了城市公共交通的形象”[⑦]，“县级以上人民政府有关部门应当根据各自职责，对特许经营者执行法律、行政法规、行业标准、产品或服务技术规范，以及其他有关监管要求进行监督管理”[⑧]。在这些语境下，监管和管理同义，凡是涉及督促、改进、提升等意思的地方都可以用“监管”。这种泛化趋势不利于聚焦监管的应有功能，分散注意，从而弱化了其专业性。此外，目前对监管与公私合作

---

① Ellen Dannin, “Red Tape or Accountability: Privatization, Public-ization, and Public Values”, 15 *Cornell J. L. & Pub. Pol'y* 111 (2005).

② Jody Freeman, “the Contracting State”, 28 *Fla. St. U. L. Rev.* 155 (2000).

③ Ellen Dannin, “Red Tape or Accountability: Privatization, Public-ization, and Public Values”, 15 *Cornell J. L. & Pub. Pol'y* 111 (2005).

④ 殷志诚：《药品市场监管的行政法问题研究》，中国政法大学 2006 年博士学位论文。

⑤ 郑奇宝：《中国电信行业规制的理论和实证研究》，复旦大学 2003 年博士学位论文。

⑥ 吴奇飞：《基层医疗机构合同式监管研究以关系型合同理论为视角》，华中科技大学 2009 年博士学位论文。

⑦ 苗锐：《城市公用事业中的公共交通行业政府监管体系研究》，吉林大学 2014 年硕士学位论文。

⑧ 《基础社会和公用事业特许经营管理办法》第 12 条。

合同的关系，有不同的认识。一种角度认为，公私合作合同的履行过程需要受到监管。“国际上曾经有学者对拉美国家的1 000个特许经营权案例进行研究，研究结果表明，如果一个国家存在着监管机构，那么具有机会主义色彩的合同重新谈判的概率只有17%，然而，在不存在监管机构的国家中，这种概率却高达60%。”① 而监管的内容则可以包括价格、服务和产品质量、投融资、环境影响等。② 另一个角度则认为，合同本身就是监管的方式和工具。“具有监管作用的合同并不仅限于公立医疗机构绩效管理合同和私立医疗机构医疗服务购买合同，具有监管作用的还有特许经营合同。”③ “我们将监管形式确定为以下几项：法律法规体系、其他相关政策、特许经营权协议及其他一系列合同与协议、信号系统、激励机制及产权约束。”④ 事实上，上述两个角度并不矛盾，实践中，行业主管部门或其他政府授权机构既是监管者又是合同签订方，将监管内容转化为合同条款，成为双方权利义务关系的内容，以合同约束力实现监管效力。当然合同义务就如同法律义务，其实效性还在于执行，因此，对履约过程的监管，以及部分无法纳入合同内容的监管需要在合同之外进行。意识到合同的监管功能可能有助于我们进一步认识决定后责任机制的另一内容：救济通道。

（二）有效救济

有效的救济途径也是决定后责任机制的重要内容。而这点恰好是目前的机制所缺乏的，一旦合同生效，受益人起诉的程序权很少。虽然法院有时默示合同中包含了这种起诉权，但合同本身几乎从未明确提供受益人起诉权。⑤ 公私合作合同全程涵盖了数个阶段，合同之外的第三方在各个阶段享有何种权利，如何获得救济并不清晰。在合作项目实施方案确定过程中，第三人的参与权应获得保障，但该权利目前并没有实定法依据。如上文分析，法条所体现的参与仍属于浅层、初步的知情权。能否进一步推导出信息获取请求权，尚无定论。关于实施公私合作的决定，能否套用政府采购程序及其关于利害关系人诉权的规定，目前也仍不清晰。而合作合同

---

① 谢世清：《国际城市水业改革对中国的十大启示》，《国际经济评论》2008年第6期。

② 贾衍邦、王雷：《公权市场关键是政府作用与市场作用的平衡——访住房和城乡建设部法规司副司长徐宗威》，《城乡建设》2010年第7期。

③ 吴奇飞、李丹：《浅论合同在医疗机构监管中的应用》，《中国医院管理》2008年第8期。

④ 叶晓甦、张永艳、李小朋：《我国PPP项目政府监管机制设计》，《建筑经济》2010年第4期。

⑤ Jody Freeman, “the Contracting State”, 28 *Fla. St. U. L. Rev.* 155 (2000).

实施过程中，第三人是否有权利就合作企业的侵权行为提起诉讼，循何种途径，起诉权人的范围多宽等，都有待进一步讨论。这些问题，下文还会展开论述。

四、责任机制的实现：私部门责任机制的增加

（一）可能的路径

基于公私合作中出现的责任空缺，第一种思路是使公部门原先受到的公法约束在实施公私合作以后继续有效，可能的设计便是将这种约束转移到私部门身上。有学者提出立法、合同机制与司法解释都能落实私部门的责任机制。

立法可以创造出类似于公部门的那些强制性机制，如信息公开，报告制度，公民对于合同修订的请求（petition）制度等。① 起诉资格也可以通过立法来创造，如赋予更广范围内的利害关系人以起诉资格。所有可能的责任机制如公法对私部门的拘束，若可以直接由立法规定，则公法规则适用的范围就可以由立法的修订直接扩大。

美国学者也承认，诚然"一个条文的变更足以使整个图书馆的书变成废纸"，但更切合实际的渐进式变革是当下更为重要的课题。另一个路径是由法院扩大公法规范对私部门适用的范围。它们可以对于违反公共政策的行为授予公众提起公益诉讼的权利。② 美国法院在司法路径上做了很多尝试，也确立了诸多规则，如权力标准、公共任务标准等（后文详述）。

合同可以单独或与其他机制一并作为责任机制存在。在某种程度上，合同可以当作是与立法具有相同功能的工具，被双方自愿遵守。当然，要求某些合同条款总是被执行是不可能的，因此，将合同条款订入立法程序将具有更多的确定性。

第二种主张认为应只在非关键领域实施公私合作。很显然，诸如供水、供电、供暖、供气等领域，在国家职能谱系中的核心程度明显不及监狱、国防等领域。而如何辨别核心领域，前文中已有所论述，关键在于权力性因素。当涉及的职能带有很强的强制性，就暗示了对公民自由权影响

---

① Gillian E. Metzger, Alred C. Aman Jr., Charles F. Sabel, Lester M. Salamon, E. S. Savas, Elliott D. Sclar, "Panel Discussion: The Changing Shape of Government", 28 *Fordham Urb. L. J.* 1319, 1323 (2001).

② Matthew Diller, "Going Private-The Future of Social Welfare Policy?" 35 *Clearinghouse Rev.* 491, 503 (2002).

很大，这时保证责任的归属就更重要。而对于一般性领域，这种担忧就较少，有些学者指出，目前为止，只有监狱是唯一特殊的领地。[①] 其实，美国本身的实践非常耐人寻味，比如军事领域，虽然具有极强的国家固有职能属性，但大量使用外包、雇佣等私化手段，军事部门自己对此津津乐道，往往只以效率作为唯一衡量标准。相反，类似机场安检可否外包由私人进行，美国政治领域则爆发了一场激烈的辩论，最终只有部分机场安检人员隶属于私人企业，大部分机场安检人员仍由国家工作人员承担。可见，理论上，最核心的领域应保持在公部门手中，以此保证其能为公众负责，但在实践中并未获得严格执行。

（二）理论展开：参与公共职能的私部门能否受公法原则拘束

首先的疑问在于，私部门的参与并获得特许提供公共产品，是否会导致很多给付行政领域的法律约束丧失。很多立法者对于政府的监管，包括程序性和实体性的措施，是否由于私部门的参与而消退。事实上，这样的担忧在不同的场合已经由不同的话语体系表达出来了。如“援用合同形式在某些时候适用私法原则行事是否会导致公法原则及预设的随之产生的公共利益被虚掷”?“公私合作主体由于兼有公部门与私部门的成分，应当如何界定其地位，是否要受到公法的拘束?”“公私合作主体是基本权的拘束对象，还是基本权的权利主体?”“把行政事务委任给本是民间法人的这类组织，使其承担官方的或者公共性的职能，这既可以说是其特征，同时也正是此特征引发了各种问题。”在一些国家也存在私法形式出现的法人（私法人，即这里的私部门）被视为行政主体的情况。如在日本，电力公司等公用企业被划归到政府关系的特殊法人中，具有行政主体的法律地位。“为善尽波及性正当化责任，公组织不仅保留最终决定责任，作为公私协力之条件，亦应要求私主体所有之程序与组织合乎宪法原理（除民主正当化外)。”山本隆司教授认为，公私合作中的私部门需要符合下述要求：中立性及超出于利害关系之独立性；确保适当处理事务所需要之资质、能力及设备；保障利益关系者均等之表述机会及平等之衡量；平等对待、具备异议申明程序等；意思决定过程之透明性。[②] 但在法国，行政法学界对于通过特许合同实施公务的私法人是否属于行政主体还存在争议，

---

① Ellen Dannin, “Red Tape or Accountability: Privatization, Public-ization, and Public Values”, 15 *Cornell J. L. & Pub. Pol'y* 111 (2005).

② 〔日〕山本隆司：《日本公私协力之动向与课题》，刘宗德译，载台湾政治大学法学院公法中心编：《全球化下之管制行政法》，台北元照出版公司2011年，第298页。

我国著名的行政法学家王名扬先生在其《法国行政法》一书中持反对的观点，即认为通过特许合同从事公共服务的私法人不是行政主体。① 另有学者从案例观察比较中得出公用事业民营化改革后，当供应企业履行普遍服务义务时，它构成一个公法上的主体，应对公民获得一个持续的基本公用事业服务的供应提供公法保护。②

1. 从基本权设置的目的谈起

按照基本权主体理论，设置基本权是为了对抗国家，人民之所以享有基本权是因为其作为人，得自由发展自己的人格，追求自己的利益，从而衍生出各种不同的保护需求。“一般认为私法人以及具有部分权利能力之私法团体组织当然享有基本权利能力，反如公法人，则除公立大学和公营广电机构之外③，其本质上不存在如同人民般得自由发展的人格，亦不可能享有得自由追求的私的利益，只能追求公益。因此某机构或主体系出于公益的目的设立，为执行公共任务而存在，则其即不得享有基本权利。”④ 因此对于多数提供公共产品的公营事业而言，虽然不必然直接由国家所属机关经营，反而是采公司组织形态经营者占多数，从公营公司的私法人性质出发，固然很容易就可获得肯定其基本权利能力的结论，但从其与投资者，即国家的密切关系着眼，又不得不令人对其基本权主体资格产生质疑。⑤ 因公营事业之权利义务通常有法令特殊规定，该等法令给予公营事业特别的利益，例如税费减免、独立地位或特别关税规定。而另一方面，公营事业亦负有特殊的社会责任，例如以优惠价格提供其产品与服务或提供特殊社会服务。⑥ 因而公营公司的地位并非可由其采取公司形式而直接认定为属于基本权主体。有学者提到公营公司有两种，一种是由国家独资

---

① 杨海坤、郭朋：《公用事业民营化管制与公共利益保护》，《当代法学》2006 年第 20 卷第 5 期。

② 骆梅英：《民营化后公用事业企业的性质之辨——基于案例的比较观察》，《法治研究》2015 年第 1 期。

③ 公法人倘因其任务的特殊性，而成为某特定基本权所保护生活领域不可或缺的一部，或其成立目的在某意义上可谓是以私人基本权利信托者的地位，帮助私人基本权的实现，即得例外享有基本权权利能力，如公立大学、广播电视台与教会，在德国固属公法人身份，但也都例外地分别受到学术自由、广播电视自由与宗教信仰自由的保护。因其设置的目的在于实现或帮助实现学术自由，广播电视自由与宗教信仰自由，参见许宗力：《基本权主体》，《月旦法学教室》2003 年第 4 期。

④ 李惠宗：《宪法要义》，台北元照出版公司 2006 年版，第 101 页。

⑤ 许宗力：《基本权主体》，《月旦法学教室》2003 年第 4 期。

⑥ 张朝栋：《公营事业民营化法律规范与引进民间投资之分析与讨论》，载王文杰编：《公有企业民营化》，清华大学出版社 2005 年版，第 26 页。

经营，另一种是由国家与私人合资经营。前者因资本完全属于国家，整个营运大权又率由国家所操控，致有国家手臂的延伸或国家的卫星公司之称，故即令其从事私法行为，也因为其与国家自身并无本质上差异的缘故，而不得不被当作国家自身看待，从而不得享有基本权权利能力；后者因夹杂私人资本在内，较为复杂，有学者主张为了避免使私人投资者蒙受不利，只要有私人资本的参与，该公营公司与国家不具本质上的同一性，就可以与一般私人一样受基本权的保护。① 而该作者同时认为，合资公司之拥有基本权权利能力与否，应视国家之有无实际掌控公司的营运而定，也就是于国家掌控大权的情形，同样视其为国家延伸出去的手臂，从而不承认其基本权主体资格，唯于否定情形始承认其得享有基本权的保障。②

按此观点，对于我国而言，国有企业事实上即为这里所称的公营事业。始于20世纪90年代左右的国有企业的改革，引入公司制度，使其以私法形式运作。似乎从来没有人讨论过关于以公司形式出现的国有企业的公法地位问题。因为作为国有独资公司与国有控股公司是在公司法中以专章明确规定的，没有人怀疑过其是否存在与其他公司不同的特殊公法地位，或其是否不应属于基本权的主体，而属于基本权拘束的对象。这可能与我国历史上国有企业数量占主导地位，实行公有制的经济所有制有关。国家设立国有企业时经常不区分考虑其政策功能与经济功能。似乎所有领域的商事活动，国家都可以参与其中。但这种方式不免会引发“与民争利”的指责。按照国家理论，国家应将自己的活动范围限制在某些公民不愿做、不想做，或不能做的领域。而一般的领域，国家则应逐步退出，开放市场和管制，由私主体开展自由竞争。尽管这套理论并不一定是支持后来我国大规模国有企业改革的基础——因为很大程度上，国企改革仍然是效率驱动的，即为了完成公司制的改造，抓大放小，减少人浮于事的现象，放下多年来很多亏损企业给国家造成的财政包袱——但改革的过程却无意间契合了学者对国家活动领域的认知。可以说国企改革的所有进程都是以更好地实现效率，加强竞争，开放市场为出发点的。但这又附带地造成国家与市民社会二元分离的现象，间接促成了被称为现代国家基础的社会国家关系格局③的出现。这种改革的另一个趋向是，国家在某一些对于

---

① Ehlers，Verwaltung in Privatrechtsform，S. 249. 转引自许宗力：《基本权主体》，《月旦法学教室》2003年第4期。

② 许宗力：《基本权主体》，《月旦法学教室》2003年第4期。

③ 邓正来：《国家与社会：中国市民社会研究》，四川人民出版社1997年版。

国民经济有重要影响的关键领域占据支配地位。也就是说，在一些关键的领域，如国防、基础设施、能源等领域，仍然需要保持国有企业的主导地位。毋庸置疑，这里就包含了对国有企业政策功能的期许。对于改革后剩余的这部分国有企业，将其比喻为国家机器的臂膀，并不为过。因此对于国有企业的公法地位，并不能全然以其公司的形式而断定其属于基本权主体，按照上述观点，仍应以是否由国家控股来决定。

再依此路径推理，并非所有的公私合作企业都是国有企业，有些甚至完全由私人资本投资建成，故不同的公私合作企业将享有不同的地位。机构型的公私合作尚有可能存在国有资产的注入，对于契约型的公私合作而言，基本上私部门参与了融资、投资的全过程，不存在国有资本的成分。因此，这两种公私合作企业就会产生不同的公法地位。而公私合作制度的初衷在于舒缓政府的财政压力，在这种动因驱使下，似乎契约型公私合作未来可能更受欢迎，越来越多的公私合作企业将脱离公法的限制，居于基本权主体的地位。从实际情况来看，机构型公私合作更受推崇。公部门基于更好地掌控合作进程和后续发展考虑，希望能实现控股，私部门则出于规避经营风险考虑，想要将公部门拉入同一阵营。现实因素考量之下，机构型合作反而更受欢迎。

同样的合作模式，以公部门是否参股、是否控股来确定公私合作实体属于基本权主体还是受基本权利拘束的对象，未免过于粗糙，同时也导致类似情形有完全不同的处理，该标准似非可取。

2. 另一判断标准：权力要素

学界当然也有观点认为，这种以资产比例为标准区分不同公私合作企业地位的做法显得较为荒唐。资产运作与变动是常有的事，以此来决定企业地位的游移并不可取。于是有论者认为，应视行为主体系从事公权力行为或私经济行为而定，若属于后者之情形，行为主体即享有基本权权利能力。① 按此思路，则需要对所有的公私合作主体进行的行为性质加以判断。公权力行政和私经济行政是经典的关于行政活动性质的分类。公权力行政（高权行政）是指国家居于统治主体适用公法规范所为之各种行政行为。私经济行政又称国库行政，指国家处于私人法律地位，在私法支配下的行政行为。② 它们的划分标准在于行为的各方主体间处于上下秩序关系（强制与服从）还是平等关系。当然提出这种区分标准的作者自己也指出

① 法治斌、董保城：《宪法新论》，台北元照出版公司2006年版，第155－161页。

② 吴庚：《行政法之理论与实务》，第10页。

存在不够完备的地方，但对于以私法组织形态或特设机构从事的营利行为，如公营事业（公私合作企业），作者明确指出应属于私经济行政的范畴，循私法途径解决，适用私的法律关系。① 公私合作企业获得特许提供公共产品，或经由合同外包参与其他政府业务，基本上不涉及公权力行使的部分②，如水务方面，政府的责任集合包括了持续供水、保证水质安全、监管价格、进行水污染防治、分配水资源、管理水的使用、监管违法活动等。但这些责任通过外包或授权分化，一般外包的只是生产、运行、维护的部分。即使在美国将监狱管理功能外包的情形下，通常外包的也仅是提供食物、安排日常活动等不具有权力因素的部分。在此观点下，公私合作企业不分国有资本数额一律属于基本权主体，不受公法拘束。当然这里的权力因素划分并非泾渭分明，只能大体而言。权力因素延伸到个案中往往无法准确下判。比如高速公路收费，本身可以分为两种性质，即公法上的行政规费与民法上的使用费，行政规费就涉及行政收费权的行使。定于哪种性质仍取决于一国的法律规范和判断规则，无法一概而论。另外，如公助民营的养老机构，其运营过程中也涉及收养对象的遴选，其有权力设定内部标准决定哪些人可以收入或优先收入，决定行为一定程度上就构成权力关系。因而尽管只是给付领域的服务或产品供给、运营，也往往无法绝对排除权力要素。依此标准展开的判断，同样也是情境化的，取决于个案的，从而难以获得清晰一致的答案。

3. 换一种思考方式：公共任务标准

基于上述讨论，学者又发展出新的观点，即针对行政私法这一现象指出："盖现代国家往往在公法形式之行政组织体系之外，另行设立私法人组织以专责执行特定之公共任务，尤其系在人民生存照顾之给付行政领域屡见之。基于此种组织私法化，私法人之设立与活动乃由私法自治范畴延伸至国家行政领域，而私法人和公法人亦因之无法壁垒分明、截然对立。"③ "公法人之所以欠缺基本权利能力，并非因公法人外在法律形式之故，其乃取决乎公法人任务功能之性质。原则上，公法人系在执行法律所

---

① 吴庚：《行政法之理论与实务》，第 10 页。

② 当然这并不绝对，如水务企业有接受居民申请决定提供水表接入的权力，虽然这种权力受到普遍服务义务的严格规制。又如电力企业有权拒绝提供超出其服务范围的电力供应。在这些关系里，都存在着类似权力关系的命令服从关系。在医疗保险领域更加明显，决定是否属于医疗保险的范围，或决定给予何种治疗方式等都属于此。

③ 刘淑范：《行政任务之变迁与公私合营事业之发展脉络》，《中研院法学期刊》2008 年第 2 期。

赋予、规范之公行政任务，基本权利依其本质，系与之相悖，爰无适用之效力。准此以推，公共任务系由公权力主体本身自为之，抑或另由以私法形式所设立之行政组织体履行之，遂无关宏旨。”① 因此，其指明“不仅由国家独资所设立之公营事业公司，无法作为基本权利之主体，即连公私合营之混合事业，于履行公共任务之际，至少就公家持股具有支配能力之情形而言，亦不得主张基本权利”②。

这个观点突破了形式上的判断标准，进而提出了“公共任务”判断标准。即只要履行的是公共任务，不论由何种形式的组织执行，也不问该公共任务是属于权力性行为还是纯经济性行为，都纳入受公法规制的客体范畴。以公私合作企业为例，自来水或电力供应都属于典型的攸关生存照顾的公共任务，也是在给付行政模式下，国家任务的重要内容。因而照此标准，公私合营事业不能成为基本权主体，而应成为基本权拘束的对象。一旦以公共任务为分析标准，即扩张了判断基准，不再具体区分权力行为、非权力行为，从而获得判断上的简明。但若进一步追问，何为公共任务，则又会产生进一步分歧。是否有本质上的国家任务，比如设立学校、设立养老院等也能判定为非公共任务，理由是上述行为本来并不由国家独占，在历史上，都曾经出现由私人自主完成上述任务，难以对其属于国家任务进行绝对化论证。国家、社会和市场的边界处于变动之中，哪些属于国家任务、哪些属于公共任务都无法准确定义。国家采取完全私化策略时，原本的国家任务就丧失其公共性。对于此问题，行政实务中发展出的策略也是实用性的，如美国哪些政府任务可以外包，哪些不能外包，有一些法案和政策性文件作为支持。比如“免于政府竞争法”（Freedom from Government Competition Act，1997）、预算与管理办公室的 A－76 号通知（Circular A－76）等。其中采列举式方法对本质上的政府职能进行界定。“本质上政府的职能”是随着时间而变化的，因此其界定需要根据语境（context）综合判断。③ 讨论至此，似乎上述问题仍然无法获解。

（三）否定之否定：司法实务中标准的演变

理论界无法对此问题给出明确一致的答案，我们转向司法实务试图找到可资借鉴的标准。下文的分析主要基于美国司法实践的立场展开。

美国学者对非营利机构公法地位的论述值得参考，司法部门在定义政

---

①② 刘淑范：《行政任务之变迁与公私合营事业之发展脉络》，《中研院法学期刊》2008 年第2 期。

③ 毕洪海：《本质上的国家职能》，《行政法学研究》2015 年第 1 期。

府、公民与私部门的关系时起到了关键的作用。而司法部门的态度是由公部门提供融资且受到严重规制的非营利机构仍然可以免受宪法规定的制约，且避开如联邦行政程序法、信息公开法等联邦法规的约束。另外，在最高法院的 Blum v. Yaretsky① 和 Rendell-Baker v. Kohn et al. ② 两个案例里，法院认为非营利机构在宪法修正案第 14 条的合目的性解释下并非行政机构，因而在非营利机构参与行政任务的情况下，本来可以受到宪法及法律上权利保护的主体如今就可能处于保护真空的状态。③

对于私部门的公法地位，美国司法实务中发展出如下判断标准，统称为“国家行为主义”④。

判断某一主体是否受到公法拘束与判断私法主体是否受到宪法拘束有类似的情境。而后者其实在学界已经有很多研究成果，被称为“宪法的第三人效力”。“只有当宪法所保护权利有垂直效应时，私人服务提供方的宪法义务才受到肯定，然而这对于宪法适用来说，是极其例外的。”⑤ 美国司法实务中，在判断私主体方是否受宪法义务拘束、第三方能否主张宪法权利时，主要看国家是否要求、鼓励及相当程度地参与私方行为。具体而言包括如下几种判断方法：“1. 强制性要素，即看国家是否以强制性的方式要求私主体提供产品或服务⑥；2. 联结要素，即看国家在私行为中参与的程度⑦；3. 公共职能要素，即看行为本身是否属于固有的公共职能。”⑧ 虽然，讨论宪法的第三人效力并非限于公私合作的场合，上述标准也并非定论，但由于问题指向具有同质性，因而对判断公私合作主体各方是否受公法拘束有参照作用。

美国实践中私主体提供公共服务可否被认为同样受公法规范，而非单纯的私法主体，关键在于判断是否存在“国家行为”的要素。⑨ “关

① 457 U. S. 991，102 S. Ct. 2777.

② 457 U. S. 830，102 S. Ct. 2764.

③ Leazes Jr. & Francis J.，“Public Accountability”，29 *Administration & Society* (1997).

④ 杨海坤、郭朋：《公用事业民营化管制与公共利益保护》，《当代法学》2006 年第 5 期。

⑤ Stephen Gardbaum，“Where the (State) Action is”，4 *Int'l J. Const. L.* 760 (2006).

⑥⑦⑧ Daphne Barak-Erez，“A State Action Doctrine for an Age of Privatization”，45 *Syracuse L. Rev.* 1173 (1995).

⑨ 关联理论是另一种判断理论。在美国的司法实践中，私人行为能够被认定为政府行为，不仅仅是因为它们的“公共”属性，而且由于公共实体与政府之间存在紧密合作关系，使得二者实质上合为一体。实践中，政府行为对私人部门的介入主要通过以下两种方式：(1) 特许与管制；(2) 财政支持和财政依赖。笔者认为该理论和国家行为理论差异不大，故不展开介绍。参见杨海坤、郭朋：《公用事业民营化管制与公共利益保护》，《当代法学》2006 年第 5 期。

于如何划定政府行为和私人行为的界限一直以来都是以狡猾而臭名昭著的。”① 对国家行为的判断则又延及上面所述的国家固有职能，即本质上属于国家的行为，即使功能民营化甚至组织民营化，由私人承担，仍然应视为国家行为。对国家固有职能的界定和民营化的双重叠加发展出如下司法审判图景。

根据美国学者对相关案例的整理②，美国法院在 Marsh v. Alabama③ 案中得出对“国家行为”较严格的判断标准，该推理甚至可以用“如果它长得像鸭子，走路像鸭子，那它就是鸭子”这样的表述来概括。关于国家行为的判断在 1968 年的 Amalgamated Food Employees Union v. Logan Valley Plaza④ 案中发展到顶峰。该案中，法院认为一个私有的商店不能利用保护隐私权的法律来限制工会成员的监督。理由是，这个私有商店在其所在的地区实质上起到了履行公共职能的作用，需要受宪法第一修正案的制约。⑤ 此案反映出法院对该问题判断的激进态度，但在这之后，激进态度略有缓和。法院对于公共职能的定义加了限定，要求私主体必须履行的是“传统上的独占的国家功能”⑥。在后续判例中，法院不仅关注国家功能，更关注国家功能的属性，同时注意力也从行为人的身份转移到行为本身。在 Blum v. Yaretsky 案中，原告以一个养老院接受国家的投资以及较重的国家管制为由主张其为国家行为人，但遭到法院的否定。⑦ 法院坚持认为，养老院提供的福利和服务并非传统上排他性地由国家来承担，私人主体也可以承担。在另一个 Rendell-Baker v. Kohn 案中，法院认为私人学校雇员的行为责任不能归由国家承担，因为虽然教育属于国家功能的一部分，但也并非传统的排他性的国家功能。因此在这种主张下，学校对于雇员的相应决定也不能由国家来负责。⑧ 可见，法院对传统、排他性的国家行为持较严格的审查标准。

到 1990 年代，在 Edmonson v. Leesville Concrete Co. 案中，法院主

---

① Stephen Gardbaum，“The ‘Horizontal Effect’ of Constitutional Rights”，102 *Mich. L. Rev.* 387，412 (2003).

② 下文有关案例的论述引用或参照了 Leazes Jr. & Francis J.，“Public Accountability”，29 *Administration & Society* (1997)。

③ 326 U. S. 501 (1946).

④ Amalgamated Food Employees Union，391 U. S. at 318.

⑤ Sheldon Nahmod，*Civil Rights and Civil Liberties Litigation*，(Shepard's 2006)，2-26.

⑥ Michael Han，Note，“Civil Rights-Requirements for Fourteenth Amendment and § 1983 Protection-Attributing State Action to a Private Athletic Association”，69 *Tenn. L. Rev.* 521，524 (2002).

⑦ 457 U. S. 991 (1982).

⑧ Rendell-Baker，457 U. S. at 842.

张一个作为私法主体的当事人基于种族进行的诉讼违反了宪法第五修正案的正当程序原则。[①] 在这个判例里面，“传统和排他”的国家功能的双重行为标准得到了放宽，只关注“传统”这一项因素，并在行为性质之外将行为主体性质也考虑在内。[②] 显然，传统和排他两项因素很难在一项国家职能中同时获得，尤其是排他要素，其证立非常困难。因为国家权力和职能在本源上属于经授权获得，本身排他性就很弱。虽然这个案件“使法院将标准降到了一个较低的程度”，一些下级法院仍然认为标准过于严格。[③] 有法官认为将私人行为视为国家行为在实践中要比理论上困难得多，而且其应用是极其狭窄的。尽管很多行为都有公部门参与的痕迹，但仍应被视为私人行为。[④] 此外，甚至有学者指出，由于公共职能标准本身的模糊不清，法院似乎已经放弃了继续定义的努力。[⑤]

从上述梳理可以看出，美国司法实践中发展出的多种判断模式，仍需要依赖案件事实和具体语境才可做出判断。与其说这是一种系统性应用，不如说只是一种个别的判断。有学者总结到，毋庸置疑的是，任何一项公式都需要灵活运用，尤其是在现在变动不居的行政法环境下。但这种灵活性不能阻碍标准的一致性和稳定性。判断是否构成“国家行为”可以由多种子标准结合来共同判断。某些关系呈现的特色可以让人清楚地将行为结果归结到公部门上。目前可以列举的有：“政府融资的程度、政府控制的程度、政府授权的内容和程度，以及功能主义的视角。”[⑥]

（四）延伸讨论和初步结论

根据上一部分理论和实务标准的梳理，我们可以发现，以基本权理论为基础，公私合作企业是否受公法拘束视其国有资本的控制力而定。以权力要素为判断标准，则视公私合作企业是否有行使权力的情形而定。以公共职能为标准，则仍以国有资本的控制力为准。借鉴美国的标准，以国家行为主义中模糊的“传统而排他的国家任务”为标准，多数公私合作企业都属于私法人，不受公法拘束。以关联理论来判断，则多数公私合作企业

① 500 U. S. 614，616 (1991).

② Edmonson，500 U. S. at 622.

③ Robert S. v. Stetson，256 F. 3d 159，165 (3d Cir. 2001).

④ Daphne Barak-Erez，“A State Action Doctrine for an Age of Privatization”，45 *Syracuse L. Rev.* 1173 (1995).

⑤ Paul R. Verkuil，“Public Law Limitations on Privatization of Government Functions”，84 *N. C. L. Rev.* 415 (2006).

⑥ Sacha M. Coupet，“The Subtlety of State Action in Privatized Child Welfare Services，” 11 *Chap. L. Rev.* 85 (2007).

都可以归入国家行为人的范畴。如此看来，标准繁多，莫衷一是。

进一步来看，各类判断标准市场有限，背后也隐含另一逻辑。“权力和裁量空间的结合使 PPP 合同的私主体方可以对向第三方施加权力行为的过程产生决定性影响。”“当政府行使上述权力时，我们产生了一系列规则，如公开、公众参与、正当程序、行政理性等来限制政府。但这些规则并不适用于私方主体，有些甚至不适用于政府外包的决定。”① 为了完善公私合作前后的责任机制和回应性，使合作中的私部门接受如公部门一样的公法拘束是可行的思路之一。但是该思路的理论基础仍不稳固，对“权力要素”“公共任务（职能）”等概念缺乏可操作性的判断标准，司法实践呈现的判断标准也不一致，以至于被认为较为保守，对国家行为标准的应用也较为限缩。笔者以为公法拘束同时也带来成本，公私合作是为了尽量利用私部门的效率、灵活度来提升公共服务的效率，如果将合作的私主体方打造成另一个纯正的公法主体，则不仅毫无意义，还增加了很多交涉成本。② 这可能是导致行政和司法实务中无法全盘接受上述观点的原因。

（五）余论

笔者在文献阅读中还发现另外一些值得注意的观点。如有学者考察了公私分立的起源后认为，基于法治原则产生的公私分立将自由社会区别于暴虐的社会，定义了国家和个人的关系。公私分立本身就是一种政治选择，公的标签赋予政府行为以合法性，公益成为政府行为的合法基础。以这种区分为基础防卫或攻击公部门都取决于政治策略。③ 该观点意味着公私界分及其界限游移本身就不属于对根本性原则的违反，而属于政治法律社会环境变迁所致的正常现象。

有观点认为私主体承担公法任务有历史上的依据。早期政府利用特许等方式由公部门独占某些行业的经营，资本主义发展壮大后，私人主体利用各类资源争取获得独占行业的准入，公法上的保护条款使私人企业扩张获得依据，对公平竞争机会的保护使私主体进入原本特许产生的垄断市

---

① Dominiqe Custos & John Reitz, “Administrative Law: Public Private Partnerships”, 58 (Supp.) *American Journal of Comparative Law* 555 (2010).

② 也有学者持同样观点，认为“如此将有可能削弱民营化带来的益处，因为职能外包的本意就在于发挥市场的作用，使私人主体仅受到最低限度的合同义务的拘束即可，民营化意味着较少的监督与较弱的规制”。See Darrell A. Fruth, “Economic and Institutional Constraints on the Privatization of Government Information Technology Services”, 13 *Harv. J. L. & Tech*. 521, 533 (2000).

③ Paul. R. Verkuil, “Public Law Limitations on Privatization of Government Functions”, 84 *N. C. L. Rev.* 397 (2005—2006).

场。然而保护的同时，私主体需要承担公法义务，因为进入这些行业会产生"公法上的影响"。这便是私主体承担公法义务在普通法上的基础。[①]该观察使私人主体承担公法义务在久远的法治传统中获得依据，使讨论扩展到单纯的必要性和应然层面之外，颇值得注意。

还有观点提到国家承担公共任务受到诸多公法拘束背后是由于国家在这些领域居于垄断地位，所以公法拘束的关键不在于公共任务，而在于垄断。认识到公共任务背后的垄断要素以后，公共任务标准反而受到淡化。[②] 这个观点很新颖，如果以独占和垄断为基本考量，则公共任务领域的行使主体多元化以后，自然会产生竞争，原来以垄断规制为目的的公法规则便失去意义，从而使弱化的公法拘束获得正当性。不过公法拘束一直被认为出于解决行为主体的责任机制，是否直接和垄断问题挂钩还有待讨论。另外，公共任务领域即使引入多元主体，在多主体之间能否架构起仿市场的自由竞争是存疑的，私部门在公私合作过程中与公部门之间的地位不平等属于常态，由此能否进入合作，如何合作，多由政府意志主导，很难被认为具备竞争条件。

有学者总结责任机制产生有三种路径：公法路径、普通法路径和治理路径。"公法路径基于三个与法治原则一致的前提：政府官员具备管理的经验和专业；政府官员受到一系列限制权力滥用的规则约束；政府官员会一直保持敬业、勤勉。上述前提对合作合同相对方而言并不适用，相对方只对公部门负责，受其监督。"[③] 显然此处的公法路径不能解决 PPP 后的责任机制问题。普通法路径则假设公法适用于所有承担公共任务的主体，依此路径也产生很多同时拘束合作合同相对方和其余第三方的新规则。治理路径则认为："公共任务最好由国家、市场和社会共同参与完成。在这种责任机制路径之下，谁来完成公共任务并不重要，因为责任机制由以下要素提供：使公益和第三方利益结合的现代管理和科学技术；用于监督政府和合同合作方的监督机制；作为上述两者辅助机制的透明度。治理路径并不主张必须由政府自己履行公共任务，因此对目前出现的问题并不归咎于履行主体上，而归咎于未良好地管理第三方。"[④] 对上述三路径的概括反映出对责任机制的三种不同面向的认知。公法路径和普通法路径的阐述过于简单，无法解决上文讨论的问题，较有启发意义的是治理路径的视角。认为公私部门间的监

---

①② Paul. R. Verkuil, "Public Law Limitations on Privatization of Government Functions", 84 *N. C. L. Rev.* 397 (2005—2006).

③ 对三种路径的描述参照 Tishisa L. Braziel, "Contract Out Contracting", 38 *Pub. Cont. L. J.* 857 (2008—2009)。

④ Tishisa L. Braziel, "Contract Out Contracting", 38 *Pub. Cont. L. J.* 857 (2008—2009).

管到位即可达到对第三方的责任要求，试图从内部解决问题。这与上述将原来对公部门的公法拘束移植到私部门的思路略有不同，这种内部关系的监管规则可以通过立法、合同、行政决定，甚至无法类型化的监管措施来确立。这种视角使我们脱离了对“公法拘束”作为一个抽象整体的想象，允许就 PPP 个案发掘合法框架下的最佳监管措施，以回应责任性问题。

反观国内，我国学者也就此问题进行过深入讨论。有代表性的是高秦伟教授在《私人主体的行政法义务》中的系统讨论，文章认为上市公司的信息公开、司法介入敦促公司的商业决定遵循诚实信用原则，不得滥用裁量权等例子表明，私法本身也可促使私人主体履行责任。同时认为我们目前使用了机构进路、功能进路、结构进路来决定私人主体的行政法义务范围，提出应综合考虑将公法义务扩展到私法主体的界限、时点、内容、程度等要素。[①] 笔者认为对第三人负责、透明、公开等原则并不专属于公法，私法公法化成为一种现象，“所有法律领域，就算是表面上看起来是私法的领域，也都具有公法特征，而且私人之间的关系总要受到公的裁判和规制”[②]。因而私法中能找到上述责任机制要素不能直接表明，这些私法主体受到的是公法上的约束。最终，上述观点只揭示了需要考量的主要因素，亦没有论证得出可资借鉴的具体标准和内容。

上述讨论并非白费口舌，理论和实务中所提的诸多标准已经构成判断“PPP 合同私方主体是否接受公法约束”的主体框架。可以肯定的是，未来实质性判断标准和多标准综合适用应成为主流。按照上述任何单一标准，对于公私合作企业而言，在其内部必会产生极大的分歧。因资本构成和运作领域的不同，其法律地位就完全相异，从而无法产生确定的法律预期，对公民的保护也十分不利。笔者以为权力性标准和国家控制标准须结合使用，有其一满足，便须接受公法拘束。而传统排他性国家任务标准太过模糊，对我国而言，适用性不大。关联理论则范围过于宽泛，特许和管制、财政支持和财政依赖的可解释空间过大，若真要适用，需要通过司法实务作收缩解释。

（六）基于我国现实的反思

对于我国而言，在市场化改革以前，国家对于供水、供电企业等公用企业的控制度是很高的。很多时候，行业主管部门和下属水务企业就属于一套班子两块牌子。政府的调控行为有时候甚至以直接干预的方式出现。

---

① 高秦伟：《私人主体的行政法义务》，《中国法学》2011 年第 1 期。

② Paul. R. Verkuil, “Public Law Limitations on Privatization of Government Functions”, 84 *N. C. L. Rev.* 397 (2005—2006).

正如有些水务专家评论的那样，中国的自来水价格总体偏低，污水处理实行有偿化不过几年的时间。南昌、沈阳、南海等地供水企业近十年没有调整水价，有的地方虽然通过了听证会，但在政府批准环节又一再被拖延，等到实际执行时，成本已然再涨。当前物价持续上涨，国有供水行业的净资产收益率已由过去不足 2%下降为 2008 年的－1%以下。① 这背后的原因很大程度上维系于政府的政治目的，即公用事业的涨价总会给公众的切身利益带来很大的影响，公开的涨价阻力重重，但对于入不敷出的公用企业亏损的补贴却相对隐形，因为公众无法获知具体的税收中到底有多少用于补贴。因而政府与公用企业之间就形成了紧密的纽带关系。这种纽带关系足以使政府实质性控制国有公用企业的运营，并使其必要时扮演政策性的角色。而一旦进行市场化改革后，私人资本进驻，国家的补贴和优惠措施的授予有严格的合同依据，不再如以前般可以悄然进行。私人资本的逐利性也使得产品的过低定价无法获得支持，立场的分化使得政府对于公私合作事业的控制力大大减弱，这从合同条款的密集和一系列规范性文件的出台可以看出，政府需要借助更加高密度的规制手段完成自身责任的承担。而从责任性角度出发来看，这种纽带的减弱也带来了责任缺失的忧虑。政府只能通过间接的，很多时候是事后的监督来为公众负责。此时，若公私合作企业依然处于不受公法约束的状态，将会带来极大的隐患。因此，需要确保在必要时使公私合作企业受到公法原则的约束。②

---

① 《水行业，为何只有外资盈利?》，《中国经济评论》2008 年 11 月 25 日。

② 对此，也有学者通过公私合作中私部门实际享有的权力性因素为由，主张应承认其受公法拘束的必要性。其论述中提到，特许协议属于行政契约的范畴，除了规定当事人双方关于特定的公用企业的生产经营情况、公用事业管制的相关内容以及产品定价及违约措施等内容外，还有一个非常重要的内容涵盖在其中，那就是关于相关公用事业行政管理权的附条件、附期限的让与。而政府则保留在企业违约的条件下，即采取措施收回相应管理权的弹性。因此，公用事业特许经营企业享有一定的行政管理权，这种行政管理权包括内部和外部两个方面，内部主要体现在其自主安排企业的财政收支、人事安排以及生产经营活动等，外部则体现在其对公用事业设备和网络的使用和维护以及其他事项（例如公用企业对于消费者在消费公用产品的过程中的行为具有行政管理权）的行政管理活动中。其次，公用企业必须对其提供公用产品以及管理行为独立承担法律责任。如果公用企业违反特许协议的约定，它将对公用事业管制部门承担法律责任，这种法律责任由于源于双方签订的行政契约，因而性质上应该属于一种行政法律责任。同时，公用企业还需对其行政管理的行为独立承担相应的行政法律责任，即公用企业能够成为行政诉讼的被告。例如，电力企业在获得特许经营权后，应该有权对电网线路的架设以及电力设备的安装等活动进行支配，如果在这个过程中，关于电网线路的架设侵犯了他人的权益，或者是电力企业对其他消费者或者私人违规使用电气设备等违法违规行为进行相应行政处罚的情况下，消费者作为行政相对方，有权以电力企业为被告提起行政诉讼。参见杨海坤、郭朋：《公用事业民营化管制与公共利益保护》，《当代法学》2006 年第 5 期。笔者以为显然这里的论述是以公私合作公司自身行政权力的情况为立论基础的，但行使权力的部分只是公共职能中很小的一部分，且特许也只是广大的公私合作方式中的一种。

考察公私合作的典型形态，如污水 BOT 项目，可以发现，目前的分析思路仍是将合作过程区分为项目筹划决定阶段、项目实施阶段。筹划阶段政府的实施决定与一般的行政决定无异，仍受到公法一般原则和具体规则的规范。决定作出阶段理论上也受到公众参与、信息公开等程序规则的制约，只是目前的具体制度规范尚不充分，但在理论上并无争议。在决定后实施阶段，目前主要采取加强监管路径来应对，对 PPP 项目主体课以普遍服务、接受公众监督、定时报送信息等义务。但上述义务是否构成合同外第三方可主张的权利，或者说第三方能否以 PPP 项目主体未尽上述义务而主张权利侵害，仍有待讨论。如此看来，虽然实务中注意点更多地放在 PPP 合同双方的关系定性及争议解决上，对于合同私主体方的责任机制更多地依赖以实定法和合同为依据的监管措施。显然责任机制的主要目的在于向合同关系外的第三人负责，因而着力于内部关系的监管在实现责任机制上仍有缺失，下文中将进一步探讨第三人在公私合作架构中的地位和权利救济。

第四节　小结

效率价值的导入、私部门角色的摇摆不定等都是导致公法上责任机制落空的原因。落实责任机制的理想图景包含参与、公开原则的落实，有效监管、畅通的救济渠道等。决定前的责任机制包含参与、信息公开等机制，决定后责任机制包括监管、第三方诉讼等。实现上述责任机制的路径为增加私部门的公法约束。将该问题置于“基本权主体”“权力要素”“公共任务标准”“国家行为主义”等标准之下加以检视，可以发现各类理论都有模糊地带，难以成为公认标准。究竟择何标准，取决于利益考虑、立法决策及司法态度。在我国实务中，注意点更多地放在 PPP 合同双方的关系定性及争议解决上，对于合同私主体方的责任机制更多地依赖以实定法和合同为依据的监管措施。

第七章　公私合作合同诉讼：以公私部门间关系为视角

尽管公私合作过程中可能涉及十分复杂的交易结构，多方主体如投资人、运营商、承包商、项目公司等共同参与。但以法学视角来切分、梳理法律关系时，最核心的仍是公部门、私部门之间的关系，及公私合作主体与合作外第三人之间的关系。本章着重探究公、私部门间的法律关系，以汇津案为例引出公私合作合同履行中的现实困境，再以大样本案例为基础作进一步剖析，反映该领域法律纠纷的类型，探索相应的解决路径。

特别说明的是，公部门或私部门并非绝对指代单一主体，可能是复数主体共同作为公部门或私部门参与合作，为表述方便，统一以公部门或私部门来指称。此外，本章也并未穷尽双方在合作阶段可能面临的所有问题，问题的选取以实际案例中已经出现的争点、凸显的疑虑为基础。

"公私合作合同"并非内涵既定的法律术语。在1999年颁布实施的《合同法》分则中，有名合同不包括"公私合作合同"。如上文分析，公私合作过程所涉及的合同束名目繁多，无法笼统归入一个概念下加以研究。同时，公私合作项目之间也存在千差万别，交易结构和合同关系都存有差异。为聚焦讨论，本书将"公私合作合同"限缩为"政府特许经营协议"(特许经营协议)。特许经营协议架构公私合作基础，界定公部门、私部门之间法律关系，是公私合作中最核心的合同类型。特许经营协议也是在实定法中明确的、内涵相对稳定的合同种类。《市政公用事业特许经营管理办法》对公用事业特许经营有较详细的规定，对特许经营协议签订的流程、内容等都有着墨。同时，《行政诉讼法》第12条受案范围条款也明确列举了"政府特许经营协议"，作为在公私合作实务中最多使用，又在立法术语中获得明确的合同种类，"特许经营协议"及相关诉讼争议适合作为观察和研究的对象。需要特别指出的是，在我国公私合作实务中，特许经营协议的签订适用政府采购流程①，因而一般政府采购合同订立、履行中的某些争议在特许经营协议中也会出现，在下文中也一并讨论。

第一节　个案分析：汇津案引发的思考

回顾我国公用事业公私合作发展历程，2008 年政府大举投资基础设施，以四万亿巨资行“国进民退”可谓是分水岭。在此之前，我国的公私合作已经有较好的发展，虽然与本轮公私合作热潮比，政府推行力度和项目规模都不可等量齐观，但当时各地积极尝试挖掘民间资本，提升公用事业效率，亦取得相当成绩，当时亦引发各类争议和讨论。在 2004 年建设部颁发《市政公用事业特许经营管理办法》时，基础设施领域的公私合作实践先行，在各地展开各种尝试，但当时的公私合作法制非常薄弱，又由于判决书公开数量很少，笔者能收集到该阶段的法律争议资料不多，其中最具典型性的是汇津案。由于此案经媒体大幅报道，所以资料较翔实，适于做个案剖析。汇津案可能是公私合作模式和我国法制碰撞引发矛盾的典型，时至今日，人们对公私合作制的讨论仍无法回避类似问题。可以说无论是理论层面还是制度建设层面，汇津案所引发的问题至今仍未完全解决。

一、广为人知的汇津案

在世界范围内推行公私合作的浪潮下，我国在公用事业、基础设施领域也开展了初步的尝试。至 21 世纪初，垄断局面已经打破，多元化投资结构基本形成，外资、民营、国有多元投资格局基本形成。据不完全统计，2002 年至 2004 年，进入市政公用事业的社会资本约 1 495 亿元。在水务方面，世界上一些知名的供水企业——法国威立雅、英国泰晤士、中法水务、德国柏林等当时都在我国城市供水行业占据一定市场。以特许经营制度为主体的经营方式已初步建立，据当时的调查，到 2005 年，已有 26 个省、区、市的 100 多个城市，263 个企业和项目签署了特许经营协议。② 但在公私合作初步发展阶段，也出现了很多争议和

① 根据《政府和社会资本合作项目政府采购管理办法》的规定，PPP 项目采购活动的社会资本对采购活动的询问、质疑和投诉，依照有关政府采购法律制度规定执行。

② 李东序：《稳步推进市政公用事业改革》，《经济日报》2005 年 9 月 30 日。

问题。[①] 长春汇津污水处理有限公司诉长春市人民政府一案即是其中一个比较典型的案例。[②] 1999 年，长春市人民政府通过招商引资方式，与汇津公司达成一致意见，决定共同投资建设中外合作污水处理厂。2000 年 3 月 8 日，长春市排水公司（排水公司）与汇津公司签署《合作企业合同》。合同约定，排水公司将长春市北郊污水处理设施的在建工程和项目所需的全部土地使用权以 5 000 万元人民币作为出资，汇津公司以 3.2 亿元人民币投资建立并经营中外合作企业——长春汇津污水处理有限公司（合作公司），经营期限为 20 年（另有资料表明是 21 年）。2000 年 7 月 14 日，长春市政府制定《长春汇津污水处理专营管理办法》。2000 年年底，该项目投产后运行正常。从 2002 年年中始，排水公司开始拖欠合作公司污水处理费。自 2003 年 3 月起，排水公司开始停止向合作企业支付污水处理费。截至 2003 年年底，合作企业欠收污水处理费累计达到约 1 亿元人民币。在 2003 年 5 月 28 日的调解会上，汇津公司得知长春市政府已于 2003 年 2 月 28 日废止了《长春汇津污水处理专营管理办法》。汇津认为该办法是政府作为支持污水处理企业而作出的行政许可和行政授权行为，废除该办法等于摧毁了合作公司成立及运营的基础。而长春市人民政府则认为，其废除《长春汇津污水处理专营管理办法》是依据《国务院办公厅关于妥善处理现有保证外方投资固定回报项目有关问题的通知》（国办发〔2002〕43 号），对约定固定回报率的外资项目进行的清理。为此，汇津公司提起行政诉讼，诉请法院认定被告长春市人民政府废止《长春汇津污水处理专营管理办法》（长府发〔2000〕42 号）的具体行政行为违法（即长府发〔2003〕4 号文违法）并予以撤销；请求判令被告长春市人民政府承担对

① 以下两个案例就颇具代表性。20 世纪 90 年代中期，东北某市与某大跨国水务公司签署了协议，使该公司先是得到了丰厚的固定回报，终止协议后，又使市政府溢价回购。事后，据某咨询公司计算，这一进一出，加上利润，外方得到了 50%的超额利润。当然，代价是惨重的。当地主谈的自来水公司总经理（后来升为市府秘书长）被判无期徒刑，而水公司则连年亏损。这一下岗人数众多的城市，全城人都在交纳水费的同时，分担这一恶果。又如 2004 年 7 月，中外合作企业福州鑫远城市桥梁有限公司，将福建省福州市政府推上了仲裁庭，要求福州市政府返还总额达九亿多元的投资本金和投资补偿款，理由是政府没有履行在双方所订立的《专营权协议》中的承诺，致使该公司经营陷入严重困境。7 月 6 日，中国国际经济贸易仲裁委员会受理了此案。参见李伟雄、詹了光、李桂茹：《福州市政府与港商投资企业的一起专营权纠纷引人深思》，《法制日报》2004 年 7 月 13 日。

② 事实部分参见《长春汇津污水处理有限公司诉长春市人民政府案一审结案》，见中国水网，http://news.h2o-china.com/finance/information/244091073879280_1.shtml，2016 年 4 月 1 日最后访问。

拖欠污水处理费人民币 77 134 991.71 元及滞纳金人民币 8 441 300.82 元的赔偿责任。[①] 长春市中级人民法院一审判决认定被告废止《专营管理办法》合法有效。[②] 原告随即上诉，上诉期间，还发生了震惊一时的“汇津事件”[③]。2005 年 8 月该案以长春市政府回购而结束。据悉，回购金额为 2.8 亿元人民币，长春市政府将分三次支付。[④]

这种纠纷并非个例，与此类似的案例还包括四川资中沱江大桥建设管理有限公司诉资中县人民政府案。四川资中沱江大桥建设管理有限公司认为，资中县人民政府多次强行要求公司在原物价部门核准的车辆通行费收取标准基础上，降低对资中公交车、出租汽车及营运三轮车的收费标准，侵犯了公司的合法经营权和收益权，因此向资中县人民法院提出行政诉讼。[⑤]

二、传统的法学式分析

我们发现，这两个案例都因政府签订合作合同后又依职权进行行政行为，由此产生损及原有合同方利益的情形而发生纠纷。以传统行政法学人的思维进行分析，此两个案件从“行政行为合法性”的角度可以化约为“长春市政府对《长春汇津污水处理专营管理办法》的废止行为”与“资中县人民政府要求降低对资中公交车、出租汽车及营运三轮车的收费标

① 余晖、秦虹编：《公私合作制的中国试验》，第 91 页。

② 《香港汇津告长春政府案庭审》，《香港文汇报》2004 年 5 月 27 日。电子版见 http://paper.wenweipo.com/2004/05/27/CH0405270027.htm，2016 年 1 月 27 日最后访问。

③ 就在案件二审进程中，2004 年 2 月 26 日，汇津公司建设经营的长春汇津北郊污水处理厂正式停产，39 万吨/日污水直接排入松花江。这就是当时轰动一时的“汇津事件”。参见王晓华：《引资项目暴露更多问题，中外合作纠纷并未解决》，《经济参考报》2004 年 6 月 6 日。

④ 作为被告的长春市政府在一审答辩状中认为：“汇津公司与市排水公司所签订的《合作经营合同书》是一份权利义务不平等、违背风险共担、利益共享原则，具有大量保底条款和固定回报条款的合同书，是一个采取规避中国法律而设定、国家明令禁止的变相对外融资举债的‘固定回报’项目。而《专营办法》是在中外双方极力要求下对这种与法律相抵触的固定回报项目的支持”。它们作出废止《专营办法》决定的直接理由，是为了贯彻落实《国务院办公厅关于妥善处理现有保证外方投资固定回报项目有关问题的通知》的精神。也就是说，市政府废除自己制定的《专营办法》具有政府的政策背景，属于依法行政。2003 年 12 月 24 日，长春市中级人民法院作出一审判决：认定被告废止《专营办法》合法有效，驳回汇津公司要求被告长春市人民政府承担行政赔偿责任的诉讼请求，案件受理费由原告负担。原告不服，于 2004 年 1 月 8 日上诉至吉林省高级人民法院。

⑤ 何忠平：《沱江大桥背后的行政官司：一个公用事业民营化典型案例》，《21 世纪经济报道》2004 年 1 月 13 日。

准”的行为是否合法。以下就以前一废止行为为例进行分析。

（一）《专营办法》性质之争

就汇津案而言，笔者认为《专营办法》本身的性质就值得商榷。从专营办法的内容来看，其指出长春市政府决定成立汇津污水处理有限公司（下称汇津公司），并由其进行为期 21 年的专项经营。办法对具体的公司投资、人员组成、经营范围、经营要求、质量标准、优惠政策、投资回收、资产处置等项目作出了规定。这些内容与特许经营授权书的内容大致相符，涵盖了特许经营过程所涉双方权利义务的主要内容。值得注意的是，这种专营授权仍然没有表现出特许合同的形式，几乎看不到任何双方协商的痕迹，而是以政府单方决定的形式呈现。与此同时，从形式上看，虽然这个办法行文的对象是汇津公司，却以政府向各县（市）、区人民政府、市政府各委办局、各直属机构发文的形式作出，并要求其遵照执行。从形式上判断，更像是政府的规范性文件。事实上在 PPP 过程中以“专营办法”规定特许经营事项并不罕见，如上海市在 20 世纪 90 年代颁布的《上海市延安东路隧道专营管理办法》《上海市打浦路隧道、南浦大桥和杨浦大桥专营管理办法》等。虽然后者管理的意味更浓，其涉及的范围还包括运营过程中运营方、通行方的权利义务，但其主要的意图仍在于授予专营权。汇津案中，从法院受理该案并开展实体审理可以看出，法院将长春市人民政府废止《专营办法》的行为作为一个可诉的具体行政行为对待，因而可以推知，法院将长春市政府颁发《专营办法》的行为也视为一个具体行政行为。其背后的逻辑可能是依照实质性判断的路径从《专营办法》本身的内容——系针对汇津公司这一具体对象作出的系列决定——来判断，而不问其形式。不过建设部《关于加快市政公用行业市场化进程的意见》颁发以后，公用行业的 PPP 都用授予特许权与签订特许合同的方式进行，颁布专营办法的形式逐渐淡出视线，但其将特许合同寓于规范之中的替代方式成为下文讨论的重要问题。

（二）合法性检视

探究该案的实质内容，其争议的焦点在于长春市政府能否以国务院的 43 号文为由废止《专营办法》。以传统的行为合法性来检视，即从主体、权限、法律根据、事实依据、程序等全方位的合法性扫描视角来看，废止行为属于市政府在国务院发文后对于自认为有违法情形的原行政行为的纠正，主体适格，有相应的权限，法律根据与事实依据。依笔者的判断，原告对此可提出的主张包括：（1）从正当程序原则出发，长春市政府的行为可能存在程序上未送达、未告知并说明理由等疏漏。据案情陈述，汇津公司在2003年5月28日的调解会上，才得知长春市政府已于2003年2月28日废止了《长春汇津污水处理专营管理办法》，因而存在程序违法的可能。(2) 被告的单方废止行为可能存在违反信赖保护的问题。我国于2004年7月1号实施的《行政许可法》首次于文本中规定了"信赖保护"①。长春市政府出于法律环境变化的废止行为极大地损害了汇津公司的利益，破坏了投资方对于政府承诺的信赖，存在补偿的必要。然而法院直接在判决中适用正当程序原则在目前的司法实践中存在较大的不确定性②，且轻度的程序违法不足以达到撤销行政行为的目的，因而该主张对于原告方并不十分有利。而对于信赖保护原则而言，在长春市政府作出废止行为时，行政许可法并未生效，依照法不溯及既往原则，并无适用余地。不知是否基于上述原因，原告方在起诉及上诉过程中都将焦点放在对于国务院43号文所称的"固定回报"的理解上。原告认为："至今为止没有任何法律法规对什么是'固定回报'作过定义，也没有任何权威部门对'固定回报'作过解释，在一审审理过程中即便是被告一方也未能说明什么是固定回报，当然法律更未赋予原审法院认定固定回报的权限。……对污水处理保底量、污水处理量保底价格及污水处理费的上调、汇价、电价、税费及额外增收费用等的约定均是现今许多公共事业外商投资项目的特点，若按原审判决以此四项因素为原则判定何谓'固定回报'项目，则目前数以百计已由外商投资的水、电等基础设施项目合同的合法性将备受质疑，许多正在利用同类模式招商引资的公共事业项目将得不到法律保障。……汇津污水处理项目在2000年9月19日获得了吉林省外经贸厅批

---

① 一般认为体现信赖保护原则的法条为《行政许可法》第8、69条。第8条规定："公民、法人或者其他组织依法取得的行政许可受法律保护，行政机关不得擅自改变已经生效的行政许可。行政许可所依据的法律、法规、规章修改或者废止，或者准予行政许可所依据的客观情况发生重大变化的，为了公共利益的需要，行政机关可以依法变更或者撤回已经生效的行政许可。由此给公民、法人或者其他组织造成财产损失的，行政机关应当依法给予补偿。"第69条规定："有下列情形之一的，作出行政许可决定的行政机关或者其上级行政机关，根据利害关系人的请求或者依据职权，可以撤销行政许可：(一) 行政机关工作人员滥用职权、玩忽职守作出准予行政许可决定的；(二) 超越法定职权作出准予行政许可决定的；(三) 违反法定程序作出准予行政许可决定的；(四) 对不具备申请资格或者不符合法定条件的申请人准予行政许可的；(五) 依法可以撤销行政许可的其他情形。被许可人以欺骗、贿赂等不正当手段取得行政许可的，应当予以撤销。依照前两款的规定撤销行政许可，可能对公共利益造成重大损害的，不予撤销。依照本条第一款的规定撤销行政许可，被许可人的合法权益受到损害的，行政机关应当依法给予赔偿。依照本条第二款的规定撤销行政许可的，被许可人基于行政许可取得的利益不受保护。"

② 何海波：《正当程序原则的正当性》，《政法论坛》2009年第5期。

准；合作合同、章程及可行性研究报告均报长春市外资办预审，其后通过长春市政府上报省外经贸厅和经贸厅批准并报国务院外经贸部和经贸部备案。而在此之前，国务院（1998）《关于加强外汇外债管理开展外汇外债检查的通知》及建设部（2000）118号《城市市政公用事业利用外资暂行规定》中都已经对涉及‘固定回报’的问题作出了禁止性规定。经过如此严格的程序审核，如果该项目中涉及固定回报内容不可能通过上述各级政府部门及国务院主管部门审批备案。”① 而一审判决则陈述道：“1. 市排水公司每日应当提供不少于39万吨污水的‘标准处理量’，若任何一个月污水的‘实际处理量’达不到该月‘标准处理量’总和时，则按照该月的‘标准处理量’总和计算污水处理量。上述内容属于固定的污水处理保底量，由固定的污水处理保底量导致固定的最低污水处理费的保底价格。2. 每吨污水处理费0.60元人民币，从2002年1月1日起，每年对污水处理价进行上调，而且在任何情况下，均不低于任何每两年上调百分之四的幅度，上述内容属于在固定保底价格基础上固定的给外方回报要逐年增加。3. 若‘结算日’的人民币兑换美元的汇价，比出资日的人民币兑换美元的汇价下调超过百分之五，则‘结算日’应收的污水处理费应相应上调。该内容属于固定的最低保底汇价。4. 如果因电价的增幅、国家规定的税费增加或税费减免优惠发生变化以及国家、省、市征收城建费，均按实际发生的额外生产成本和实际支出加在污水处理费之上，由甲方支付给公司。该规定属于固定的污水处理费定价条件。法院认为，上述规定的内容违反了《中外合作经营企业法》利益共享、风险共担的原则，因此，原告所经营的该污水处理项目，属于国务院国办发43号文件规定的保证外方投资固定回报的项目。”②

尽管法院对于“固定回报”作出了解释和判定，但仍有业界人士不断发表意见和看法质疑法院判决。如有业内咨询师认为：“固定回报是指不考虑投资人的经营效率，政府以与投资人商定的投资利润率向投资人支付利润。由于在投资期内每年的利润率都是确定的，以此为基础测算的内部收益率就是固定的，称为固定回报。在固定回报项目中，除了政府违约风险外，投资人几乎不承担其他任何风险。有人认为，在一个投资项目中，如果政府保证了最低购买量，且对价格做出了明确规定，那么这种行为就

① 章草：《二审中长春北郊污水处理厂停产》，《中国建设报》2004年3月5日。

② 《长春汇津污水处理有限公司诉长春市人民政府案一审结案》，《中国建设报》2004年1月13日。

是固定回报。这是一种误解。投资人在这种项目中仍然要承担很多风险，如建设完工延误、建设投资超支、发生自然灾害等，投资人在投资期内每年的利润水平存在很多变数，而且与其经营管理的效率直接相关，因此其IRR是不固定的。在这种项目中，政府保证最低购买量和价格，减少了投资人的部分风险。根据资本定价模型，风险越低，回报率要求越低，因此在这种保证前提下，只要规范操作，产品价格就应该低于没有保证情况下的价格。"①

三、"固定回报"② 引发的讨论

关于"固定回报"的问题，涉及十分复杂的项目设计和财经概念的理解，笔者在此无法展开具体的讨论。从本案引发的争论来看，很多意见都认为整个事件中政府的诚信摇摇欲坠。即使在一审判决认定政府行为合法之后，争论依然无法平息，更多人关注的是此事件引发的对公用行业领域改革的拷问，及对其下一步进展的担忧。汇津公司指出："由于政府作出'废止决定'，这时政府的角色已经发生了变化。在给予特许经营权的时候，长春市政府不仅是行政机关，其还是商业活动的参与者；但在其作出'废止决定'时，其已经完全改变角色成为行政行为的决定人，将其与汇津公司间的承诺抛开不顾，显失公平。"③ 很多外资纷纷撤出中国市场，"2003年春天，苏伊士昂帝欧水务集团中国代表处从北京京城大厦黯然撤离；英国泰晤士水务有可能于近期关闭其在上海的办事处。除作为国际三大水务巨头之一的威立雅在中国市场还有较大举动外，洋巨头们对待中国水务市场都表现出前所未有的谨慎。"④ 与此类似，四川资中沱江案反映出来的则是外来民间资本对于公用行业PPP的疑虑。显然，以传统行政法角度来审视，这些事件所昭示的更有相应理论准备的不足。是否允许经由后续的行政行为来改变特许之初的诸多权利义务格局应当成为"固定回报"讨论以外的关注核心。

四、后续思考：行政法学的困惑

上述PPP纠纷引出的很多行政法问题，在此之前并未受到足够的关

① 《长春汇津污水处理有限公司诉长春市人民政府案一审结案》，《中国建设报》2004年1月13日。

② 用此标题是因为"固定回报"问题已经被讨论无数，笔者此节是以之为基础加以论证的。

③ 章草：《二审中长春北郊污水处理厂停产》，《中国建设报》2004年3月5日。

④ 王羚：《水市场跨国本土两败俱伤，威立雅异动引出新悬念》，《环球财经》2004年4月30日。

注。诚然，PPP 的出发点在于提高效率，成功关键在于良好的合作结构设计和经充分协商达成的，基于互信的合作及责任与风险的分担。所以公共管理学、经济学、金融学等学科对其关注可谓名正言顺。而法学尤其是行政法领域的学者对之则反应迟钝。改变提供公共服务的方式并不会构成多大的问题，举例来说，民众对于由政府来处理垃圾还是由政府外包给私部门处理并不会产生多大的兴趣。对于民众来说，垃圾能得到有效及时、价格低廉的处理即可。这样一种借私部门之手提供公共服务的过程并不会冲击既有的行政主体理论，也似乎未对行为形式类型化产生明显的冲击，更不涉及救济制度的问题。因为在我国公用事业领域，所有的供水、供电等合同被作为有名合同规定在合同法里，跟行政诉讼毫不相干。然而近年来，行政法领域对于 PPP 的关注日渐频繁，将公私合作协议纳入行政诉讼途径的呼声日益高涨。不管是从 BOT 协议的角度切入，还是以民营化的标签出现，一系列以行政法为名的研究悄然浮现。有学者便指出“现代国家的发展趋势已经从规范国家转变为协商国家。合作行政行为理论与法制亟待填补及具体化。公私合作在某种程度上使国家与社会功能领域开始模糊，更增添了合作法律关系在公、私法定性上的困难度，对于现行法秩序而言，又会造成法律正确适用的困难”[①]。经过系统的研究，该作者提出了行政法的如下制度危机：行政组织法滞后、行政行为法迷茫、行政程序法僵化、行政救济法被动，从而发出行政法理论创新、研究方法创新、制度创新的呐喊。[②]

笔者无意在此宏观地讨论整个行政法理论和制度的革新，而是希望通过以上案例所展现的问题挖掘出既有理论与制度的问题并试图解决。当我们仔细审视包括汇津案在内的一系列公用事业领域 PPP 中出现的问题时，困惑都源于目前的行政协议理论的诸多模糊暧昧。汇津案表面为废除专营办法行为的合法性问题，实质上是特许合同一方有无单方解约权的问题。如何看待这种单方解约，是民事合同下的违约，还是行政协议中的单方优益权的行使，在合同履行过程中的纠纷，是否能以对解约行为不服提起行政诉讼的方式进行，有无其他的救济途径，一旦进入诉讼程序，如何适用法律，如何展开审查，这些问题目前看来都无完美的答案。一定程度上接受大陆法系公私二分传统的中国行政法在行政协议方面却并未如法、德般

---

① 敖双红：《公共行政民营化法律问题研究》，法律出版社 2007 年版，第 205 页以下。

② 参见上书，第 175 页以下。

有成熟的理论建构和规范支持，更多仍处于尝试、探索阶段。

第二节　大样本案例分析

一、样本选取

虽有2008年"国进民退"的分水岭，但自2014年以来，公私合作似乎又迎来第二个春天。时至今日，由于案例数据库日渐完善，公私合作法制也逐步推进，已有条件做较大规模的案例检索和样本分析。为对已有公私合作合同中的问题进行类型化，笔者在北大法宝司法案例数据库[①]中进行了案例搜索，截至2017年11月27日，通过在全文栏输入"特许经营"[②]，搜到与特许经营有关案例为16 953条记录，由于上述记录很多并不契合搜索目的，为进一步限缩范围，在全文栏中再次输入"公用事业"，以区别于商业特许经营，则筛选出156条记录，剔除与本讨论无关的刑事案件和知识产权案件及其他争议焦点与特许经营无关的案件，剩余106条记录。由于目前同类相关案件在案由归纳时存在不统一，上述筛选方法能保证最大限度地将数据库中关联案例挖掘出来。

总体来看，因特许经营引发的案件数量中，行政案件与民事案件比例差别并不明显（见图7.1）。

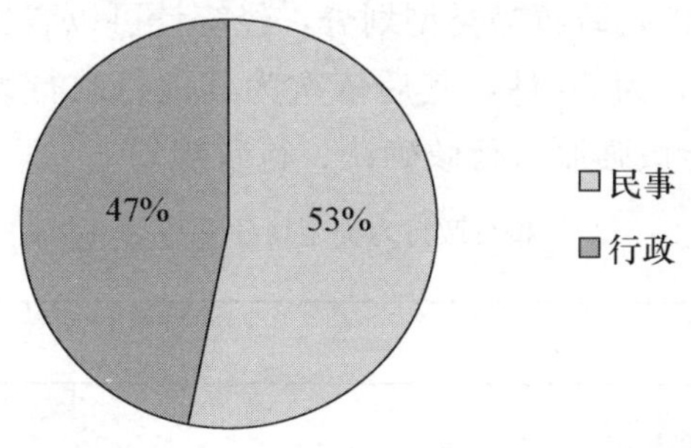

图7.1　特许经营纠纷民事、行政案件占比图

从时间分布来看，图7.2中2010年、2014年、2015年行政案件数量突然增多，2010年数据变化主要与该年有集体诉讼有关。2014年、2015年的数据变化可能与行政诉讼法修订，将特许经营协议争议明确纳入行政

① 北大法宝数据库，见 http://www.pkulaw.cn/Case/，2016年12月10日最后访问。

② 关键词选择以可能的公私合作合同类型为依据。

诉讼途径有关。相较其他类型而言，特许经营类案件数量不多，原因可能在于：(1) 很多特许经营类案件选择仲裁作为争议解决途径，尤其是涉及外资的特许经营类案件；(2) 技术原因，如数据库本身不完整，或筛选方式有问题，无法反映案件总体全貌。概言之，案件数量和广泛开展的公私合作（广义）实践并不成比例，就此可能可以做出两类假设：(1) 公私合作进展顺利，双方合作愉快，很少产生摩擦，或者说即使有争议，对进入诉讼需求不大；(2) 诉讼作为争议解决途径，对公私合作纠纷解决力还比较有限，无法满足公私合作实务需求，从而导致案件数量并不多。

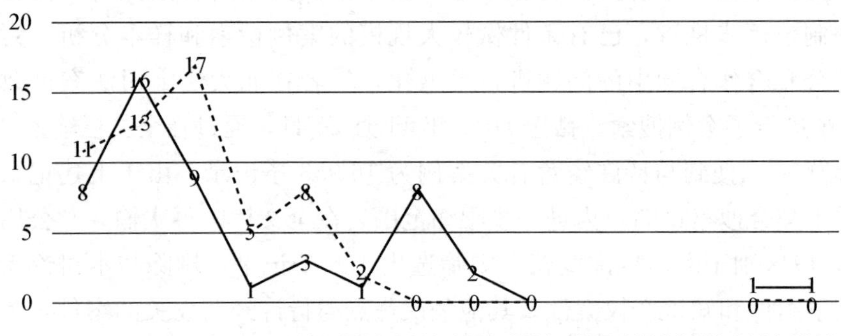

图 7.2　特许经营案件数量时间分布图

以行政案件所涉行政行为类型划分，经统计可以看出，图 7.3 中行政许可纠纷数量最多，为 20 件，其后依次为其他行政行为、行政协议（合同）、行政处罚、行政强制、行政确认、行政规划。

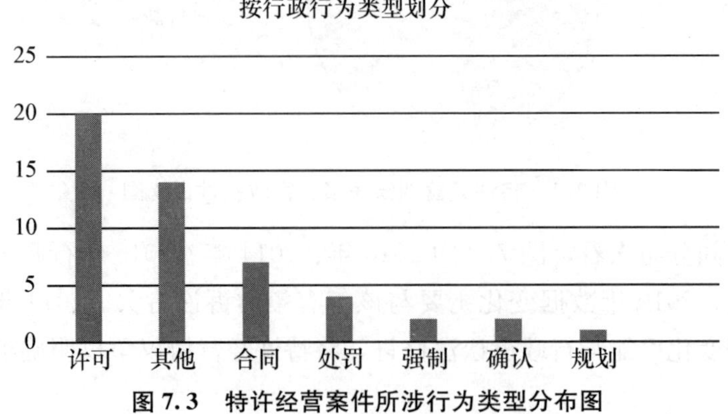

图 7.3　特许经营案件所涉行为类型分布图

从案名表述来看，实务中对特许经营纠纷的表述未尽统一，有以招标行为[①]、其他行政行为[②]表述的，也有不指明行为类型[③]的，因此，以行为类型对上述50个行政案例加以划分时，笔者按案件的具体情况，进行了部分调整。在特许经营合作过程中，可能由于合同履行本身发生争议，也可能由于在特许经营期间，因公部门行使处罚、强制、确认等行政权力发生争议，后者可以单独对与特许经营有关的处罚、强制、确认提起诉讼。按照我国《行政许可法》的规定，有限自然资源开发利用、公共资源配置以及直接关系公共利益的特定行业的市场准入等，需要赋予特定权利的事项，可以设定行政许可。因此，公用事业的特许属于我国行政许可的一种类型，任何其他与特许经营有关的纠纷，都可纳入许可类纠纷中。

基于上文分析，特许经营协议订立、履行中的某些争议与其他政府采购协议在实践中引发的问题具有共性，且从广义而言，政府采购也能作为公私合作的一种类型。为反映公私合作合同中可能的纠纷全貌，笔者以“政府采购”为题名关键词，搜得69条记录。民事案件19件，行政案件50件。与特许经营合同纠纷相比，政府采购纠纷中，行政案件占比较高（见图7.4）。采购行政纠纷中，大部分案由为不服投诉行政处理决定，少数案件以被告不履行政府采购监督法定职责或不履行信息公开法定职责为诉由（见图7.5）。采购民事纠纷则以合同纠纷为主，基本上是违约之诉。由于公私合作项目开展适用政府采购流程，已有采购案件中的争议同样可能出现于公私合作案件，因此在开展争点类型化分析时，下文将具有代表性的采购案件争点一并纳入分析。

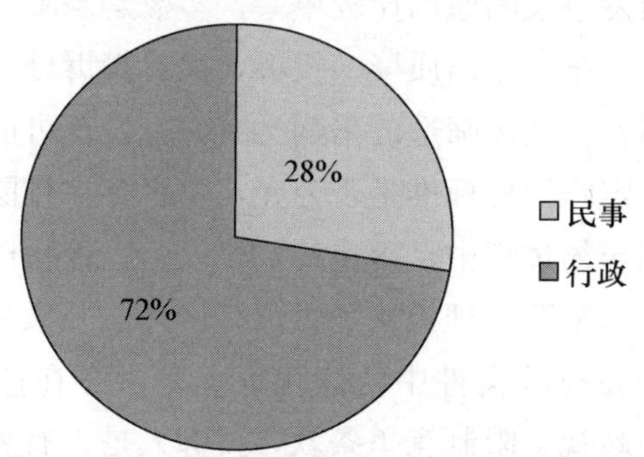

图7.4 政府采购纠纷民事、行政案件占比图

---

① 如湖南龙运交通运输集团有限公司与常德市交通运输局确认在诉讼期限内开展招标行为违法案，湖南省常德市中级人民法院（2015）常行终字第71号。

② 如原告湖南昌和公共客运集团有限公司诉被告常德市交通运输局、第三人湖南国方工程建设咨询有限公司交通其他行政行为案，湖南省常德市武陵区人民法院（2015）武行初字第00063号。

③ 如濮阳市华润燃气有限公司与濮阳市华龙区人民政府案，河南省范县人民法院（2015）范行初字第00001号。

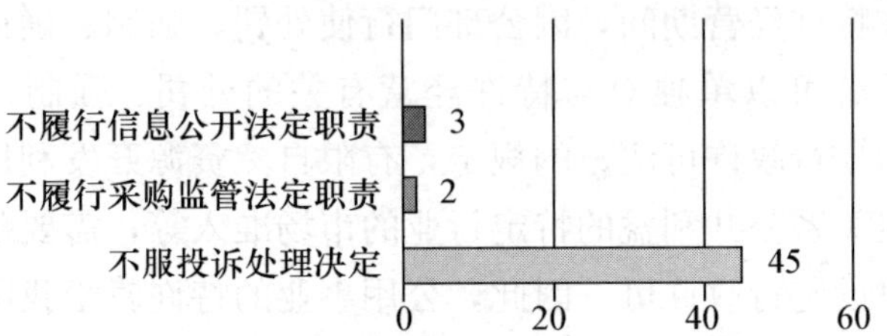

图 7.5 采购类行政案件诉由构成比例图

二、公私部门间合同纠纷类型化尝试

本部分拟从已有案件中抽象出几大主要的争议类型，探寻争议的原因，观察实践中对该争议是否具备稳定的司法态度，以期为以后的类似争议提供可行的解决之道。争议的类型化有助于将繁乱复杂的法律问题明晰化，为争议原因的条分缕析及探索有针对性的解决途径提供基础。

经过对数据库筛选案例的阅读，笔者发现采购类案件涉及争议类型主要包括合同履行纠纷、对采购投诉处理决定不服或因被告不履行投诉处理职责引起的纠纷、对不履行采购信息公开职能不服引发的纠纷。总体而言，采购类案件引发争议的原因比较单一，多数是当事人对采购招投标组织过程、中标结果不服，提出质疑、投诉，又对投诉处理不服，进一步提起复议或诉讼而引发。细读筛选的采购类案件，发现可能的争点包括参与招投标资格如何认定，评标标准是否公允，是否存在排除竞争、存在串标等违法情形；合同履约过程中是否违约，复议、诉讼程序是否以质疑、投诉为必要前置程序，采购代理机构是否负有信息公开义务等。上述争议更多的是事实问题，在行政案件中由法院审查是否存在违反法定招投标程序，是否含有地域歧视、限制竞争条款，投标人是否有弄虚作假的情形等问题。民事案件中也主要集中在双方履约情况的审查，是否有拖欠款项或交付不能等违约情形，以事实问题为主，没有凸显的法律问题。

在 50 例政府采购行政案件中，原告或上诉人撤回起诉或上诉的为 9 件，占比 18%，原告或上诉人诉讼请求最终获得支持或部分支持的为 3 件，占比 6%。较低的胜诉率表明法院对以司法审查途径介入采购管理机构对采购事务的行政决定过程，持非常谨慎的态度。除非采购管理机构的投诉处理决定有明显违法、重大瑕疵等情形，否则法院一般都对投诉处理决定保持相当的尊重。

在上述案例中，法院对政府采购纠纷何种情况下可以行政诉讼途径解决作了相应表述，即政府采购合同纠纷本身不能提起行政诉讼[①]，政府采购人制定招标文件、委托招标、确定中标人等行为均不是可提起行政诉讼的具体行政行为。[②] 若作适度推演，则尽管都适用政府采购程序，行政诉讼法修订以后，特许经营协议的有关争议可以直接以行政诉讼途径解决，而政府采购协议争议只能以民事诉讼途径解决。该分歧实践中是否会引发争议，如何处理，需要在下文中进一步分析。

关于谁是政府采购行政案件的适格原告，法院在一例判决中指出，非以自己名义参与采购，而是将产品提供给他人参与采购的不属于“供应商”，没有起诉资格。[③] 同样，在特许经营协议纠纷中，也需要界定谁是适格原告问题。关于提起行政诉讼的程序，法院普遍认为只有经过质疑、投诉等前置程序，才能提起复议或诉讼。在复议、诉讼阶段提出未经质疑、投诉的争议，法院不能加以审理。[④] 相应地，特许经营权授权决定可否直接提起诉讼，是否必须遵循上述质疑、投诉程序，也并不明确。关于信息公开，法院判决之间不尽一致，有的认为集中采购机构不具有管理公共事务的职能，不负有公开政府信息的法定职责[⑤]，也有判决认为集中采

---

① 法院在上诉人湖北新中绿专用汽车有限公司诉被上诉人南阳市宛城区财政局及一审第三人南阳市宛城区环境卫生管理站履行政府采购资金支付义务纠纷案中指出：“上诉人与第三人之间因政府采购合同引发的诉讼，不属于行政诉讼受案范围。”详见河南省南阳市中级人民法院（2016）豫13行终53号裁定书，2016年2月17日。

② 参见深圳市鸿祥展业科技有限公司与深圳市宝安区城市管理局、深圳市宝安区政府采购中心其他行政案，深圳市中级人民法院（2014）深中法行终字第245号裁定书，2014年7月4日。

③ 深圳市真网科技有限公司等诉广州市财政局政府采购投诉不予受理通知案中，上诉人不具有采购文件规定的计算机信息系统集成二级或二级以上资质，但上诉人没有选择以供应商的身份与符合采购文件要求条件的单位组成投标联合体，而是将其产品提供给广东省信息工程有限公司参加投标，不属于参加本次政府采购的供应商。被上诉人以上诉人不是参与所投诉项目政府采购活动的供应商，不符合政府采购投诉有关规定为由对上诉人的投诉不予受理，符合上述法律的规定。详见广东省广州市中级人民法院（2013）穗中法行终字第315号，2013年7月16日。

④ 参见绿有公司不服被告仁怀市财政局作出的政府采购投诉处理决定和被告仁怀市政府作出的复议决定一案行政判决书，贵州省习水县人民法院（2016）黔0330行初50号，2016年6月10日；山东学大图书进出口有限公司诉东营市东营区数字信息管理服务中心等政府采购项目行政裁定书，山东省东营市东营区人民法院（2014）东行初字第54号，2014年10月16日；重庆山外山科技有限公司诉河南省财政厅等政府采购招投标管理纠纷案，河南省郑州市中级人民法院（2012）郑行终字第225号，2012年8月3日。

⑤ 李枚加与乐山市政府采购中心信息公开法定职责上诉案，四川省乐山市中级人民法院（2015）乐行终字第8号，2015年2月12日。

购机构是负责政府集中采购公共事务职能的单位，是法定的政府采购信息公开机关。① 关于采购中心的信息公开义务，由于司法态度不一，仍有待进一步讨论。综上，比照政府采购协议和特许经营协议，需要进一步澄清的问题包括诉讼途径的选择、救济程序之间的关联、原告资格的确立，以及信息公开义务的探讨。

特许经营类民事案件，包括物权纠纷、合同纠纷、侵权纠纷，甚至劳动争议等，但多数属于特许经营过程中衍生的法律纠纷，并非属于特许经营协议签约双方之间的纠纷，与本书关注的公、私合作中双方法律关系关联不大，因此下文着重分析特许经营协议行政案件。

政府特许经营类行政案件，如上所述，可能包括行政许可纠纷、行政协议纠纷、行政处罚纠纷、行政强制纠纷、行政确认纠纷等。案件可能的争点众多，由于特许在公私合作类型中尤其典型，双方合作程度较深，因而案例争点有诸多值得讨论的部分，笔者就特许经营协议纠纷②做一梳理，以便后续讨论的展开。具体见表 7.1。

表 7.1　　特许经营纠纷类型表

案件	纠纷原因③	争点
辽宁金润天然气有限公司与建平县人民政府收回工业燃气特许经营权上诉案④	县政府以批复形式授权区管委会签订工业园燃气特许经营权协议书，后特许经营人在合约约定的通气时间前一个半月尚未获得气站所需土地，政府收回特许经营权，特许经营人不服提起行政诉讼	1. 可否适用预期违约；2. 特许经营协议中，政府方签订主体应是一级政府，还是获得授权的部门？
靖州县恒友公共汽车有限公司诉靖州苗族侗族自治县交通运输局处罚及行政赔偿纠纷案⑤	县交通运输局签订公交线路经营权出让合同后，交通局认为经营权人变相转让经营权，决定收回经营权并对原受让方进行处罚，原受让方不服提起行政诉讼	1. 特许经营协议履行过程中，如何认定变相出让经营权；2. 政府方是否有权对经营人进行单方处罚，应遵循什么程序？

① 四川智行电子科技有限公司诉东营市市级机关政府采购中心不履行政府信息公开法定职责行政判决书案，山东省东营市东营区人民法院（2014）东行初字第 44 号，2014 年 10 月 20 日。

② 列表所选案例为上述 50 个行政案例中，排除重复、不相关案例后提炼出来的，基本覆盖目前实践中特许经营纠纷的具体情境。

③ 本表格中案件名称与法宝数据库中的名称一致，纠纷原因和争点系笔者阅读判决书后自行归纳总结，为使行文简洁，归纳过程中尽量略去具体细节，将案件框架进行呈现，当然，上述归纳必然会带有一定主观性。

④ 辽宁省朝阳市中级人民法院（2014）朝行终字第 00006 号，2014 年 2 月 17 日。

⑤ 湖南省中方县人民法院（2014）方行初字第 15 号，2014 年 5 月 10 日。

续前表

案件	纠纷原因	争点
张家界百龙天梯旅游发展有限公司等诉赤水市政府合同纠纷案①	政府与社会资本双方签订旅游开发协议，约定由私方收取门票，并以固定比例从中提取部分作为开发权对价；由私方负责旅游区控详与修详编制并交政府审批通过等。后双方合作出现问题，政府决定收回旅游开发权。私方提起民事诉讼要求解除协议，返还财产、赔偿损失等。	1. 可否由一级政府直接与社会资本签订合作协议；2. 旅游开发协议中，可否不以招拍挂形式出让旅游用地，直接以开发协议约定价格；3. 可否由私方负责旅游规划编制；4. 合约签订时间早于《行政许可法》生效，是否适用该法；5. 协议覆盖区域内的基础设施建设是否还需要适用《招标投标法》；6. 如何应对合约执行过程中的政策变更？
商丘新奥燃气有限公司与商丘昆仑燃气有限公司侵权纠纷上诉案②	市政公用事业管理局与燃气公司签订城市管道燃气特许经营协议，约定燃气公司经营范围为“城市规划区域内”，后城市建设新区，市政管理局在新区范围内重新选择燃气供应商引发争议。原燃气供应方提起民事诉讼请求新获授权供应商停止侵权、赔偿损失等。	如何对特许经营区域范围条款进行解释
兴平市住房和城乡建设局与重庆玉祥实业（集团）有限公司确认合同效力纠纷申请案③	市住建局和社会资本签订合作开发天然气合同书，后双方合作过程出现问题。市住建局提起民事诉讼请求确认原合同因涉及对社会资本方独占式经营授权，应属无效。	1. 市住建局是否具有合作合同签约的主体资格；2. 天然气合作开发合同的性质；3. 授权社会资本独家经营天然气是否违反法律、法规规定？
田阳新山新能燃气有限责任公司等诉平果华商清洁能源有限公司等侵权责任纠纷案④	县市政管理局与社会资本 A 方签订管道燃气特许经营协议，后新区示范园管委会又与社会资本 B、C 方签订了新的管道燃气特许经营协议。A 提起民事诉讼要求 B、C 停止侵权。	1. 新区示范园管委会是否具有合作合同签约主体资格；2. 燃气特许经营协议的性质；3. 法院能否对此作出裁断？⑤

① 贵州省高级人民法院（2013）黔高民商初字第 6 号，2015 年 3 月 20 日。

② 河南省高级人民法院（2014）豫法民一终字第 186 号，2014 年 9 月 19 日。

③ 重庆市高级人民法院（2014）渝高法民申字第 00029 号，2014 年 4 月 29 日。

④ 广西壮族自治区高级人民法院（2013）桂民提字第 130 号，2013 年 9 月 17 日。

⑤ 将此归纳为一个争点，是由于法院在初审判决中写道：“平果华商公司虽持有田阳县人民政府颁发的管道燃气经营许可证，但田阳新山新能公司在新山铝产业示范园投资经营管道燃气项目亦经新山管委会许可。因此，平果华商公司持有的管道燃气经营许可证的经营范围是否包含新山铝产业示范园在内，涉及田阳县人民政府与新山管委会之间对百色新山铝产业示范园内管道燃气项目的管理职权划分问题。由此可见，本案双方当事人的纠纷不属于人民法院受理民事诉讼的范围。”

续前表

案件	纠纷原因	争点
灌云蕾特环境生物科技有限公司诉灌云县人民政府特许经营权纠纷案①	县政府与社会资本签订城市垃圾特许经营权协议，社会资本方质押特许经营权，后县政府决定收回特许经营权。私方不服，提起民事诉讼要求政府继续履约、赔偿损失等。	收回特许经营权的行为属于行使合约权利还是行政权力?
海南中石油昆仑港华燃气有限公司等与儋州市人民政府行政许可纠纷上诉案②	市政府与社会资本签订投资建设燃气管网供气工程协议，因城市扩建，原有燃气公司的特许经营权能否延伸至新区，双方产生分歧，从而引发诉讼。	1. 如何界定特许经营权的地域范围；2. 如何认定授权属于排他性授权?
周口市益民燃气有限责任公司诉周口市人民政府等侵犯专营权纠纷案③	市政府在对社会资本A公司作出《关于对周口市益民燃气有限责任公司为“周口市管道燃气专营单位”的批复》后，又出具了《周口市天然气城市管网项目法人招标方案》，并通知B公司中标获得燃气经营资格，从而引发矛盾。	1. 招标文件合法性判断；2. 燃气专营权授权收回的条件；3. 招标过程违法，可否撤销招标文件和中标通知?
玉环县××城市××交通有限公司与玉环县等经营行政许可上诉案④	县政府原将公交运营权交给公交公司，后由于经营问题，决定将经营权收回，引发公交公司对收回行为提起行政诉讼。	收回公交经营权是否适用《行政许可法》中关于许可撤回的相关规定?
安徽国祯泉星天然气开发有限公司与临泉县人民政府燃气经营行政许可上诉案⑤	2004年县建设局与社会资本A公司签订天然气开发协议，2006年A公司以特许经营权为出资与社会资本B公司共同成立C公司，C公司并未与政府签订后续天然气开发协议。后县人民政府批准决定对县天然气经营权实行公开出让，C公司提起行政诉讼。	私方的资本重组是否会影响特许经营权的存续?

① 江苏省连云港市中级人民法院（2012）连商初字第0108号，2013年9月4日。
② 海南省高级人民法院（2012）琼行终字第4号，2012年3月6日。
③ 河南省高级人民法院（2003）豫法行初字第1号，2004年5月20日。
④ 浙江省高级人民法院（2009）浙行终字第274号，2009年9月1日。
⑤ 安徽省高级人民法院（2011）皖行终字第00017号，2011年3月4日。

续前表

案件	纠纷原因	争点
合肥今世缘经济发展有限责任公司、池州市贵池区公共交通有限公司诉池州市建设委员会公共客运经营权出让行政合同案①	市建委与社会资本A公司签订公交经营权出让协议，但协议存在诸多问题，如政府不具备出让条件、未对私方进行资格审查等。协议履行过程中，A公司未经批准私自增加车辆。综上，市建委决定解除协议，收回经营权。A公司不服提起行政诉讼。	1. 如何判断协议的效力；2. 合作协议无效的后果为何？
武汉中石油昆仑燃气有限公司诉武汉市江夏区城市管理委员会合同案②	社会资本A燃气公司获得燃气特许经营授权后未及时实现供气，区管委会决定解除特许经营协议。A公司认为解约行为违反协议约定的行使方式，从而无效，并提起诉讼。	1. 协议订立未经招投标等程序，是否无效；2. 公部门可否单方解约？
德惠市住房和城乡建设局与德惠市永盛兄弟房地产开发有限公司、德惠市吉旺供热有限公司政府特许经营协议案③	A供热公司与市住建局签订《增加供热区域协议书》，B供热公司认为协议订立未经招投标等程序，侵害其公平竞争权，提起诉讼。	协议订立未经招投标等程序，效力如何认定？

从表7.1可见，随着公私合作铺开，各种纠纷和矛盾日渐浮出水面。此阶段的矛盾更加多样化，涉及签约过程合法性判断，合约签订的适格主体判断，合约条款合法性判断，合约效力甄别，合约内容解释方法，法院审查合约的管辖、程序、方法、法律适用等。

三、结论

综合政府采购案例和特许经营协议案例，笔者提炼出如下具有讨论意义的焦点问题：招投标过程中的行为如何定性；谁有获得救济的资格，以什么程序申请救济；特许经营协议的效力如何认定；协议履行过程中公部门单方行为行使的条件及合法性如何判断；法院裁判中如何对协议条款加以解释，如何适用法律，如何解决立法规范间的冲突等问题。基于上述问

① 参见北大法宝经典案例，见 http://www.pkulaw.cn/，2018年11月14日最后访问。

② 武汉中石油昆仑燃气有限公司诉武汉市江夏区城市管理委员会合同案，湖北省武汉市东湖新技术开发区人民法院（2015）鄂武东开行初字第00022号，2015年8月12日。

③ 德惠市住房和城乡建设局与德惠市永盛兄弟房地产开发有限公司、德惠市吉旺供热有限公司政府特许经营协议案，吉林省长春市中级人民法院（2016）吉01行终187号，2016年9月6日。

题，笔者尝试以公私合作开展周期为依据进行划分，设置如下小节加以研究：公私合作合同缔结中的问题、公私合作合同履行中的问题、公私合作合同争议裁判中的问题。

第三节 公私合作合同缔结中的争议焦点

不管是合作程度最低的政府采购合同，还是合作程度较高的政府特许经营合同，都无法单纯被视为普通的民事合同，皆受较强的行政法规制。政府与社会资本开展合作，或是为了辅助行政任务开展，或是为了实施供水、供电、垃圾处理等“生存照顾”，需要依公法所定的诸多原则、规则行事，以保证公平、透明等公法价值落实。因此早在19世纪的德国，便有私经济行政和公权力行政之分。以往所指的私经济行政或曰国库行政中，公部门处于与私人同等地位，完全不受私法拘束的状态在公私合作中并不常见。行政机关即使以私法方式开展活动，仍须受到一系列公法约束，似为通论。但上述通论落实到采购、特许制度具体构建和纠纷解决时仍有诸多疑问。

一、协议缔约阶段的法律关系

（一）定性之争

早在2004年漳州市高达胜医疗设备有限公司不服漳州市芗城区财政局财政行政答复案（高达胜案）[①] 中，法院判决书尚认为：“本案的政府采购行为是行政行为，应适用《中华人民共和国政府采购法》解决争议，而《中华人民共和国合同法》解决的是平等主体间的争议，不能适用于本案。”可见，彼时更强调以《政府采购法》的特殊规定来实现“规范政府采购行为，提高政府采购资金的使用效益，维护国家利益和社会公共利益，保护政府采购当事人的合法权益，促进廉政建设”[②]。政府采购的特殊性主要体现在供应商选择阶段。《政府采购法实施条例》第43条规定：“采购人或者采购代理机构应当自中标、成交供应商确定之日起2个工作日内，发出中标、成交通知书。”采购合同签订前的招标、评标、中标阶段无法由合同法来解决争议。面对关键的供应商选择过程，《政府采购法》

① 福建省漳州市芗城区人民法院（2004）芗行初字第147号，2004年11月4日。

② 《中华人民共和国政府采购法》第1条。

第 52 条规定："供应商认为采购文件、采购过程和中标、成交结果使自己的权益受到损害的，可以在知道或者应知其权益受到损害之日起七个工作日内，以书面形式向采购人提出质疑。"质疑之后，可以相继进入投诉、复议、诉讼等阶段。上述高达胜案件中，采购人与原告签订合同后，"经复查发现裴发光评委对自己的评分未进行认真的核对，导致评分失误，出现以不合理的条件对供应商实行差别待遇的情形，从合格的中标、成交候选人中另行确定中标、成交供应商"[①]。原告对被告向原告发出中标更正通知书，将原告的中标结果废标不服，认为采购中心向原告发出的中标通知书是对原告的要约作出承诺，该合同已经依法成立，不能随意变更中标人。此争议在实践中并不少见，涉及供应商选择阶段的法律关系性质认定。采购中心发出中标通知后，采购合同是否已经成立，若未成立，采购中心变更中标人的行为属于何种性质，是否属于行政行为，原告采何种救济途径更合适，该问题对于特许经营协议的缔结同样存在。

对此问题，学界态度并不一致。有学者在考察了政府采购法制定历史后，认为新的采购法[②]更加凸显采购人和供应商之间的平等性，财政部门的监管职责在缩减。采购人于合同订立之前，并未享有不容于民事主体平等地位的任何特权，在缔约阶段，拥有平等的法律地位，同为民事主体。针对采购法中所规定的质疑、投诉、复议、行政诉讼等程序，学者认为在采购缔约阶段，如果当事人有违法行为给他人造成损失的，依规定[③]应依照有关民事法律规定承担民事责任。行政复议和行政诉讼并非政府采购行为的司法救济制度，仅是对财政部门处理行为的司法救济制度，因此，对于政府采购行为的缔约阶段，《政府采购法》虽表面上设置了行政复议或行政诉讼制度，而实质上依然按照民事途径解决。[④] 另有学者则认为，《政府采购法》的确对与采购文件、采购过程和中标、成交结果有关的争议，规定了公法的救济方式，而对采购合同争议则设置了私法救济方式。同时提出，像这样在双方主体间采用双阶理论，应作为例外的情形。[⑤] 从

① 福建省漳州市芗城区人民法院（2004）芗行初字第 147 号，2004 年 11 月 4 日。

② 《中华人民共和国政府采购法》于 2014 年 8 月 31 日修正。

③ 指《中华人民共和国政府采购法》第 71、72、77 条。

④ 陈天昊：《WTO〈政府采购协议〉对我国政府采购救济制度之借鉴与完善——以法国经验为借鉴》，西南政法大学 2012 年硕士毕业论文。

⑤ 张青波：《行政主体从事私法活动的公法界限——以德国法为参照》，《环球法律评论》2014 年第 3 期。

已发文章观点看，采后一种认识的学者较多。①

笔者以为就目前实定法来看，在供应商选择阶段，将采购当事人间的法律关系认定为民事主体之间的平等关系是不妥的。若以民事法律关系来看，采购人（代理人）与潜在供应商之间的法律关系很难界定，未被选定的供应商认为其权益在此阶段受损，则其主张侵权的基础为何，要求采购人承担什么责任。若以侵权关系来认定，则供应商参与采购竞争阶段的权利基础只能追溯至采购法规定的，采购人（代理人）以程序公开、平等、透明为目标指向的各类义务。这类义务显然是采购人（代理人）作为财政资金使用者完成采购行政任务时应负的义务，按主体说②、利益说③都可以被认定为属于公法义务，即使从中可以推导出供应商可受保护的权利④，该权利保护也无法在民事侵权救济法律关系中获得解决。

若主张采购人（代理人）承担先合同义务，继而要求其承担缔约过失责任，亦不符合缔约过失的理论基础。缔约过失责任基于民法上的诚实信用原则产生，主要防止合同缔约过程中的恶意磋商、虚假行为等，可以要求责任人赔偿对方因信赖未来达成合同而进行的前期投入所引起的损失。在采购合同场合，采购人（代理人）产生侵权的原因多是由于未遵循法定程序、存在歧视、不透明公开等，其违背的义务并非源于诚实信用原则，而是公平、透明、效率等公法价值。进一步来看，倘若采购人和供应商之间属普通民事法律关系，为何不能就供应商选择阶段争议直接提起民事诉讼，反而要舍近求远，先投诉、再以行政诉讼寻求救济？综上，采购法的特殊制度安排表明供应商选择阶段的法律关系并不能作为纯粹的私法关系来看待。从应然角度而言，对政府采购行为进行监管，提高资金使用效率，甚至输入政府特定的产业政策等目标，最易在供应商选择阶段实现。正是通过该阶段的原则统摄、程序设定才导入公法目的，完成行政任务。

（二）反思“双阶理论”和“行政私法”

以行政法律关系看待供应商选择过程，同时以合同法规范合同履约阶段，恰好属于德国法上“双阶理论”的应用。我国台湾地区对公私合作合同的授予和履行也采该理论进行分析。近年来，随着对德国法的引介，学

① 王锴：《政府采购中双阶理论的运用》，《云南行政学院学报》2010 年第 5 期；严益州：《德国行政法上的双阶理论》，《环球法律评论》2015 年第 1 期。

② “主体说”以法律规范的主体是否属于平等主体决定形成的法律关系属于公法或私法关系。

③ “利益说”以法律规范是否以保护公益为目的决定形成的法律关系属于公法或私法关系。

④ 一般公法规范中可推出“权利”或“反射利益”两种类型。

界对“双阶理论”的认知逐步加深。双阶理论最早由汉斯·彼得·伊普森（Hans Peter Ipsen）提出，起初是为了解决政府补贴引发的法律问题。一般认为政府决定补贴，则形成私法关系，若不补贴，又被认定属于特别权力关系，于是对于政府不补贴行为如何进行救济成为权利漏洞。由此汉斯提出国家是否向私人提供补贴的阶段，适用公法；国家如何向私人提供补贴的阶段，即履行阶段，适用私法。[①] 双阶理论很好地解决了救济漏洞问题，使整个法律关系清晰、明朗，引发大家的广泛关注，其对于诸多以私法形式完成行政任务的活动，如租赁、补助、基础设施供给、甚至组织民营化，都具有很强的解释力。政府采购作为行政辅助行为也同样契合其理论结构。但与此同时，双阶理论也受到系列批评，如人为地分割法律关系，导致合约形成过程不清晰。以招投标程序为例，若以要约、承诺为合同订立的必经流程，发布招标公告属于要约邀约，供应商投标属于要约，采购人发出中标通知属于承诺，此时可以认定合同已经成立。若将此过程看成是采购人依获得的授权选定合约对象，属于行政法律关系，则不存在签订合同的要约、承诺过程，那么合同何时成立，上文所引案例恰好提出了该问题。双阶理论的另一大硬伤是无法解决中标通知更改或撤销后，原来已经签订的合同效力如何认定。“由于公私协力法律关系因救济之需，而被阶段切割的结果，固然一方面可以解决复杂法律关系争讼定性与庞杂处理之难题，但是另一方面，这种锯箭式的纷争解决模式，也造成了被阶段化后的个别行为或者个别争讼结果间，应如何处理彼此间效力影响的难题。”[②]

另辟蹊径之下，“行政私法”[③] 理论可以被认为是“双阶理论”的升级版，其认为不需要人为地将法律过程加以割裂，而可以将公法规则、私法规则并行不悖地共同作用于某一法律关系。公私二分的观念过于根深蒂固反而阻碍了对现实世界的分析。行政部门采用私法形式完成行政任务，但同时当然地处于公法的涵摄范围，二者可以叠加，共同规范法律关系。因此，采购过程就可以视为私法合同的缔约过程加上基于公法原理对当事人额外附加的公法规制。由此，上述案件中，可以认为原被告之间的采购

---

① 严益州：《德国行政法上的双阶理论》，《环球法律评论》2015 年第 1 期。

② 程明修：《公私协力法律关系之双阶争讼困境》，《行政法学研究》2015 年第 1 期。程明修在该引用文章中详细分析了各种理论模式，如前阶段行政处分因后阶段契约缔结而“终结”、前阶段行政处分作为后阶段契约之生效要件、前阶段行政处分作为后阶段契约之“交易基础”、前阶段行政处分作为后阶段契约之法律原因等，但经论证后都一一否定，因而作出结论：运用双阶理论的前提下，希望建立一个抽象的理论，诠释前阶段行为效力对后阶段行为是否或如何影响之结论，似乎未竟其功。

③ 对其介绍参见刘宗德：《制度设计型法学》，第三章。

合同已经成立。按照普通合同法原理，被告更改中标通知，即构成违约，但依据采购法中的特殊规则，当发现原有的中标通知有误，可以单方解除合约，终止合同效力，因此可以回应原告的诉请和理由。

事实上，即使采"行政私法"理论解释缔约过程，变违约为合法解约，也应区分具体情况后再行决定后续补偿问题。采购合约缔结过程中，因各类原因导致合同无法继续履行或被撤销、认定无效的情形非常多见。但采购人或作为监管部门的财政部门作出解约、终止合约、宣告合同无效等决定时，需要区分两类情况，即原有中标决定若由于中标人的原因而违法，如中标人弄虚作假、串标等，则解约或宣告合同无效，中标人无须获得额外赔偿；但若中标决定由于采购人原因而违法，如招标公告不合规范、存在歧视条款，或招标专家评审程序出现问题，这些问题并不能归咎于中标人，故解约等情形下，中标人应该获得额外的补偿，如补偿其准备投标的成本等。因此，这种制度设计需求可能更契合行政协议理论。基于行政协议理论，当事人双方同时受到公私法约束，同时公部门行使单方变更、解除合同权力时，需要向对方进行补偿。

实践中，采购法的规定要求采购人发出中标通知书后，在特定期间内履行和中标人签约义务，此时中标人还可以放弃或拒绝签约（但负有一定责任），因此从条文上看，将中标决定行为和签约行为进行了分割，从而克服了双阶理论所可能引发的拟制要约、承诺问题。至于中标决定违法对后续合同所产生的影响，尽管理论上只能以"中标决定合法是合同有效的必要条件"做较牵强的解释，但实践中，采购人或财政部门作出终止合同、解除合同、认定合同无效等行为，有明确的法律依据，几乎没有法律障碍。[①] 因此学界热衷讨论"双阶理论""行政私法"抑或其他理论更具有解释力，或中标决定对后续合同效力的影响等问题，其意义更多停留于理论本身的圆融，而非解决实践中的燃眉之急。最后，为使采购合同的效力受制于上述条件，从理论解释上而言，将政府采购合同定性为行政协议更为恰当，对此后文"裁判争议时的问题"部分会有更多论述。

（三）缔约阶段的争议解决

与协议缔约阶段法律关系定性密切相关的问题即缔约阶段的争议如何解决。若将其完全定性为民事法律关系则应按民事争议逻辑解决，相反，

---

① 按照《中华人民共和国政府采购法》第 71～73 条的规定，招投标过程中出现虚假情况或有歧视等，中标、成交供应商已经确定但采购合同尚未履行的，可以撤销合同，从合格的中标、成交候选人中另行确定中标、成交供应商。

若适用双阶理论，或认为混合运用行政和民事法律规则，则不能否认有行政法律关系的性质，应按行政争议途径解决。目前《政府采购法》对该问题的规定是供应商先走质疑、投诉的流程，再通过行政复议、行政诉讼的方式解决。与协议签订后以民事诉讼方式解决合同履约问题不同，缔约阶段的争议解决更凸显行政法律关系的性质。实践中，政府采购缔约阶段的争议基本走行政诉讼途径，履约阶段则以民事案件方式呈现，与上述制度设计保持一致。但将《政府采购法》的上述规定适用于特许经营协议缔结时，会出现问题。

《政府和社会资本合作项目政府采购管理办法》(《管理办法》)明确参加 PPP 项目采购活动的社会资本对采购活动的询问、质疑和投诉，依照有关政府采购法律制度规定执行。这意味着，缔约阶段的争议，由供应商按照质疑、投诉流程进行。多数政府采购行政案件的法官判词也表明，质疑、投诉流程是复议、诉讼的前置程序，未经质疑、投诉的争议不得在复议或诉讼阶段提出。招标公告、中标通知等行为都不是单独可诉的行政行为，必须经过质疑、投诉后方可进入行政诉讼程序。但在益民公司诉河南省周口市政府等行政行为违法案①中，原告未经质疑、投诉，直接就《招标方案》《中标通知》在内的三个行为一并提起行政诉讼，法院并未质疑原告所选的救济程序，而是径直下判。可见，在特许经营协议缔约过程中，法院认可将采购人发布的《招标方案》《中标通知》直接作为独立可诉的行政行为对待。尽管益民公司案出现在上述《管理办法》颁布之前，但该《管理办法》颁布之后，上述矛盾是否消解仍难以确定。

实际上，投诉、质疑程序的设置能较好地以内部程序的方式先行处理招投标或其他缔约竞争程序中的争议，节省司法资源。直接走诉讼途径，则虚置了质疑、投诉流程。特许经营在选择合作的社会资本时，除了要保证足够的竞争，还需要由公、私部门间进行密集的谈判、协商，确定项目的具体方案和细节。上述过程都需要在内部程序中由公部门和私部门共同参与完成，过早由司法权介入，并不利于项目进程的顺利开展。公私合作过程，既要符合财政资金使用效率、公平竞争等普遍价值要求，又要针对项目本身，通过公私部门在准入阶段的互相合作达成顺利实施的目标，故而在此阶段以司法介入的方式解决争议也会导致合作基础被破坏。此外很多公部门寻找民间资本的采购流程都交由代理机构进行，由采购代理机构发布招标方案、中标通知等。若直接将这些行为作为单独可诉的行政行

① 《最高人民法院公报》2005 年第 8 期。

为，是否可以直接以代理机构为被告，亦不无疑问。综上，特许经营协议缔约阶段的争议解决应遵循《政府采购法》所设定的质疑、投诉、复议程序，之后才能选择诉讼。

二、特许经营的授权

（一）实践中适格授权主体争议

与采购合同类似，特许经营协议的签订也可以做二分切割。公部门先出具一份特许经营权授权决定，可能会以批复、决定甚至专营办法等形式出现，再由政府与社会资本签署特许经营协议。与政府采购不同，特许经营项目往往涉及诸多前期审批、核准、备案程序，只有获得相关部门的同意，特许经营项目才可立项，因而由政府出具授权决定十分普遍，该阶段的行政法律关系性质一目了然。实践中，签约过程容易出现争议的是公部门签约主体如何确定。

张家界百龙天梯旅游发展有限公司等诉赤水市政府合同纠纷案（张家界案）① 中，张家界百龙公司、万众公司与赤水市政府签订了《赤水市“三区一湖一河”旅游区委托经营合同书》。法院认为，赤水市政府不具备签订景区类经营合同的主体资格。根据国务院《风景名胜区管理暂行条例》的规定，景区的维护、利用、保护、建设、规划等属景区管理机构的职责，人民政府是其领导机构，可作宏观管理者，不能作为直接的管理者、利用者。本案有关景区当时设有景区管理机构，即便需要签订合同，其主体也应当是景区管理机构而不是该机构的上级人民政府。赤水市政府作为一级人民政府，签订本案合同违反职责法定原则。兴平市住房和城乡建设局与重庆玉祥实业（集团）有限公司确认合同效力纠纷申请案中，当事人住房和城乡建设局主张其只是代表兴平市政府签约，合同真正约束的当事方应是兴平市政府。法院认为，兴平市城建局与玉祥公司双方本着平等自愿、优势互补原则，签订了涉案《合作开发天然气合同书》。虽然该合同书中约定，兴平市城建局系代表兴平市人民政府，但由于兴平市城建局作为涉案合同的签订者，既是兴平市燃气行业的地方政府主管职能部门，同时又是机关法人，具有法律规定的对外实施民事行为的权利能力和行为能力，因此其能够独立对外签订民事合同。根据合同相对性原则，本案合同约定的权利义务直接约束签订合同双方，兴平市城建局是原审的适格被告。② 田阳新

① 贵州省高级人民法院（2013）黔高民商初字第 6 号，2015 年 3 月 2 日。

② 重庆市高级人民法院（2014）渝高法民申字第 00029 号，2014 年 4 月 29 日。

山新能燃气有限责任公司等诉平果华商清洁能源有限公司等侵权责任纠纷案中，法院在一审判决书中指出，当事人应当知道只有合法的一级政府才有权授权签订《管道燃气特许经营协议》。在明知授权主体新山管委会仅是事业单位而不具备市政公用事业特许经营权的情况下，仍然据此签订《管道燃气特许经营协议》，主观上有明显过错。[①] 上述案例反映出特许经营权授权的适格主体在实践中存有争议。旅游资源开发经营权、燃气经营权等特许权存在由一级政府、一级政府中对应的主管部门、事业单位进行授权签订合同等情形，法院对上述主体参与订立合同是否适格态度不一。

（二）既有规范规定不一

根据新办法的规定，县级以上人民政府应当授权有关部门或单位作为实施机构负责特许经营项目有关实施工作，并明确具体授权范围。[②] 实施机构应当与依法选定的特许经营者签订特许经营协议。2004 年所颁发的《市政公用事业特许经营管理办法》（建设部特许办法）规定，直辖市、市、县人民政府市政公用事业主管部门依据人民政府的授权（“主管部门”），负责本行政区域内的市政公用事业特许经营的具体实施。主管部门应当经直辖市、市、县人民政府批准，与中标者（“获得特许经营权的企业”）签订特许经营协议。[③] 该规定中对签约主体的规定是明确的，主管部门获得一级政府授权后签署特许经营协议。而新办法则将签约主体定为“政府授权的有关部门或单位”，并以“实施机构”统称。可见，未来实施机构可能会呈现多样化。进一步考察现有规范，各地出台的多部特许经营相关规范对签约主体的规定仍不尽一致。如杭州[④]的规定为，特许经营权的授权主体是市政府。由市政府或者市政府授权的部门与获得特许经营权的经营者签订特许经营协议。山西省[⑤]的规定为，市政公用事业主管部门根据城市人民政府的授权，可以采取招标、有偿转让、委托的方式选择特许经营者，与特许经营者签订特许经营合同。可见，由一级政府还是一级政府授权的部门或一级政府授权的其他主体签订特许经营协议，部门规章、各地的地方性法规之间的规定都不一致。

新办法在位阶上属于多部门联合印发的规章，效力和地方性法规、省

① 广西壮族自治区高级人民法院（2013）桂民提字第 130 号，2013 年 9 月 17 日。
② 《基础设施和公用事业特许经营管理办法》第 14 条。
③ 《市政公用事业特许经营管理办法》第 4 条、第 8 条。
④ 《杭州市市政公用事业特许经营条例》第 7 条。
⑤ 《山西省市政公用事业特许经营管理条例》第 15 条。

级地方政府规章难断高下。根据《立法法》的规定，地方性法规与部门规章之间对同一事项的规定不一致，不能确定如何适用时，由国务院提出意见。国务院认为应当适用地方性法规的，应当决定在该地方适用地方性法规的规定；认为应当适用部门规章的，应当提请全国人民代表大会常务委员会裁决。部门规章之间、部门规章与地方政府规章之间对同一事项的规定不一致时，由国务院裁决。可见，实定法下，由于以往的关注点多在私部门签约的适格条件，对公部门签约主体规范不一并未引起重视，司法面向上也存在较多争议。

（三）理论追问：特许的本质

我国行政实践中，特许用于不同的语境中。如人事部、建设部对于申报注册土木工程师（岩土）执业资格的特许，环境保护部办公厅关于中国原子能科学研究院 101 堆含氚废水空气载带排放申请的特许，国家核安全局关于同意中核核电运行管理有限公司委托加拿大能源公司及其人员实施压力管在役检查工作申请的特许，国家版权局同意中国人民大学书报资料中心复印报刊上已经发表的作品享受“国家特许”待遇等。上述用法意指对于特定事项，做特别的许可。一般指在符合极其特殊条件下，给予申请人特别的待遇、优惠、便利、非常规性行为的允许等。另一种特许的使用场合更具有典型性①，即对于开发有限自然资源、进入某些有自然垄断属性行业的特别许可。获得特许权的对象即获得在许可范围内的权利，可以是开发、利用、经营、收益等权利，但需要受到特许机关设定的严格规制，如管道天然气经营特许、野生动物利用特许等。目前特许的基本法是《行政许可法》，该法将特许作为许可的一种类型加以规定，并对合法的特许设置基本的制度框架。有人认为“政府对财富进行控制和垄断，获得受到限制的特许（如城市出租车、电视频道、交通路线、石油天然气、酒类专卖、棉花或小麦种植、国家公园特许）就意味着新财产”②。确实，特许活动多数是有逐利性的，国家对私人主体授予财产必须要有足够的正当化理由，特许授权行为的正当化基础与特许经营制度的缘由相关。

特许的前提是上述活动本属于国家独占垄断，并对普通公众从事上述

① 如有学者撰文指出，大体而言，特许存在的空间往往为：（1）自然垄断行业，例如传统的网络型公共事业领域；（2）高科技稀缺领域，例如广播频率的分布领域；（3）过度竞争领域，例如航空线路的分布以及城市公共交通路线的分配。参见胡敏洁：《特许、行政法与规制工具》，《国家行政学院学报》2006 年第 5 期。

② 于立深：《给付行政中的警察权力》，载杨建顺编：《比较行政法——给付行政的法原理及实证性研究》，第 2 卷，中国人民大学出版社 2008 年版，第 155－178 页。

活动设置普遍禁止。国家独占的合理性基础可能包含资源的极端稀缺性，需要考量资源利用和持续发展间的关系，因而需要设置占有屏障，以保证可以由最能代表公益的主体掌控上述资源。独占的合理性基础还可能包括行业的自然垄断属性，基于效率的需求，天然排斥自由竞争所导致的重复建设，因而特定区域内只能由一家主体进行垄断经营。上述资源和行业准许私人进入，由国家独占变为国家监管下的私人特许经营，其理由也在于合理开发利用、引入私人活力，提升效率。虽然经济学上对私人所有是否意味着必然有更高的效率仍有争议，但特许只能在特定环节引入竞争，而非全面开放市场，因此，经由特许形成的经营模式往往是试图体现公益诉求和效率需要、适度开放自由竞争又受到严格管制的竞合体。

（四）解构特许经营授权

基于上述考虑，特许权授予只能由原本独占资源或行业的主体进行，由最具公益代表性的主体——国家授出。通过立法，国家化归为某一具体的行为主体，代表其进行授权行为，实践中往往是一级政府。新办法中也明确，基础设施和公用事业特许经营，是指政府采用竞争方式依法授权中华人民共和国境内外的法人或者其他组织，通过协议明确权利义务和风险分担，约定其在一定期限和范围内投资建设运营基础设施和公用事业并获得收益，提供公共产品或者公共服务。① 从语义分析角度，特许经营的授权主体是一级政府。为便于分析，有必要区分特许经营权的授予权、特许经营权的实施权、特许经营权。此外，还应区分特许经营的授权主体和特许经营协议的签约主体。

授予权掌握在一级政府手里，一般是审批通过特许经营项目计划、批准特许经营方案的本级政府，但实践中也有差异。如《青海省市政公用事业特许经营条例》就规定特许经营者确定后，市政公用事业主管部门应当与特许经营者签订特许经营协议，授予其特许经营权，颁发特许经营权证。② 从字面解释看，授权主体为市政公用事业主管部门。《杭州市市政公用事业特许经营条例》在特许权授予部分规定，项目实施方案由市政府批准后，由市政府或者市政府授权的部门与获得特许经营权的经营者签订特许经营协议。③ 这种立法例下，一级政府或政府授权的部门都可能是授权主体。特许经营权的授予权并非从公用事业的行政主管权中分离出来，

---

① 《基础设施和公用事业特许经营管理办法》第3条。

② 《青海省市政公用事业特许经营条例》第16条。

③ 《杭州市市政公用事业特许经营条例》第11条。

政府主管部门授予经营者特许经营权，其前提是主管部门获得一级政府对特许实施权的授权。不能以主管部门具有基础设施和公用事业的主管权而否认一级政府对特许经营权的授予权。上述张家界案例中，法院判决中曾以风景资源主管部门具有维护、利用、保护、建设、规划风景区的权力，而否认主管部门所在一级政府的特许授予权，笔者认为此种结论有待斟酌。多数地方立法例中会将特许经营权的授予权、实施权都授权给某一政府主管部门，但不影响政府自行行使授予权。综上，在讨论缔约主体是否适格时，可以分如下三种情形：在立法明确被授权的实施主体和一级政府都有缔约权限时，适格的缔约主体包括一级政府本身和实施主体；在立法规定，只有一级政府有缔约权限时，实施主体没有缔约权，不是适格的合同主体；在立法只规定被授权的实施主体有缔约权时，则一级政府本身和实施主体都有缔约权限。

最后，关于特许经营协议缔约主体与授权主体的关系。实践中，有些特许经营项目有单独的授权过程，授权行为和缔约行为分离。如由一级政府或一级政府授权的“实施主体”通过某个决定，授出特许经营权。此时，授权主体与缔约主体都容易识别。另有一些特许经营项目，并无单独的授权过程，而是通过签订特许经营协议，在授予特许经营权的同时，设定双方的权利义务关系。此时，是否将特许经营合同的公部门签约主体一并理解为特许经营权授权主体呢？笔者认为，特许经营协议属于双方法律行为，通过设定双方权利义务的内容，产生授予社会资本方的特许经营权，由其负责特许经营，并负担协议约定义务的法律效果。虽然理论上，协议缔约主体和授权主体可以分离，但政府部门或其他单位经一级政府授权，作为特许经营实施单位以后，其参与缔约特许经营协议的法律行为就包含了授出特许经营权的内涵，除非在一级政府授权范围中明确排除这种权力。对于获得特许经营项目“实施权”的实施单位而言，一般性的“实施权”就包含了以双方法律行为缔结协议，授予特许经营权内涵。通常被授权的实施主体都具有独立法人资格，具备独立的签约能力，因而也是合约的适格主体，受协议关系拘束，承担相应的法律后果。当然，缔约主体和特许经营授权主体合一，也不能否认，实施主体的特许经营授予权来源于一级政府对实施主体的授权。

上述分析的作用不止于对法律关系的厘清，更关键在于判断特许经营协议的主体是否适格，从而确定合同的效力，并解决相关争议。特许经营协议的订约主体资格和特许经营权的授权主体资格，在上述解构下，可以分而讨论，需要分别符合各自的“适格标准”。当然，这不妨碍在授权主体和缔约主体合一时，“适格标准”的一并适用。就缔约主体而言，民事合同的适格主体要求具备民事权利能力和民事行为能力，能以自己的名义进行法律行为并承担相应后果。行政法律关系中，对行政主体也有较明确的界定。订立特许经营协议属于双方法律行为，尽管其形成的法律关系是否属于行政法律关系仍有争议，但对其协议主体的要求，应符合一般主体资格判断原理。具备主体资格，公部门需要有进行相应法律行为的权力，能独立以自己的名义进行法律行为，并承担相应法律后果。[①] 缔约主体资格欠缺，将影响协议的效力。授权主体适格，则属于授权行为合法性中一个要素，授予特许经营权的行为可以从主体、职权、程序、对象、范围等方面加以全方位审视。授权主体适格本身要求授权主体有授予特许经营权的职权。授权主体不适格，则将导致特许经营权来源合法性不足，也将影响协议效力。

（五）特许经营实施权的授权基础

学者讨论[②]中多会提到特许权受《行政许可法》的规范，非临时性许可设定，需要依据地方性法规以上规范作出。而原建设部特许办法属于部门规章，不符合设定特许权的层级要求。虽然国家一直在酝酿出台“特许经营法”，但出于公私合作方式在基础设施和公用事业领域应用的迫切需求，立法过程过于漫长，无法应对当下需要，因而新办法在层级上同样属于部门规章。虽然宪法中有“国家保障自然资源的合理利用，保护珍贵的

① 我国特许经营协议的缔约主体资格，在定性为行政协议的情况下，哪些主体有缔约权，并不明确。由于没有关于行政协议的统一立法，各地的规定散见于有关行政程序、政府合同等规范中。如《广州市政府合同管理规定》第 7 条规定：“市政府及其工作部门订立政府合同，禁止下列行为：……临时机构和内设机构作为一方当事人订立合同。”更细化的政府协议主体适格标准，以及特许经营协议的主体适格标准，实践中还没有十分成熟的见解。在美国，政府订立合同的权力被认为是固有的，只要满足两个前提，即认为行政机关具有通过订立合同履行政府义务的固有权能。两个前提包括：（1）未受法律禁止；（2）是行使政府权力履行政府义务的合理活动。通常，政府机构的首长具有领导、指挥、管理合同行为的所有权力。首长会通过设置下属委员会具体行使订约权、合同管理权等。就缔约而言，通常只有合同官员（contracting officer）可以订立、管理、终止合同并进行有关的其他活动。只有获得上述授权的几个政府合同代表可以被称为合同官员。在美国，关于政府是否受所签订的合同拘束，争议通常源于合同官员是否超越其授权，政府一般只受合同官员在权限范围内订立的合约的约束。但美国的判例法也发展出“隐形缔约权”“紧急缔约权”“事后批准主义”“推定知情”“禁反言”等理论来使政府受到合同官员在权限范围外订立的合约的约束。可见，在美国，政府合同的缔约主体适格标准关键仍在于“权限”的判断。判例法的各类补充性判断标准，对我国有一定的借鉴作用。

② 章志远、李明超：《公用事业特许经营立法问题研究——以若干地方性法规为分析样本》，《江苏行政学院学报》2009 年第 6 期。

动物和植物"① "国有经济，即社会主义全民所有制经济，是国民经济中的主导力量。国家保障国有经济的巩固和发展"② 等规定，可以解释出国家对有限自然资源、事关公益的公用事业行业具有独占保护、经营权，但上述条文中并未禁止在上述领域开展特许私人经营，因而在对上述规定作立法形成时，宜做进一步的细化规定。依照新办法规定，县级以上人民政府应当授权有关部门或单位作为实施机构负责特许经营项目有关实施工作，并明确具体授权范围。依《行政许可法》要求，法律、法规授权的具有管理公共事务职能的组织，在法定授权范围内，以自己的名义实施行政许可。因而行政机关以外的其他组织，作为新办法中所称的"实施机构"，获得行政许可实施权的授权基础是法律、法规。可见，提高立法层级不仅是提升执行力的需求，也是提升合法性和立法体系内部一致性的需求。行政法上的授权关系并不同于民事上的委托代理关系，依行政授权理论，获得授权的政府部门或其他单位获得以自己名义实施特许的地位，签订特许协议等行为都应以自己名义实施，并受协议约束，也是法律争讼的适格被告。此时，授权关系便脱离了"委托—代理"框架，实施机构不能再以代理人的身份自居，要求由被代理人即一级政府来应诉或接受合同约束。我国目前正在着手制定的特许经营基本法③，可在出台之后解决这一问题。

第四节　公私合作合同履行中的核心问题

政府采购合同履行阶段可以直接适用合同法。从目前案例来看，履约阶段纠纷和传统买卖合同纠纷类似，并无太多新问题。相对而言，特许经营合同的履约过程则呈现多种争议，颇值得探究。

一、特许经营的"负担"——特许经营协议的条款设计

总体而言，各地立法中都较强调特许经营者在合同履行过程中的义

① 《中华人民共和国宪法》第 9 条。

② 《中华人民共和国宪法》第 7 条。

③ 关于特许经营的基本立法，原来有国家发改委牵头 11 个部委推进的《基础设施和公用事业特许经营法（征求意见稿）》，同时财政部也起草过《政府和社会资本合作法（征求意见稿）》，俗称 PPP 立法。由于两套立法存在诸多重复，目前已经决定两法合一，国务院授权法制办来统筹管理。详见杜丽娟：《PPP 领域将迎两法合一 国务院授权法制办主导》，《中国经营报》2016 年 7 月 23 日。

务，包括依规范和约定提供产品、普遍服务、定期对设施进行维修、信息报送和公开、制订应急预案、保密、接受特殊情况下的指令、接受监管部门和社会的监督等，并禁止其未经同意转让、出租、质押、抵押或者以其他方式擅自处分特许经营权及相关资产、权益等。出于监管需求，上述义务设置的目的是保证特许经营者以合理价格，高效地提供公共产品或服务，保证普遍、持续服务。

在行政法理论上，特许可以被解读为附负担的许可。“负担，是指行政机关作出授益行政行为时，另外赋予相对人履行特别义务的意思表示。”① 附加负担主要出于私化后的公益需求，防止人们长期诟病的因民营化引发政府受私方绑架、私方主体唯利是图而导致公益受损、基本公共产品价格听证会变成涨价会等问题。可以看出，不得未经许可对特许经营权实施转移、出租、其他处分，是为了保证产品或服务质量水平的稳定。定期报送项目公司内部利润率等财务资料，是为了使企业成本适度透明化，防止私方主体获得不合理的利润。“对于公民而言，获得公用事业基本服务的权利，除了包括获得一个合理、非歧视、价格上负担得起的服务之外，保障负担能力有缺陷的公民能够获得一个最低程度的供应，并且不会因为民营化改革而承担一个不合理的成本负担，也是权利所包含的应有之义。”② 因而在水价监管中，公部门需要采取合理的定价模型、采激励式监管、对低收入人群的财政补贴等开展组合式监管方案。

尽管以公益为由对特许附加负担，但负担若超越了特许企业经营自主权的界限，或施加负担过于不合理，造成公、私部门间风险分担显然不成比例，也会造成众多争议。事实上，公私部门在合作中一直处于相互博弈中。公部门在设计公私合作协议时，主观上往往定位于如何对特许经营者施加更多的控制，获得更多话语权，以防止出现被绑架、操控等不利局面。因而公部门在如下事项上会做重点考虑：（1）金边股设计：项目公司中，可否将政府控制的股份作为金边股，对涉及公共利益及公共安全的事项实施一票否决。（2）长臂管辖：要求项目公司的母公司不得擅自变更股权关系。如需变更股权关系，需报当地政府批准。涉及外资并购的，若与国家外商投资有关产业政策不符，公部门有权收回已经授予的特许经营权。（3）关联交易：特许经营应禁止关联交易。项目确需使用私人合作方

① 汪厚冬：《论行政法上的意思表示》，《政治与法律》2014 年第 7 期。

② 骆梅英：《新“福利”——英国公用事业领域对弱势和低收入群体的供应保障》，《行政法学研究》2008 年第 4 期。

相关公司的产品、设备、服务等，私人投资方应首先向公部门报价，征得公部门同意后方可实施。若双方无法就价格等问题达成一致，应向社会公开招标。(4) 过度投资：公部门应对私人投资方的投资规模合理性进行核实，避免私人投资方为追求利润过度投资。私人投资方融资成本不得高于市场平均融资成本，不得作为股东贷款。(5) 产权要求：对于机构型公私合作，公部门拥有项目形成固定资产的所有权。项目公司在特许经营期内享有使用权、收益权。未经公部门同意，私人投资方不得以出售、转让、抵押等方式处置项目资产，亦不能在项目设施上设置其他权利限制。特许经营期结束后，私人投资方应无偿、完好将设施设备移交公部门。此外，一般公部门还会就保密事项、应急事项、财务公开、土地事项等作出要求。

笔者认为，上述要素经过谈判后双方同意的，可以在合同中约定，但不宜成为合约的必备条款写入示范文本。如长臂管辖问题，在机构型合作中，项目公司股权在特许经营期限内发生变更，并非绝对不允许。如在英国的 PPP 案例中，就经常出现类似状况①，很多财务投资人无法等到特许期结束再退出项目，需要中途转手获利。而就项目公司母公司自身股权，更无须对其进行额外限制，否则会有过度干涉营业自由之嫌。再如关于产权要求，出于国有资产保值增值需要，公部门试图牢牢控制产权，但这种安排很大程度上降低了项目公司的融资能力，尤其 PPP 项目需要较高的负债率来完成融资，类似安排是否属最佳选择仍有考量空间。

二、经营环境、法律、政策的变更

特许经营期限一般最长为 30 年。在新办法颁发以前，有些特许经营项目期限更长，如上述案例中旅游开发项目的特许经营期限为 50 年。如此长的特许期对特许经营合同的弹性和适应性提出很高的要求。成本的变化、价格的调整和其他经营条件和环境的变化会促使私合作方在特许经营期内作出有利于自身的商业决定，比如出售股权、提出变更合约条款、出让资产、质押特许经营权等。上述行为在一般情况下属于正常的市场行为，但在公私合作中需要得到公私合作实施部门的前置性批准。这是目前通行的立法例。任何对特许经营权的擅自处分都构成违约，并可能面临处罚、被没收履约保证金等后果。在靖州县恒友公共汽车有限公司诉靖州苗

① Peter Sheridan, "PFI/PPP Disputes", 2009 *Eur. Pub. Private Partnership L. Rev.* 82 (2009).

族侗族自治县交通运输局处罚及行政赔偿纠纷案①中，政府部门主张特许经营者将公交线路经营权承包给第三人，构成变相转让特许经营权，特许经营人对此否认从而形成争议。

笔者以为，设置前置批准极大降低了特许经营人适应社会经济环境变化的能力，提高了其经营风险，因此宜考虑针对不同情况做细化规定，限制批准权人的恣意，规范其批准裁量权的行使。可行的方案是将程序规制和司法审查结合，即当特许经营实施机构不予批准上述特许经营权的处分行为时，应说明理由，特许经营人可以对不批准的决定提起司法审查。

特许经营期内的法律、政策变更，既有立法中一般都规定若造成对私合作方损失，应对其进行补偿。如因法律、法规、规章修改或者废止，或者政策重大调整的，为了公共利益需要，经报市人民政府批准后，实施机关可以提前收回特许经营权，但应当按照特许经营协议的约定给予项目经营者合理补偿。② 但有的规定中，上述情况私合作方只能申请补偿，不能提出提前终止合约。③ 目前司法案例中尚未出现补偿计算标准的实例。依照新办法第 36 条的文义解释，似可推出合理补偿包含预期利益，即损失的计算包含了可得利益的损失。这种制度安排较大程度上使公部门承担了法律、政策变动的风险，这种设计是有益的。因为良好的公私关系需要稳定的法律和政策环境，法律、政策的频繁变动本身并不利于公私合作方建立长期的伙伴关系，使合作减少稳定性和可预期性。因此，上述风险机制有利于引导政府走出朝令夕改、变动不居的不良行政惯习，也提示项目立项前，需要做充分、审慎的准备和论证。

三、特许经营合同条款解释及其效力判断

（一）问题的由来

特许经营合同所附着的特殊监管功能和公益维护功能使合同的解释和效力判断无法单纯沿用合同法的传统进路。就笔者前述整理的案例来看，燃气特许经营案件数量居多。这类案件几乎都基于同样的事实背景而引发，即城镇化进程的推进使城市范围不断扩大，原先被授权的特许经营者认为自己是独占的燃气特许经营商，应当对扩展的城市新区有独家燃气经营的权利，而政府往往就城市新区的燃气供给、经营重新招投标，从而引

① 湖南省中方县人民法院（2014）方行初字第 15 号，2015 年 5 月 15 日。

② 《上海市城市基础设施特许经营管理办法》第 39 条。

③ 《基础设施和公用事业特许经营管理办法》第 36 条。

发争议。上述案件的争点归结为对“城市规划区”的解释、对授予“特许经营权”是否属于“独占经营权”的解释。也有案件以原先授予的独占经营权构成垄断为由要求法院认定该条款无效。另一类案件中体现出来的相关问题则是，特许经营协议能否作出不同于既有管理规范的约定，如风景区的规划、建设、开发主管部门将其编制特定项目中景区规划的行为委托给私人投资人，保留规划审批权，是否属于履职上的不作为？又如直接以特许经营协议约定旅游用地价格后协议出让是否违反了旅游用地出让应实施招拍挂的规定？还有一类尚存疑问的条款效力问题为，公部门在合约中的非竞争保证或其他保证条款是否有效？

（二）“城市规划区”如何解释

燃气特许经营争议案件中，特许经营授权范围所称的“城市规划区”本来是有确定内涵的法律概念。《城乡规划法》第 2 条规定：本法所称规划区，是指城市、镇和村庄的建成区以及因城乡建设和发展需要，必须实行规划控制的区域。规划区的具体范围由有关人民政府在组织编制的城市总体规划、镇总体规划、乡规划和村庄规划中，根据城乡经济社会发展水平和统筹城乡发展的需要划定。划定城市规划区的行为属于受高度规制的行政行为，需要经历批准、公示等系列程序，因而在较长时间内，城市规划区的范围应属较为稳定。但城市规划区中一般包含三个层次。（1）城市建成区。（2）城市总体规划确定的市区（或中心城市）远期发展用地范围。这部分包括建成区以外的独立地段、水源及其防护用地、机场及其控制区、无线电台站保护区、风景名胜和历史文化遗迹地区等。（3）城市郊区。[①] 三者都属于城市规划区，受到规划控制。因此，城市规划区可能采广义、中义、狭义三个层次，如何决定需要做合同条款解释。法院在类似案例中出现了几种不同倾向。一种认为特许经营合同属于格式合同，应该按照格式合同的解释规则，即将不利于合同拟定方的解释作为合理解释。若采此观点，则城市规划区应该作最广义解释才最有利于私主体方。另一种倾向认为并未有任何规范明确“特许经营权”为排他性、独占性的，且原有的特许经营方并未开展新区燃气的投资建设工作，因此其不会受到损失，故城市规划区应作狭义解释。还有一种倾向认为关于特许经营区域范围的界定或确认问题，属于政府的行政职权范围，不属于民事案件审理的范围，因此，法院民庭对此不作判断。

格式条款解释规则并不能当然适用于特许经营合同。特许经营合同的

① 百度百科词条“城市规划区”，见 http://baike.baidu.com，2018 年 11 月 14 日最后访问。

性质并非属于单纯民事合同。格式合同是针对民事合同而言的，特许经营合同既然不能简单归入民事合同，则无法以格式合同来指称。格式合同指一方预先拟定，对方当事人很少有协商空间的合同。采取格式合同的原因在于合同双方地位较为悬殊，难以进行充分协商和谈判，另一原因在于提高效率、便捷交易。就特许经营合同而言，项目实施方案出台需要长期的准备和审查，有些合同的签订过程也需要双方长期的谈判和磋商，因此未必符合格式合同的上述特征，而格式合同促进效率的目的也与特许经营授予未必契合。事实上，政府主管部门会出台很多特许经营合同示范文本，但其主要目的并非提高效率，节省交易成本，而在于以合同进行规制时，通过示范条款输入规制目的和公益诉求。因此，笔者认为上述第一种解释并不适用。那么司法部门面对上述合同条文解释争议时，应如何决断呢？合同解释方法包含文义解释、体系解释、目的解释、惯例解释、公平解释、漏洞填补等方法，合同解释方法虽然和法律解释方法有很多类似，但其目的不同。合同条款的内容受制于缔结双方的合意，法院应着力求证公、私合作各方要约、承诺的意思表示内容，以求得条款真意。当双方就此发生纠纷时，若合同本身对条款解释规则有所约定，应充分尊重这些规则。法院审理过程中，亦可给双方再度协商的机会，以求得条款的一致解释。若上述条件都不满足，法院应有权对条款作出合法、合理的解释，以定分止争。以“城市规划区”解释为例，法院不宜以条款解释涉及政府职权范围而认定超出民庭判决范围。笔者认为有必要区分两类争议：特许经营权的地域范围是否超越特许权授予人的职权，涉及特许经营实施机关的职权范围，需要审查其职权边界，以确定其是否越权。在特许经营实施机关职权范围内的授权，其授权地域范围多大，则取决于公私双方在立约时的合意，对此，与行政授权行为的合法性无关，因而无须再生旁支，由行政庭介入审查。当然，从另一角度而言，在行政诉讼法修改以后，特许经营合同纠纷将一律纳入行政庭审理，上述判决意见未来也将失去现实基础。此外，特许经营权是否属于独占权利的争议，理论上，只要双方同意，特许经营人独占或非独占经营都是允许的，并不会产生竞争法①上的问题，其合理性更多受制于经济、财务等条件的约束，因此，法院很难就

① 最高人民法院于2009年7月7日在《关于当前形势下审理民商事合同纠纷案件若干问题的指导意见》中又要求人民法院应当注意区分效力性强制规定和管理性强制规定，违反效力性强制规定的，人民法院应当认定合同无效；违反管理性强制规定的，人民法院应当根据具体情形认定其效力。

该问题作出确定的法律指引，这也提示公私合作方在以后的合同拟定中需要对此加以明确。

（三）合同条款的效力判断

1. 效力判断模式建构

特许经营合同条款的效力判断也是迷雾重重。按照民庭对民事合同效力审查的思路，需要审查合同主体是否适格，双方意思表示是否真实、一致，是否存在重大误解、欺诈、胁迫等问题，是否存在导致合同无效的若干情形，如以合法形式掩盖非法目的、恶意串通损害国家、集体、他人利益，违反法律、行政法规的规定等。民法学界有一种倾向，即尽量少用国家强行介入私人意思自治，尽量减少合同无效情形。因此，对上述无效情形，需要尽量做限缩解释。最高人民法院在司法解释中将法律、行政法规的强制性规范区分为管理性规范和效力性规范，并指出只有违反效力性规范才会导致合同条款无效。显然，这种区分是出于限缩合同无效情形的考虑。实践中这一区分被广泛引用，但仍面临难以克服的困难，即如何区分管理性规范和效力性规范。除了在法律文义中明确表达，对该规范的违反会产生效力瑕疵甚至无效的情形，在实践中并无争议外，立法者没有给出明确指引的规范，因而很难做简明的区分。

对于特许经营合同而言，沿用上述合同效力判断规则将产生诸多疑问。特许经营合同的公益诉求往往需要通过对特许经营者附加诸多公法约束才能实现，而公法规范多数在性质上更接近管理性规范。在上述判断规则下，无法对合同条款效力产生影响。此外，由于公私合作关系中，特许经营实施主体对特许经营者施加从价格、质量、普遍服务到退出全程的监管，出于效率、及时处置的需要，很难用法律、行政法规来实施规制，很多情况下会以规章甚至规范性文件来实施规制，如上文中国务院关于清理固定回报的文件即属于国务院颁发的规范性文件。因此从位阶上而言，监管规范的违反也无法动摇合同条款的效力。这种推理对公益保障是极为不利的。

当然，对合同条款的效力判断要建立在对合同性质的判断基础上。笔者倾向于认为特许经营合同为行政协议。关于行政协议效力的判定，目前学界尚未形成定论。较有代表性的是江必新教授所提的——行政协议的有效要件包括：主体要件，即主体适格；标的要件，即标的确定并具有履行的可能性；内容要件，即内容不违反法律及公共利益；意思表示要件，即意思表示自愿真实；程序要件，即符合法律规定的程序；形式要件，即符合法律规定的形式。[①] 可见，行政协议的效力判断仍然无法完全脱离民事合同的判断标准，但应作适应性调整，同时要注意民事合同效力判断要件的功能是否与行政协议制度相容。如当事人的行为能力和意思表示真实主要是为了确保形成合同的意思表示能得到法律的肯认和有效性评价，因为意思表示是所有法律行为的核心，也是尊重人作为法律主体，具有独立的地位和能力的体现。在行政协议的场合，意思能力和意思表示的真实同样重要，但其判断方法却与民事法律中的不尽一致，如就行政主体一方而言，探求意思表示的真义往往采客观主义。意思能力除了主体地位以外，还往往与行政机关的职权划分相联系等。标的合法及可能和确定，在行政协议场合，其表现也更加丰富，内涵更广，如纯粹就合法性的判断就已超越一般民事法律行为的单纯"有无违反禁止性规定"的范畴，概因行政协议本身受法律拘束更大，相应的合法性控制更加具体、详细。此外，行政协议订立本身的形式、程序等方面也因不同行政法领域的不同规定而有所不同，但都可以纳入行政协议行为的效力要件范围。

2. 个案分析

回到上文中的案例争点，特许经营协议能否作出不同于既有管理规范的约定，不能一概而论。虽然学界对于给付行政领域，是否需坚持法律保留意见不一，但法律优先仍是无法突破的底线。公法规范中已经对公部门、私部门设定明确的义务，不得通过约定方式绕过。因此，若如案件判决所分析的，旅游用地不能通过协议出让，只能以招、拍、挂方式出让[②]，则以协议方式约定出让土地价格将导致严重违反法律强制性规定，从而影响合同效力。能否通过合同增加公部门自身义务，应分情况视之。如一般的行政审批时限最长为 40 天，公私部门通过合约约定，凡该特许经营项目需要向政府主管部门提交任何申请，都应在最长 30 天内获得回复，则合约条款缩短了公部门的义务履行时限，这类条款可以视为行政部门的作茧自缚。只要双方同意，上述条款可以构成公部门的约定义务。增加自身义务在很多场合下表现为行政机关的承诺，如非竞争保证条款。在高速公路公私合作案例中，较常出现的情况是为确保私人投资方能收回投资，承诺在特许经营期内，一定区域范围内不兴建新的高速公路。这类条款若由行政机关以单方行为作出，在性质上属于行政承诺，属于主管机关允诺作出或不作出一定行政措施的意思表示，亦即行政机关已受拘束的意

① 江必新：《中国行政合同法律制度：体系、内容及其构建》，《中外法学》2012 年第 6 期。

② 实际上，公益事业用地允许以划拨方式提供用地。

思所为自负义务（Selbstverpflichtung）的行为。[①] 一般行政行为的合法性判断规则也适用于行政承诺。由于行政承诺多适用于给付行政等场合，因而一般认为不需要严格的法律保留，只要在承诺机关职权范围内，不违反既有规范即可。[②] 但这类单方保证订入合同条款后就具有双方性，被认为属于双方合意的结果。对该类条款的合法性检视除了运用单方承诺合法性判断规则外，还需要就是否构成不正当联结等加以进一步考察。上述案例中固定回报承诺亦属此种情形，后由于管制政策变化被认为条款无效。近来，实践中约定固定回报的情形已经很少见，但出现一些变种，如在供水特许经营中约定保底水量等。对这类条款的合法性判断，司法实务中的指引不多，理论上约定保底水量即约定了私方保底营业收入，虽然不构成固定回报，但一定程度上使公部门分担了很大的经营风险，是否合法，应视具体条款内容、公私合作架构所体现出来的风险分配原则而定。对于通过合同约定减少自身义务的情形，如上例特许经营合同中约定由特许经营方负责编制旅游景区修建性详规，提交规划主管部门审批，笔者以为不能一律认定无效。公部门方的义务有多种类型，包括监管义务、产品或服务提供义务、履约监督义务、第三人权益保障义务等。上述义务有些属于亲自履行义务，有些属于可授权、委托他人履行义务。一般而言，公部门义务的履行受到组织法和行为法双重约束，只有在明确获得法律、法规授权或经过批准以合约为依据进行外包时才能进行授权或委托，但不论何种情形，都需要由国家负最终责任，不得出现责任落空。只要授权或委托有合法基础，且不管由哪个主体具体履行义务，都受到足够行为法约束，则并非不许。因此，以合约方式减少自身义务，但仍保留最终责任的方式，在符合既定条件时应属合法。

总之，特许经营合约条款能否与相关公法规范所确定的公部门权力、义务不同，需视上述规范是否具有强制性、是属于羁束性规范还是裁量性规范不同而有所不同，不能一概而论。此外，与强制性规范所确定的权力、义务内容不同也并不必然导致公私合作合同无效，宜视具体情况而定，如合同条款是否属于合同的主要条款、合同履行的阶段和前期投入等。因合同条款无效而认定合同整体无效需要使法律关系回复至原始状态，可能使前期投入的建设、融资、运营等整体无效，社会成本极大，此时应采利益衡量的方法，视能否采取补救措施、变更合约内容等。

---

① 汪厚冬：《论行政法上的意思表示》，《政治与法律》2014 年第 7 期。

② 袁文峰：《论行政承诺型式化》，《政治与法律》2014 年第 8 期。

3. 协议履约过程中的单方行为

从上文可知，特许经营协议履约过程中，因协议公部门一方的单方变更、解除权，从而引发诉讼的情况时常出现。协议履约过程中公部门单方行为的合法性如何判断，系值得研究的问题。

协议履约中的单方行为，容易与“优益权”发生关联。按照我国学者对法国行政协议理论的介绍，行政主体在行政协议的履行中享有行政优益权，具体体现就是对合同的履行有监管权、单方变更权和解除权。优益权的产生基础是“公益”的需要。优益权是法国区分行政合同和民事合同的标志之一。对此，民法学者多数认为不能成立。他们一般认为合同变更、解除等行为都是传统合同法中应有的要素，如解约本来就有法定解除和约定解除。合同一方单方提出解约，不管基于法定还是约定的解约权，都属于单方解除合同，根本不需要“优益权”理论。同时在行政法学界，也有人对优益权加以反思。在行政协议的订立和救济上的“平等化”，部分限制了行政优益权，主要是指行政优先权。行政协议的双重属性决定了行政主体的双重义务，行政主体一方面要遵守一般合同的原则，另一方面也要遵守行政法的一般原则，其中包括受行政协议行为的信赖保护原则制约。这个“双重义务”一定程度上限制和抵消了行政优先权。①

除去理论上的争议，在特许经营协议立法进程中，关于优益权，也出现过不同的草案版本。比如发改委版本的《基础设施和公用事业特许经营法（征求意见稿）》② 第 34 条中就规定确因公共利益需要，导致特许经营协议无法继续履行的，经省级人民政府批准，实施机关可以提前收回特许经营权，但是应当按照特许经营协议的约定给予合理补偿。财政部版本的《政府和社会资本合作法（征求意见稿）》③ 第 23 条则规定除法律法规另有规定或合作协议另有约定外，合作各方在合作期限内不得单方解除合作协议。

事实上，不管将特许经营协议作何定性，不管是否承认行政协议的优益权理论，由于基础设施公用事业领域的特许经营事关公共服务等公共利益，单方解约并非行政协议优益权的独有内容。普通合同中本来设有解除机制，可以通过法定或约定方式设置解除权。解除权行使的前提一般是合

---

① 龙凤钊：《行政行为的合作化与诉讼类型的多元化重构》，《行政法学研究》2015 年第 2 期。

② 国家发改委：《基础设施和公用事业特许经营法（征求意见稿）》，2015 年 1 月 1 日发布。

③ 财政部：《政府和社会资本合作法（征求意见稿）》，2016 年 1 月 8 日发布。

同相对方出现严重违约，或出现其他合同无法继续履行的情形。优益权的内涵与普通合同解除权则不尽相同。行政协议中的优益权不仅包括单方解约，还包括单方变更、处罚等权力。行使上述权力的基础在于维护公益需要，只能在十分特殊的情况下行使，且需要对合同相对方加以合理补偿。优益权基于公益而发动，其合法性评判适用行政行为合法性评判的逻辑。相对而言，对普通合同可否行使解除权，需适用合同法的原理和规则进行判断，二者不可混同。从上文整理的案例可知，在行政诉讼法修改以前，特许经营合同纠纷可以提起民事诉讼，但对于政府单方解约、收回特许经营权的，实务中多以行政诉讼方式提起，请求法院审查单方行为的合法性。案例中，如特许经营方出让或变相出让特许经营权等情形，导致公部门收回特许经营权的，其实质属于合同相对方违约、公部门行使普通合同解除权的情形，因而用审查单方行为合法性的思路并不妥当。行政诉讼法修改以后，虽然特许经营协议的争议都可以纳入行政诉讼途径，但在单方解约、收回特许经营权的情形，仍应区分上述行为是属于行使合同权利还是行政权力，并适用不同的审查思路予以应对。[①] 若循行政行为合法性审查的思路，则公部门需要对单方解约行为的合法性承担举证责任，需要符合正当程序的要求，并提供合理补偿；而以合同单方解约权视之，则需要由原告承担举证责任，且争议焦点并非合法性，而是是否存在引发单方解约权的情形，如根本性违约等。

第五节　公私合作合同争议裁判中的核心问题

各类公私合作合同中，目前采购类合同缔约后的履行争议适用民事诉讼途径解决。行政诉讼法修改后，特许经营协议的履约、变更、解约、补

① 依照《行政诉讼法》第 78 条的规定，“被告不依法履行、未按照约定履行或者违法变更、解除本法第十二条第一款第十一项规定的协议的，人民法院判决被告承担继续履行、采取补救措施或者赔偿损失等责任。被告变更、解除本法第十二条第一款第十一项规定的协议合法，但未依法给予补偿的，人民法院判决给予补偿。”同时，最高人民法院《关于适用〈中华人民共和国行政诉讼法〉若干问题的解释》（已废止）第 12 条规定，“公民、法人或者其他组织对行政机关不依法履行、未按照约定履行协议提起诉讼的，参照民事法律规范关于诉讼时效的规定；对行政机关单方变更、解除协议等行为提起诉讼的，适用行政诉讼法及其司法解释关于起诉期限的规定。”上述规定将协议纠纷分为履约纠纷与变更、解除协议纠纷，且后者以合法性审查为主线，适用行政行为合法性审查的思路进行，但仍不能忽略后者的适用前提是行政机关行使优益权中的单方解约权。

偿纠纷适用行政诉讼途径解决。表面上，长久以来的争议获得解决，实质上，在上述规定出台后仍有诸多疑虑。首先，关于公私合作、特许经营的两大草案都规定合同争议可以申请仲裁或民事诉讼。其次，民法学界认为将特许经营协议确定为行政协议无法成立，并试图在民法典制定过程中将其作为一类有名合同加以规定。显然，上述分歧仍需回归问题的起点追根溯源加以讨论。

一、裁判前提：合作合同定性

公私合作合同的定性往往是争议解决的前提。前文对此已有所论述，但未展开讨论。只有依次检视行政法中合同现象的生成过程，比较法上的不同做法，探求行政合同与民事合同的本质区别，才能获得较满意的答案。

（一）合同形式的泛化使用

合同作为一种法律关系的形式一开始是完全属于私法的。奥托·迈耶的高权行政无合同留存余地的判断至今仍历历在目。但不得不承认的事实是，行政实践正在越来越多地使用合同或类似合同形式的工具完成行政任务。以至于有学者提出“合同国家”[①] 的概念（contracting state）。在众多著述中，有论断认为西方国家的治理模型已经从限制自身权力于国家安全和公共秩序的“夜警国家”模型转向了被寄望于照顾公民需求的“福利国家”模型。为了使国家能更好地扮演这一积极的角色，政府需要减少依法行政带来的限制并获得更多的裁量权，而行政协议恰好迎合了这一需求。当行政机关对于行政权力的行使方式有选择自由时，合同因其弹性和可塑性就变成了极有吸引力的工具。这一本属于私法的工具所呈现的灵活性显然比合法性原则带来的诸多限制更有魅力，行政协议因而成了福利国家下的必要制度和手段，行政机关越来越依赖订立合同的权力而非行政高权来完成行政任务。

以美国为例，联邦政府一直实施各类社会福利辅助计划，给符合条件的私主体以一定数量的补助，由其完成供给某项公共服务的职能。合同成为双方合作的基础。在规划领域，开发商向规划部门提出开发计划，为了获得规划许可，开发商必须同时提交一份环境保护行动计划并通过规划部门的评估。[②] 这种对价式的合作充斥了美国现有的行政实践。在英国，大

① 于立深：《契约方法论：以公法哲学为背景的思考》，北京大学出版社 2007 年版。

② Jody Freeman, “the Contracting State”, 28 *Fla. St. U. L. Rev.* 155 (2000).

批民营化与公共行政改革，包括下一步计划（next step），私人财政资助计划（PFI）等都将合同作为最核心的改革路径，通过外包合同（contract out）、授权合同（devolution）等方式将私人部门引入行政过程。合同的引入给行政过程带来了全新的变化。传统的命令——服从行政模式正在受到越来越多的挑战，新的协商式行政已逐步登堂入室。在行政决定作出的早期就使私主体参与其中，被认为是提升民主、降低行政恣意的有效途径。同样，私主体通过一系列的程序和制度参与行政过程也被认为有利于最后的行政决定更好地获得尊重并降低纠纷发生的概率。在协商过程中，公私双方都有机会表达自己的意愿，表明自己的利益所在。通过反复的协商，双方的意思表示趋于一致。最终，双方的合意促成对合同的遵守，契约精神使双方忠实地履行义务。

（二）合同的运用打开“公私分界模糊”的“潘多拉之盒”

合同在行政过程中的大量运用使得政府合同、公法合同或行政协议等概念成为一种特有的工具性概念，开启了公私法交界处的诸多研究，传达出对现有理论和制度的反思，并尝试重塑以高权为核心的传统行政法图像。同时，这一概念的提出也对以公私法二分为传统的法律体系带来了很大的麻烦，无数的笔墨开始用于厘清如何判断合同为行政协议。由于不存在司法二元主义的传统，英美法系国家省去了很多麻烦，将一般诉讼原理统一适用到政府合同相关争议中，似乎相安无事。而大陆法系尤其是在有着“公法作为特殊法”于一切法律关系性质判断中占有优位、适用一套独特的法律规范和司法流程等观念的国家，在此问题上便颇费周折。尽管很多学者认为公私法的区分乃历史发展的结果，“仅为一历史上之演变，为制度上、技术上之区分方法”①，而非先验的定理。“盖于‘警察国家’时期，依法行政原理成立以前，君主掌握国家统治权，其公权力之发动，不受法之拘束，得恣意以命令或强制方式限制、剥夺国民之自由或财产；与此相对者，为其非以统治权主体之地位，而仅作为通常之财产交易主体，与一般市民同受市民法之规范，为与作为统治权主体之国家相区别，乃称为‘国库’，适用一般私法之规定，受民事裁判权之管辖。随后因市民于经济上、社会上势力增大，其对抗君主恣意发动行政权之地位形成，即由其选出之代表组成议会，并制定法律，以约束君主透过公权力干涉国民自由财产之行为；从而，行政法作为制约君主统治权之法，因而诞生，同时

① 翁岳生：《论行政处分之概念》，载《行政法与现代法治国家》，台大法学丛书1988年版，第18页以下。

亦奠定行政法本身系以行政权对于国民之优越性（权力性、公益优先性）为前提，进而建立与一般市民法（私法）相异且具有独自特殊原理（公法原理）之法体系之形成基础。”① 但从既有的法制架构来看，坚持这种区分，或进一步发展区分技术以适应现有的框架仍是必要的。

（三）从比较法看我国的行政合同（协议）理论

我国大体上接受公私二分的概念②，也建立了以此为基础的二元裁判司法体系，但又缺乏行政协议的系统理论和制度，便出现了诸多犹疑和困惑。

德国《联邦行政程序法》第 54 条第 1 款对行政合同是这样界定的：“行政合同是指设立、变更和终止公法上的法律关系的合同。”③ 在日本，通说对行政契约的界定为：“以公法上的效果发生为目的，由复数的对等当事人之间的相反方向意思的一致而成立的公法行为。”④最具影响力的合同性质判断理论为合同标的理论，合同标的指合同所设定的法律效果。我国台湾地区学者较多沿袭德制，认为在如下几种情形时，可以判定契约要设定公法上的效果：“1. 法律明文授权行政机关缔结行政契约或者公法法规对于契约内容予以详细规范。2. 契约内容作为实施公法法规之手段、用以取代公权力行为，尤其代替行政处分者。3. 以公法行为作为契约义务内容，尤其是约定之内容系行政机关负有作成行政处分或其他公权力措施之义务者。4. 契约所定之义务仅能由行政机关为之者。5. 契约当事人公法上的权利或义务，经由契约予以形成者。6. 约定事项中列有显然偏袒行政机关或使其取得较人民一方优势之地位者。”⑤ 另有学者认为具体化到个案中，如何认定某一法律关系为公法关系，则又需要复杂的判断过程。只要契约影响到公法明文规定的案件事实，尤其契约内承担的义务或契约内所为处置、契约所设定或与之紧密结合的法律效果属公法性质，即可认定为契约标的属公法性质。⑥ “具备下列情形之一的，行政契约成立：

① 刘宗德：《制度设计型法学》，第 55 页。

② 也有很多学者提出区分公私合同的观点，如左然：《乡镇公共服务中的行政合同研究》，《行政法学研究》2006 年第 1 期。文中指出行政合同的特点如下：第一，签订一方是行政机关或法律法规授权的组织；第二，行政合同的目的应该是执行公务，即满足公共利益的需要。按照法国关于行政合同的标准，行政合同应该是直接执行公务的合同，合同本身是执行公务的一种方式；第三，行政合同双方当事人在行政法上的权利、义务不相同；第四，行政合同既要遵守合同的一般规则，某些方面也要服从特殊规则。

③ 应松年主编：《外国行政程序法汇编》，中国法制出版社 1999 年版，第 185 页。

④ 杨建顺：《日本行政法通论》，中国法制出版社 1998 年版，第 509 页。

⑤ 江嘉琪：《行政契约的概念》，《月旦法学教室》2007 年总第 52 期。

⑥ 陈爱娥：《行政上所运用契约之法律归属——实务对理论的挑战》，载我国台湾地区“行政法学会”主编：《行政契约与新行政法》，台北元照出版公司 2002 年版，第 96 页。

(1) 目的是执行公法规范（如征收程序中的协议）；(2) 包含有作出行政处分或者其他主权性职务行为的义务（如颁发建设许可）；(3) 针对公民的公法上的权利义务（如拓宽机动车辆停车场的义务和打扫街道的义务）。"[1] 契约标的理论判断标准，不在于契约条文之多寡或契约条文之内容，而在于案件事实整体。[2] 认为"所涉及的公法、私法之区分，毋宁系个案、个别法律之性质，法院必须考虑的是该法律相关法条及该个案之特色，加以判断"[3]。事实上，上述标准已经突破了单纯的法律关系，将合同目的、公法要素结合进来。因此有学者总结学理上行政契约与私法契约主要区分标准在于契约标的与契约目的。所谓契约标的，应由契约内容决定。所谓契约目的，系指给付义务之目的。[4] 而公法要素如"公法规范""公法上的权利义务"等表述的判断又回到公、私界分这个老问题上。因此，对于公法与私法区别论于具体个案上如何运用，究竟系先定性法律关系或事件所依据之法律（公法或私法），再导出该法律关系或事件之性质，抑或先定性法律关系或事件之性质，再依此决定应适用何种法律规定（公法或私法），似未明确。[5] 而关于公私法的区分，学说上，大致以"主体说"[6]"权力说"[7] 及"利益说"[8] 为常见，而"新主体说"[9]（"特别法规说"[10]"归属说"）因容易掌握，近来较为学说上所接受。[11]"惟应注意者，

---

① 〔德〕汉斯·J. 沃尔夫（Hans J. Wolff）等：《行政法》，高家伟译，商务印书馆 2002 年版，第 351 页。

② 黄锦堂：《行政契约法主要适用问题之研究》，载我国台湾地区"行政法学会"主编：《行政契约与新行政法》，2002 年版，第 3—75 页。

③ 黄锦堂：《行政法的概念、起源与体系》，载翁岳生编：《行政法》，中国法制出版社 2002 年版，第 83 页。

④ 谢荣堂：《社会法治国基础问题与权利救济》，台北元照出版公司 2008 年版，第 220 页。

⑤ 刘宗德：《制度设计型法学》，第 58 页。

⑥ 主体说即从法律关系主体来判断。主体一方为行政机关或国家机关的是公法，都是私人的为私法。另还包括从属说、事件关联说。从属说即视法律规范的关系为上下隶属关系抑或平等关系而定。事件关联说即认为部分公法部分私法，则整体视为公法关系。参见吴庚：《行政法之理论与实务》（第八版），第 20—21 页。

⑦ 如果一个法律规范是规定国家或其他公权力主体与人民之间上下级的关系，则可以认定为公法；反之，规范的是当事人平等对立关系的则为私法。参见敖双红：《公共行政民营化法律问题研究》，第 178—179 页。

⑧ 即法律关涉公共利益的为公法，其余为私法。

⑨ 又称新主体说，即法律规范对任何人都可以适用的是私法，仅适用于公权力主体或其机关的是公法。

⑩ 特别法说，即如果法律规范仅以国家或其他公权力主体作为其规范对象，即为公法，法律能够适用于任何人或任何人均可实现该法律规范的构成要件的，为私法。参见敖双红：《公共行政民营化法律问题研究》，第 178—179 页。

⑪ 吴庚：《行政法之理论与实务》（第八版），第 21 页。

就公私法之区别，亦常视个案而采不同之判断标准，鲜有坚持一项准则，尚有参酌各说以为补充处理之必要。①”刘宗德教授提出公私法律关系在实务中的区分技术为：“定性法律规定为公法或私法后，具体事件究应适用何一法律，则为事件之归属问题。法律之定性通常不致有争议，例如租税法、警察法或建筑法等行政法为公法，民法则为私法，于理甚明。因此，应依租税法、警察法或建筑法处理之事件为公法事件，有关之争议应以行政争讼为之，无须追溯公法及私法之区分学说。仅在少数之事件，始有应适用之法律为公法（行政法）或私法规定不明之情形。”②“倘行政上行为或事件无据以为判断之法律规定时，学者（台湾地区——笔者注）一般参考德国联邦行政法院以‘事件之关联及目的’为判断标准。”③

相对而言，法国行政法中对于行政合同的判断似乎更加简单易行，它们认为只要符合以下任一标准，就构成行政合同：“合同与公共服务相关或合同为行政机关赋予了特别的权力。任一标准都足以使得合同呈现出‘行政’的特色。”④

目前为止，我国学者围绕行政协议进行诸多讨论，但尚无学界共识的界定方式出现，多停留在引入、总结、归纳的层面上探讨。近年来，学界研究“合同治理模式”“协商行政”等现象蔚然成风，对于梳理司法实务中出现的行政协议裁判经验付出了诸多努力，提出“契约中是否存在着‘管理与被管理’的关系”“契约中是否存在行政机关的单方优益权”“契约中是否存在行政目标”⑤ 等判断标准。也有学者⑥对我国一直争议不休的“行政契约”是否存在问题进行深入探究，提出可以将契约分为混合契约、假契约和纯粹行政契约。行政法学者与民法学者存在分歧的是混合契约，如政府采购契约、国有土地使用权出让契约，并认为“只要能够很好地为民商法原理与规则所调整的契约，一律不必强行贴上行政契约的标签”。而行政法学界内部存在分歧的则在于假契约，如门前三包协议、夜

---

① 〔日〕室井力：《公法と私法との区分》，成田赖明编《行政法の争（新版）》收录，有斐阁 1990 年版，第 22 页。转引自刘宗德：《制度设计型法学》，第 60 页。

② 陈敏：《行政法总论》，第 36 页。转引自刘宗德：《制度设计型法学》，第 60 页。

③ 董保城：《行政法讲义》，著者自刊 1999 年版，第 26 页；陈敏：《行政法总论》，第 46 页。

④ L. Neville Brown & John S. Bell, *French Administrative Law*, (Clarendon Press 1998), 202.

⑤ 胡敏洁：《困境与尴尬：行政契约的司法审查》，载《全球时代下的行政契约研讨会论文集》，清华大学法学院公法研究中心于 2009 年 10 月 24 日举办。

⑥ 余凌云：《行政契约的基本理论》，载《全球时代下的行政契约研讨会论文集》，清华大学法学院公法研究中心于 2009 年 10 月 24 日举办。

间摊点治安责任书等，并指出“这是一种契约规制实践，是一种特殊形态的行政契约”。理论上的争议仍在延续，因而行政诉讼法正式使用“行政协议”，尝试将部分行政协议争议纳入行政诉讼途径时，仍用了部分列举的立法方式，无法清晰界定哪些合同属于行政协议。

（四）公私合作合同的性质：以BOT合同为中心[①]的讨论

沿用本书公私合作合同的描述谱系，公私合作合同属于公主体与私主体之间为完成提供公共产品，在现有的法制和监管体系下意思表示一致而形成的法律关系。有关其性质的判断学界争议纷呈。这从我国对于BOT协议性质的判断即可见一斑。BOT（build-operate-transfer）既是PPP的一种形式，也是特许经营的一种类型。自1984年土耳其首相Turgut Ozal首次将其应用于土耳其基础设施建设以来[②]，受到世界各国尤其是发展中国家的持续关注和广泛应用。我国20世纪80年代开始颁布相关的规范性文件，对于日渐兴起的BOT模式进行了初步的规范。如原对外经济贸易合作部于1994颁布的《关于以BOT方式吸收外商投资有关问题的通知》，原国家计委、原电力部和交通部于1995年联合发布的《关于试办外商投资特许项目审批管理有关问题的通知》，围绕着BOT契约的性质出现三种观点。第一种观点认为其属于国家契约，适用国际法和国际仲裁。这主要是由于BOT最初是专门针对外资展开的，因而出现外国资本直接投资情况下，是否构成国家契约的问题。对此，有研究总结指出：“不能因为BOT特许权协议的另一方当事人是主权国家，就判定契约是国家契约，私人主体也不会因为与具有国际法主体资格的国家签订了契约就具有了合理的国际法主体资格。”[③] 从国际判例实践看，1929年国际常设法院在塞尔维亚国债案中和1952年国际法院在英伊石油公司案中，都确定了国际法主体为一方当事人与外国私人、公司或企业签订的协议为国内法契约而非国家协议。[④] 因此，在行政诉讼法修改前，我国法律理论界对于BOT特许权协议应属于国内法契约的观点基本上不存在争议。第二种观点认为特许协议属于民事合同，理由在于：“（1）特许权协议的纠纷解决允许采用谈判、调解、仲裁等方式。行政协议的纠纷则通过行政复议或行政诉

① 由于公私合作形式多样，而实务中BOT项目较为常见，对BOT合同的定性的讨论也相当多，为聚焦讨论，此处以BOT合同为例展开研究。

② 王守清、柯永建编著：《特许经营项目融资（BOT、PFI和PPP）》，第1页。

③ 朱艳：《我国市政公用事业BOT特许权协议法律性质研究》，复旦大学2009年硕士学位论文。

④ 李杨：《BOT项目协议的法律性质及相关问题》，《能源技术与管理》2005年第6期。

讼，并无和解、仲裁等方式。（2）BOT 投资方式是国家通过契约利用私人资本与技术进行基础设施建设，属于商业行为，国家在合同中扮演的是民事主体，而非统治者。（3）授予特许权是一种行政行为，但特许合同的内容，仍然遵守协商一致、意思自治、平等互利等原则。（4）将特许权协议定性为私法契约有助于吸收私人资本，政府要从他人的民事活动中获取公共利益，只能以协商合作的方式进行，不可能也不应当使用强制征收征用的方法。”①另外有研究也表达了类似的观点：将 BOT 合同界定为行政协议产生行政性、单方性，会产生“逐步征用”的疑虑；公权力会有寻租的可能；现有救济途径的不足，不能仲裁、调解，赔偿额存在不足。而界定为民商事契约则有助于避免国际化之争。按照我国现行的法律，如非依双方书面仲裁协议由其他机构仲裁，则排他性地只能由中国法院和中国仲裁机构来行使管辖权；同时又不妨碍政府基于公共利益的监管职能之实现，并无损于国家经济主权原则。② 第三种观点主张 BOT 协议属于行政协议，因为形式上看符合行政协议“合同主体中至少有一方为行政主体”的要求。③ 且 BOT 合同存在着大量的无法协商条款，如授予特许权范围、期限等都是根据既有的法律规范确定的，并无多少协商的余地，并不能真正体现出双方当事人立于平等地位协商的民法原则。最后，在 BOT 特许权协议中，通常都规定有政府作为一方主体的行政优益权，因此，特许权协议更应受到公法有关原则，特别是“公共利益优先”原则的调整。④

笔者认为将 BOT 协议界定为行政协议是较为合适的。若适用简单的新主体论标准，或法国的“公共服务相关”标准，将其纳入行政协议毋庸置疑。即使适用广为接受的“合同标的”标准，也应将其定性为行政协议。一般认为在不与合法行政原则抵触的情况下，政府有选择行政活动方式的自由，所以出现以政府或其他形式的公法人为一方主体的合同若属于民事合同，都是因为公部门放弃其特殊的行政高权地位转而甘愿接受一般

① 朱艳：《我国市政公用事业 BOT 特许权协议法律性质研究》，复旦大学 2009 年硕士学位论文。

② 虞汪日：《全球化背景下 BOT 特许权协议法律性质探讨》，《湖北社会科学》2006 年第 7 期。另可参照张晓君：《略论 BOT 特许权协议的法律性质》，《法学家》2000 年第 3 期；王海波：《BOT 方式法律性质分析》，《杭州大学学报》1998 年第 4 期；于安：《BOT 与行政合同法》，法律出版社 1998 年版；蔡茂寅：《BOT 特许协议的法律性质》，《万国法律》1998 年第 102 期；谢岚：《政府介入与 BOT 特许协议专项立法初探》，《法学评论》1999 年第 4 期。

③ 当然，这也并非行政合同形式上的必然要求，私人主体间成立行政合同的可能性并非没有。

④ 朱艳：《我国市政公用事业 BOT 特许权协议法律性质研究》，复旦大学 2009 年硕士学位论文。

私法规范的管辖，从而适用一般的私法规范，如国库行政乃至行政私法① 都是指这种情况。但更多的情况下，公部门并不愿意或者不得放弃公法上的诸多限制。立法者赋予其诸多行为的边界从而将其遁入私法的可能性降到最低。公共设施的消费者或用户是社会公众或国家，合作协议的签订和履行关系到公共利益。从一般特许协议的内容来看，为了保障公共利益的实现，不管是对产品或服务质量的要求、价格构成的规定，还是普遍服务、持续供应原则的嵌入，都深深地体现出政府规制的密度。如此通过合同进行的规制究其根本仍是为了符合公共利益的需求，完成提供公共产品的任务。投资者要取得建设和经营基础设施的权利，就需要取得政府授予的特许经营权，同时承担起一定的公共义务，并必须接受政府的监管。而公部门在借用私部门力量完成这一任务时为了防止固有的代理人制度缺陷而设置了很多程序与实体上的规制条款，以达到预设的目标。因而不管从特许人的不同于一般民事权利的特殊权利还是从受特许人的义务来看，BOT 合同的行政协议性格较强。至于从既有的规范性文件对于合同纠纷解决方式的规定直接推导出合同性质显得本末倒置。我国既有的行政协议理论很不成熟，许多被行政法学者认为是行政协议的合同如国有土地使用权出让合同在实务中产生纠纷诉到法院，在不同地区曾出现由不同的业务庭审理的情况。② 本章开始所介绍的汇津案的纠纷，其实质就属于特许权纠纷，长春市第一中级法院即将其作为行政案件受理。因此，只凭借纠纷解决方式来认定合同性质似乎过于武断。

（五）一般性结论：公私合作合同是行政协议

从各国的情况来看，将外包合同、特许合同等 PPP 合同作为行政协议对待也是较为普遍的。法国学者在论述关于行政协议的种类时提到：

---

① 行政私法是指公行政为追求公法上之任务规定所赋予之公行政目的（给付目的或引导目的）而成立私法上法律关系，其于形式上或内容上，并非以往之国库活动，故适用特别之行政私法理论。此一领域之特色，为行政主体于其所从事之法律行为并非完全享受私法自治，而受有若干公法上之限制与自我拘束。参见刘宗德：《制度设计型法学》，第 79 页。

② 如上海某投资管理有限公司诉上海青浦区某镇政府案，该案由上海青浦区法院民事审判庭于 2008 年 8 月 18 日裁判，见北大法律信息网，http://vip.chinalawinfo.com，2018 年 11 月 14 日最后访问。山东东营市国土资源局开发区分局与山东华林纸业有限责任公司土地行政合同上诉案，此案由山东东营中级人民法院行政庭于 2009 年 8 月 23 日作出裁判，见北大法律信息网，http://vip.chinalawinfo.com，2018 年 11 月 14 日最后访问。最高人民法院《关于加强经济审判工作的通知》（1985 年 12 月 9 日）将农村土地承包合同纠纷纳入经济庭管辖。即使在目前，大量的行政合同案件也是由民事庭受理（经济庭被撤销）作为民事案件处理。参见李艳丰、雷建国：《行政合同救济的反思与重构》，《行政与法》2007 年第 5 期。

"最重要的行政协议是那些政府采购合同和特许合同或公私合作合同。"① 又如，在论述公法领域合同中的公私合同时提到"外包或外部扩展（Externalization Contracts）合同是那些公权力主体将某些自己应负责任的公法义务托付给私人主体的合同。这些合同展现出很多形式，但其共同特征可以用 PPP 这一概念很好地展现出来，即它们共同依赖公部门和私部门、经济和法律手段来实现公共职能"②。因此很显然，特许协议作为公私合作合同的一种被视为典型的公法领域合同。至于"哪些合同被认为需要受制于特殊规则的标准是相当开放的，如合同包含了某些在私法合同中不常见的条款或合同另一方被授予了公法义务等"③。

二、争议的核心：公私合作合同的法律适用

将公私合作合同定位于行政协议后，这个问题就直接链接到行政协议的法律适用问题。

（一）中国的实定法分析

在中国法里，尽管公法规范中对行政协议这一制度有所提示，行政协议仍然主要适用私法。行政诉讼法修改前，"行政协议"仍然不是一个被广泛使用的法律术语。它只在若干地方程序立法中出现，如《湖南省行政程序规定》④，但这是一个地方政府规章。而《中华人民共和国行政程序法（草案）》⑤ 中设专章规定了行政合同，但至今仍未通过。事实上，早在 20 世纪 90 年代起草《合同法》⑥ 时，就有专家建议将行政合同相关规定纳入该法，只是未能被采纳。2015 年 5 月 1 日正式实施的新《行政诉讼法》中，首次将"行政协议"作为正式立法术语，取代一直沿用的"行政

---

① L. Neville Brown & John S. Bell, *French Administrative Law*, 69.

② Jean-Bernard Auby, "Comparative Approaches to the Rise of Contract in the Public Sphere", *P. L.* SPR, 40 (2007).

③ René Seerden & Frits Stroink (eds.), *Administrative Law of the European Union, Its Member States and the United State: A Comparative study*, (Intersentia Uitgevers Antwerpen, 2002), 69.

④ 《湖南省行政程序规定》，于 2008 年 10 月 1 日起正式实施。该规定共 10 章 178 条，内容涵盖了行政程序的原则、行政主体、行政决策、行政执法、行政合同、行政指导、行政裁决、行政调解、行政应急、行政听证、行政公开、行政监督、行政问责等政府工作的方方面面。

⑤ 这份草案由中国行政法学会会长应松年带领团队起草，共 8 章 186 条，在行政主体、行政决策、行政决定程序、行政决定效率、行政合同、行政指导、法律责任等方面都均有详尽规定。《行政程序法》被第十届全国人大常委会列入五年立法规划中。

⑥ 《合同法》于 1999 年 3 月 15 日通过，1999 年 10 月 1 日生效。

合同”。但只有部分列举，没有对其加以定义。

尽管不存在定义，行政协议作为一种观念仍然在很多制度中体现。1990年发布的《城镇国有土地使用权出让转让暂行条例》① 规定的国有土地使用权出让合同就被认为属于典型的行政协议。在教育、农业甚至是计划生育领域，合同都被用作达到行政目的的手段。《城市房地产管理法》②、《普通高等学校接受委托培养学生管理工作暂行规定》③中都提及可以使用合同这一形式。《治安管理处罚法》④ 则规定了类似于英美法系保释合同的治安担保合同。《政府采购法》⑤ 更是为采购合同的缔结过程和内容提供了指引。

（二）我国相关学说梳理

学理上，学者对于行政协议可适用法律的态度一分为二，巧合的是刚好对应了公法、私法两种知识背景的学者，当然这里可能包含了部分专业情结。

1. 适用私法的倾向

一部分专家（以下用“普通合同论者”代之）认为，行政协议与普通的民事合同没有区别，因为行政机关是合同一方当事人并不会产生异于民事合同之处。自签订合同开始，行政机关就如同私法主体一样受到合同的约束。因此，行政协议只要与普通合同一样适用私法即可。他们甚至认为这种合同之间的区分是无意义的，这就从根本上否定了行政协议制度本身存在的必要性。在一个公法不如私法发达，法治国家根基不深，缺乏行政手续法且行政救济制度又未臻完备之法律社会，将一个法律性质尚有争议之“边界案件”从宽解释为私法行为，毋宁较有利于私人权益之保护。⑥ “普通合同论者”认为不需要创立一个适用独特规则的“行政协议”制度。他们认为如果一个单独的行政协议制度建立的话，任何与此有关的纠纷都将需要由行政审判庭裁判。而现有的行政诉讼制度并不适应这种纠纷的解决——只有公民、法人或其他组织才能成为行政协议案件的原告，而行政机关则将永远丧失对合同另一方提起诉讼的机会；行政诉讼中原则上不能调解⑦，使得合

① 1990年5月19日国务院令第55号发布，自发布之日起施行。

② 1994年7月5日通过，1995年1月1日生效，并于2007年8月30日修订。

③ 1986年1月11日由原国家教育委员会（现教育部）发布，并于当日生效。

④ 2005年8月28日通过，自2006年3月1日起施行，2006年3月1日生效。

⑤ 2002年6月29日通过，并于2003年1月1日生效。

⑥ 许宗力：《论行政任务的民营化》，载《当代公法新论：翁岳生教授七秩诞辰祝寿论文集》，台北元照出版公司2002年版，第581页。

⑦ 修改后的行政诉讼法允许一定范围内的调解，但仍以不调解为原则，以调解为例外。

同案件丧失了重要的纠纷解决渠道；此外，行政诉讼制度是以行政行为为核心建构的，并不适合用于审查行政协议本身的有效性。总而言之，建立一个独立的行政协议类别将带来更多的问题而非减少已有的问题。

2. 创制特殊规则库的倾向

另一部分专家（以下用“行政协议论者”代之，其中多数成员都是行政法学背景的学者[①]）认为，既有必要承认行政协议的特殊地位，又应制定适用的特殊法律规则。他们注意到这些合同的关键特征在于合同目的都是提升公益。因此，受这些合同约束的当事人应当遵循一些不同于私法的规则。在所有这些特殊规则中，行政机关享有在特定情况下单方变更或终止合同的权力，类似的一些特权在普通的民事合同中不会出现。

3. 本书观点

“普通合同论者”所认为的所有合同都应当由同样一套规则来支配的观点虽然很实用，简单易行，但容易招致风险。“行政协议论者”认为行政机关可能会以合同形式回避公法上的约束，损害公共利益。因此，特殊的旨在保护公益防止公法遁入私法的规则就尤为重要。“将行政协议作为一般的民事合同来对待，我国现行的法律规定和司法实践存在许多缺陷，如法律规定相互矛盾。例如，在《全民所有制工业企业承包经营责任制暂行条例》中，一方面规定发包方对承包方的生产经营活动享有检查监督权（第 22 条），承认了这种合同的特殊性，肯定了行政主体的优益权，另一方面又作出等同于民事合同的规定，行政主体只享有提出解除行政协议的权利（第 20 条），而不能直接行使合同解除权，否认了行政优益权，明显不利于保护公共利益。”[②] 为防止这种情况的发生，建立特殊的规则来保护公益就很有必要。这需要建立一个特别的行政协议制度，构建一套独特的法律适用规则。

（三）西方经验的观察

1. 特殊规则说

法国法及受其影响的西班牙法都有“行政合同法”，所有或至少大部分公法人为一方主体的合同都要受制于一系列特殊的规则。唯一的区别是西班牙行政合同法更多地依赖于实定法，而法国行政合同法主要源于判例法。[③]

---

① 如于安：《BOT 与行政合同法》；余凌云：《行政契约论》，中国人民大学出版社 2000 年版。

② 朱旭伟：《行政合同法律适用的原理评析》，《法律适用》2001 年第 9 期。

③ Jean-Bernard Auby, “Comparative Approaches to the Rise of Contract in the Public Sphere”, *P. L.* SPR, 40 (2007).

对于法国而言，近年来也出现成文法化的趋势，欧盟的指令对于工程、采购及服务领域的公法合同设定了极其严格的标准，其关于特许与采购合同的所有规定都通过转化纳入了法国1991年的政府采购法（Public Procurement Act）、1993年地方政府法（Local Government Act）以及同年的腐败防治法（Prevention of Corruption Act）。①

2. 普通合同说

普通法国家则认为行政主体签订的合同不具有特殊性，因而与一般合同一样适用同样的法律规范、一样的程序和救济途径。几乎所有普通法系国家在这点上都无二致，甚至对于受到部分大陆法影响的加拿大法而言，也是如此。② 尽管这样，在英国，多数“行政合同”的规则都规定在地方政府法里（Local Government Act），其法律适用情况显然不同于一般的合同。③

3. 第三条道路

第三种路径则认为合同本质上是私法中的现象，不管合同主体或目的为何。但他们仍然承认公法合同，或至少部分公法合同要受制于一些特殊的规则。这些特许规则在性质上看仍属于例外，与大量的普通合同规则不可同日而语，但毋庸置疑其数量仍然是庞大的。在德国，合同原来并不是国家可以使用的行政手段，即使德国法最后承认了某些国家为一方主体的合同是公法合同，其种类仍是很少的，如政府采购合同就被排除在外。意大利法有类似的情形，有时甚至有意限制公法合同的使用，因为多数合同仍然被认为是私法合同。④ 当然，所有上述不同的路径都源于每个法系对于公私法区分态度的差异。⑤

（四）第三条道路通往何方——以荷兰为例

1. 似曾相识的话语背景

荷兰属于上述走第三条道路的国家，其没有法国般的严格公私二分传统，也没有成体系的行政合同制度，但又显然不同于普通法系国家，因此其很多行政合同法的发展都颇值得中国借鉴。在荷兰，不论是《统一行政法》（General Administrative Law Act（GALA）⑥）还是任何其他法律法

① L. Neville Brown & John S. Bell, *French Administrative Law*, 206.

② Jean-Bernard Auby, “Comparative Approaches to the Rise of Contract in the Public Sphere”, *P. L.* SPR, 40 (2007).

③④⑤ L. Neville Brown & John S. Bell, *French Administrative Law*, 206.

⑥ Act of 4 June 1992, Staatsblad 1992, 315. 转引自陈无风、Tom Zwart:《行政合同制度的复合性——基于中国与荷兰最新发展的比较》，载《全球时代下的行政契约》，清华大学出版社2010年版。

规都不认为行政合同是一种特殊类别的合同。① 但以此为方向的努力一直存在。比如将成为 GALA 一部分的第四法案就包含了关于政府债权的特殊规定，且明显不同于私法中的债权。② 另外，荷兰也在尝试建立一个类似行政程序法的单独的行政合同制度。③

如同中国，荷兰的行政合同主要适用私法规则。问题在于这些私法规则运用于行政合同时是保留了原有的特性还是改头换面具备了公法特征。对此有两种观点：一部分将公法合同看作一种实现行政目的工具的学者，认为这仍然还是一种私法现象；另一部分将公部门的参与看作分水岭的学者则倾向于注重其公法的维度。

依照私法路径，所有以政府为一方当事人的合同都应适用私法，除非这种适用被公法规则阻断。④ 在所有可能优先于私法规则适用的公法规则中，合理行政是一个重要的原则。这直接源于荷兰民法第 3 章第 14 节的规定，即与公法规则相抵触的私法规则下产生的权利不能被享有，不管这种规则是成文的或不成文的。这种在不与公法规则抵触的情况下适用私法的观点直接来源于所谓的“共同法源主义”（shared source doctrine）。这一主义的拥护者坚信所有的法律关系，包括发生于公部门与公民之间的法律关系，都应适用私法。因此，私法只会在特殊公法规则适用的情况下才会被搁置。私法占据更重要的位置的主要原因在于其为一个历史更悠久的法律部门，而公法则被看作是法律集团中的新成员。

公法路径则认为由于与合同有关的公法规则数量很有限，经常需要依赖私法规则来填补空白。⑤ 他们认为私法是规则的储备所，可以在类似的情境下参照适用。然而一旦私法规则被用于公法合同后，其便丧失了私法性质转而呈现出公法性格。

至今，争议尚存，行政合同的法律地位仍模棱两可。

---

① M. W. Scheltema and M. Scheltema，Gemeenschappelijk recht. Wisselwerking tussen publieken privaatrecht，(Alphen aan den Rijn 2008)，185，195.

② White Paper 2003/04，29702，no. 3，45.

③ V G. A. van der Veen，Overeenkomsten met de overheid，in E. H. Hondius (ed.)，Verbintenissenrecht，para. 10. 6；H. Ph. J. A. M. Hennekens，“De publiekrechtelijke overeenkomst op de juridische korrel”，in：H. J. A. M. van Geest (ed.)，Bestuursrecht aan de horizon，Zwolle (1994)，53.

④ G. A. van der Veen，Overeenkomsten met de overheid，in E. H. Hondius (ed.)，Verbintenissenrecht，para. 10. 3.

⑤ 陈无风、Tom Zwart：《行政合同制度的复合性——基于中国与荷兰最新发展的比较》，载《全球时代下的行政契约》，清华大学出版社 2010 年版。

2. 以混合法制为终点

不管是坚持适用公法还是私法，我们发现问题的本质并不在于全有或全无。普通的民事合同不能与法律、行政法规的禁止性规定相抵触，否则无效。毋庸置疑，这里的法律和行政法规有很大一部分是可以划入公法的范畴的，所以即使是最普通的民事合同，公法的禁止性规定也有适用的余地。反之，所谓的“行政协议”，既然冠之以“合同”之谓，便必然要适用基本的合同法原理。很显然，所有的合同都受到混合法制的规范——如果仍一定程度地坚持公和私的区分，并将二者并用称为混合。但这种大而化之的认知仍是不够的。同样是合同，在受混合法制规范时，依然呈现出很多区别。如普通的民商事合同，公法的介入可能最多只限于行政法规层级的禁止性规定，地方性法规若对于该合同的事实有所涉及的话，其对合同效力的影响是不确定的。因此可以说公法的介入是有限的。但被称为行政协议的这些合同，可能大部分的条款都有归属于公法的法律、行政法规、规章或其他规范性文件为依据，且合同的拟定要严格遵守法律保留，公法对其的介入密度大到一定程度以至于不能用普通的合同理论来看待，因此才有了进一步区分的必要，并认为其主要适用的法律是公法，私法只有在与公法不抵触的情况下才能适用。在本章第一节所述的汇津案中，从私法合同角度来看，后续的授权收回只是原许可经营合同的解除，最多只是单方违约的问题，涉及赔偿。而按照行政协议理论，后续的授权收回即是对于原来发布“专营办法”的行为（订立合同的行为）的更正或撤销。理由在于原行政行为不合法，且这并不导致违约，因为纠正不合法的行为是符合公益的，而以公益为由公部门是有单方解约权的，最多只是合同层面的补偿问题或许可权层面的信赖保护问题。如此分野让我们看到了行政协议理论本身的意义。

不管有无独立的政府协议或行政协议立法（也包括判例法），不同的法系都意识到特许经营合同的大部分条款总是或多或少地不同于一般合同，因而更多地受到程序上或实体上的限制。因此，即使是无公私二分传统的国家也越来越多地颁布特殊规则规范公法合同。而有着公私二分悠久传统的国家，也会承认私法的“规则储蓄库”的作用而在必要时允许援用私法规则。① 从某种意义上说，不同法系在这一问题上都有向“光谱中段”靠拢的趋势。当我们承认“公法+私法”混合法律适用体系成为一种较好的选择时，以哪一个法部门为主体、如何分配两者的优位顺序就成为

① 关于私法规则的援引，参见刘宗德：《制度设计型法学》，第60页以下。

另一个分野的起点。

公私合作合同中，以特许协议为例，有可能适用的法律包括行政许可法、各类有关特许的行政法规、规章和其他规范性文件（目前主要指公用事业领域）。但从几个原建设部示范文本来看，合同法的所有规则也都能适用。从法律领域来看，从项目建设到运营所涉及的工商、规划、土地、建筑、水务、燃气、电力、交通、环境等部门相关的法律规范都有可能适用其中。即使无法体现在具体合同条款中，在合同协商和拟定过程中，上述法律规范所设定的管制要求和标准都已经转化为合同中受特许人的约定义务。因此，一个混合式的法律适用模型是在公私合作过程中无法规避的现实。只是我们需要确定的是，在这种混合适用过程中，公法的介入到达何种程度时，特殊的行政协议规则才可以适用。当然，这本质上仍是立法政策的问题。

三、争议解决的场所：公私合作合同的司法管辖及审查模式

（一）与法律适用平行的司法管辖

法律的适用问题与法院的裁判管辖息息相关。在荷兰，与行政协议相关的案件一般由普通法庭受理，但有些情况下，一些案件的某些要素会引起行政法庭的管辖权。① 因此，其分工也并非泾渭分明。

在法国，行政协议争议由行政法院管辖。由于行政协议行为是双方行政行为，一般不受审查，法院只对损害赔偿争议有管辖权。但是订立合同的行政决定或将某个条款订入合同的决定可以从合同中分离出来单独加以审查。例如在一个公路特许合同案件中②，合同中的一个条款要求被许可方支付政府在建成后的公路上维持治安及监督合同履行产生的费用，有两个公民对授权政府收取此费用的法令提起诉讼，并被法院认定违法而撤销。法院认为维持治安行为与特许本身并无直接关系，它针对的是公路使用者的行为。而对于合同监督部分，政府无法提供其监督成本支出的具体依据，因而被认定为不正当。所以在此案中，虽然有关合同的特殊规则可以授权政府将某些条款订入合同，但人们仍然可以起诉授权条款并进而对失去依据的合同条款提出挑战。③ 可以说，对合同的审查仍然是基于传统的行政行为审查建立的。

---

① 陈无风、Tom Zwart：《行政合同制度的复合性——基于中国与荷兰最新发展的比较》，载《全球时代下的行政契约》，清华大学出版社 2010 年版。

②③ L. Neville Brown & John S. Bell, *French Administrative Law*, 203.

中国并无独立的行政法院系统，但法院内部民事和行政庭则有独立的分工和各自的管辖范围。以往一些案例表明两类审判庭都认为自己对于部分行政协议相关案件有审判权。如有些关于国有土地使用权的合同被认为是民事合同而由民庭审理①，而另一些同类的合同案件却由行政庭来管辖。② 在这些案子里，行政审判庭采用了一种圆融而又富有创造力的手法。修法前，若按照旧《行政诉讼法》③ 第 11 条第 1 款第 1 项至第 7 项的规定，行政庭司法审查的范围并不包括行政协议，但实践中很多行政庭并不因这种表面上的权限缺乏而作罢，它们依据第 11 条第 1 款第 8 项的规定，即“公民、法人或其他组织认为行政机关侵犯其他人身权、财产权”提起行政诉讼的，可以纳入受案范围。通过将行政协议有关的纠纷归入原告认为的对“其他人身权、财产权”的侵犯从而解决了行政庭管辖权限的问题。当然，现在此问题已通过修法获得解决。

总体而言，提供救济的渠道比如何提供渠道更为重要。不管由司法系统的哪一分支具体负责行政协议案件的审理，能提供有效、及时的救济即可。

（二）法院审查模式的具体建构

有学者认为法院审理行政协议案件应主要适用行政诉讼规则，同时参考民事诉讼规则。④ 也有学者对具体的制度进行了设想：应根据责任方式的不同，而采取不同的救济方式。一是行政主体在处理合同纠纷时，实施了强制性的行政手段，使合同的相对方承担了行政法律责任的，就必须通过行政复议和行政诉讼的途径实施救济；二是行政主体并未运用行政强制力追究相对人的行政法律责任，而是请求经济赔偿责任的，或相对人对行政主体提出违约赔偿请求的，则应通过民事诉讼的途径解决。

可以看出，目前的行政审判体制对于合同纠纷的审理仍有很多不适应的地方，因而，构建双向的审查制度，在适当的时候向民事诉讼制度靠

---

① 如上海某投资管理有限公司诉上海青浦区某镇政府案，该案由上海市青浦区人民法院民事审判庭于 2008 年 8 月 18 日裁判。见北大法律信息网，http://vip.chinalawinfo.com，2018 年 11 月 15 日最后访问。

② 山东东营市国土资源局开发区分局与山东华林纸业有限责任公司土地行政合同上诉案，此案由山东东营中级人民法院行政庭于 2009 年 8 月 23 日作出裁判。见北大法律信息网，http://vip.chinalawinfo.com，2018 年 11 月 15 日最后访问。

③ 1990 年 1 月 1 日生效。

④ 湖北省高级人民法院课题组：《行政合同司法审查若干问题思考》，《人民法院报》2003 年 8 月 25 日。

拢，作必要的修改和填补是必要之举。当然其前提在于有了充实的行政协议理论和制度，在判断上简易可行，不容易出现分歧，且按照混合法制的法律适用模式，确有使行政庭受理行政协议案件的必要。但正如前文所述，目前我国的行政协议理论和制度非常薄弱，在判断是否属于行政协议这一前提问题上经常疑窦丛生。当务之急在于当出现是否属于行政协议，能否诉到行政庭等疑难时，不要产生行政庭和民庭相互推诿的状况，以防增加诉讼成本。当然，实务中很多时候行政协议问题无法严格区分，经常出现一个问题的解决成为另一个问题的前提的情况，此时分而审之的模式容易造成判决上的不协调等问题，因而行政协议所有相关纠纷最终归并由行政庭解决应属于可借鉴的发展模式。

《行政诉讼法》修改以后，第 12 条受案范围规定中增加了一项："认为行政机关不依法履行、未按照约定履行或者违法变更、解除政府特许经营协议、土地房屋征收补偿协议等协议的。"在判决部分，增加了第 78 条："被告不依法履行、未按照约定履行或者违法变更、解除本法第十二条第一款第十一项规定的协议的，人民法院判决被告承担继续履行、采取补救措施或者赔偿损失等责任。""被告变更、解除本法第十二条第一款第十一项规定的协议合法，但未依法给予补偿的，人民法院判决给予补偿。"上述规定显然为特许经营合同纠纷纳入行政诉讼受案范围提供了直接依据，也解决了以往判决类型不适应合同纠纷审判等问题，但在审判实践中仍然无法绕开法律适用、效力审查标准、判决方式等问题。《最高人民法院关于适用〈中华人民共和国行政诉讼法〉若干问题的解释》①（新的司法解释）于 2015 年 4 月 22 日公布，对上述问题作了框架性回应，大体遵循二分原则，即在法律适用、诉讼时效上，对合同履行争议依据民事法律规范审理，对行政机关单方变更、解除合同行为，依据行政法律规范审理。由于实践案例累积尚待时日，上述规定在实践中运行效果如何，尚需进一步考察。

第六节　小结

本章通过个案分析和大样本分析，对公私合作合同案件所反映的纠纷加以类型化，以上述纠纷在合同生命周期中所处的阶段分别开展分析、研

---

① 该司法解释目前已被废除，新的关于行政协议的司法解释在本书定稿时尚未出台。

究，得出相应的关键问题及研究结论（见表 7.2）。

表 7.2　公私合作合同案件纠纷列表

所处阶段	关键问题	研究结论
公私合作合同缔结阶段	1. 采购中心发出中标通知后，采购合同是否已经成立，原告采取何种救济途径更合适	供应商选择阶段的法律关系并不能作为纯粹的私法关系来看待。将公私合作合同定性为行政协议更为恰当。
	2. 公部门签约主体如何确定	理论上，特许权授予只能由原本独占资源或行业的主体进行，由最具公益代表性的主体——国家授出。目前的立法例下，一级政府或政府授权的部门都可能是授权主体。
公私合作合同履行阶段	1. 如何应对特许经营期内的经营状况、法律、政策变更	“合理补偿”或“相应补偿”属于不确定法律概念，需要进一步的司法释义。依照新办法第 36 条的文义解释，似可推出合理补偿包含预期利益。这种制度安排较大程度上使公部门承担了法律、政策变动的风险，这种设计是有益的。
	2. 如何解释特许经营合同条款及判断条款效力	特许经营合同条款能否与相关公法规范所确定的公部门权力、义务不同，视上述规范是否具有强制性、属于羁束性规范还是裁量性规范不同而有所不同，不能一概而论。此外，与强制性规范所确定的权力、义务内容不同也并不必然导致公私合作合同无效。
	3. 合同履行中单方解约行为是否合法	应区分单方解约行为是公部门运用合同解约权的结果还是发动行政优益权的体现，二者适用不同的审查逻辑。
公私合作合同争议裁判阶段	1. 如何确定可适用的法律	一个混合式的法律适用模型是在公私合作法律适用中无法规避的现实。但仍需确定的是，这种混合适用过程中，公法的介入到达何种程度时，特殊的行政协议规则才可以适用。当然这本质上仍是立法政策的问题。
	2. 司法管辖及审查模式如何	《行政诉讼法》修改后，大体遵循二分原则，即在法律适用、诉讼时效上，对合同履行争议依据民事法律规范审理，对行政机关单方行为变更、解除合同行为，依据行政法律规范审理。由于实践案例累积尚待时日，上述规定在实践中运行效果如何，尚需进一步考察。

第八章　公私合作第三人诉讼：以三方法律关系为视角

第一节　三方法律关系的勾勒

一、公私合作“第三人”地位的获得

公私合作领域一般都涉及公共利益。有专家认为：“项目从可研、立项、招投标开始，一直到签约、设计、建设和运行等全过程，都应采取各种形式和措施进行广泛深入的宣传、报道，征求各利益相关方包括社会公众特别是受直接或间接影响人群的意见和建议，做到公开、透明，保障社会公众的利益。”① 作为社会公众的第三人如何实现权利保障，应确定其有哪些权利，居于何种法律地位。有法律地位的第三人是立法者在权衡后，赋予其法律上既定地位，享有权利、承担义务的第三人，不同于普通意义上“公、私部门以外的人”。公私合作类型如此广泛，不同类型合作中的第三人法律地位也不尽一致。在单纯采购类合作中，采购合同双方构成法律关系的主轴，在招投标阶段和竞标者有竞争关系的其他投标人属于有法律地位的第三人，剩余其他个人或组织，与采购行为只具有间接关系，如以一般纳税人身份出现，监督采购行为的财政资金使用效率，但不能就采购关系提出具体的权利请求。对于公私合作提供污水处理、电、水、垃圾清扫等市政服务的合作而言，由于服务提供方和服务接受方存在直接的法律联系，如同时受到供水合同、供电合同制约，因而获得法律上的第三人地位，能基于参与的法律关系，提出具体的法律诉求。可见，法

---

① 王守清、张博：《构建中国的 PPP 法律和制度体系迫在眉睫》，《济邦通讯》2013 年第 10 期。

律上的第三人亦有多种类型，其所享权利类别也有差异，可能是请求权、支配权、抗辩权、形成权；可能属公法上的权利或私法上的权利；亦可能只是法律上的利益或反射利益。

二、三方法律关系的构成及性质

公私合作结构非常复杂，实际参与项目的主体可能多达十余个，因此表面上看，公私合作关系属于多边法律关系。但多边法律关系可简化、拟制为"三方法律关系"，即公部门、私部门和第三人构成的法律关系（见图 8.1）。此处的第三人通常是公共服务的使用者，有的时候也可能是在招投标阶段作为私主体竞争者的其他利害关系人。由于招投标阶段的竞争方诉讼权利已经被实定法确认，因而下文重点讨论作为公共服务使用者的第三人。①

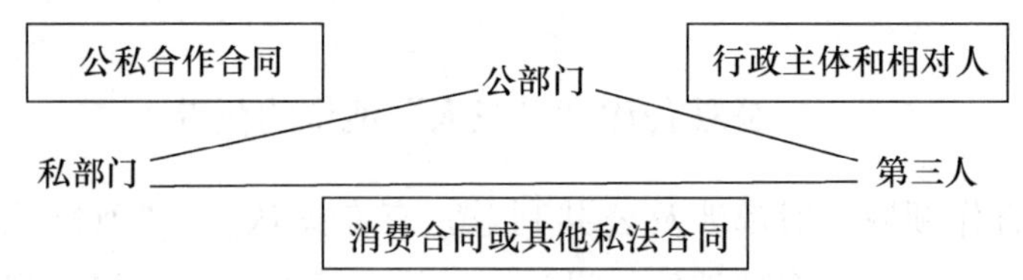

图 8.1　PPP 法律关系示意图

公部门与私部门之间成立的是公私合作合同关系，本书认为属于行政协议，因此属于公法关系。

私部门与第三人之间成立的是消费合同或其他私法合同。如供水合同、高速公路使用合同等。尽管上文认为对于提供公共职能的私部门需要适用公法原则、施加公法义务，但目前多数情况下仍被认定为属于私法合同。对其性质的重构下文会详述。

公部门与第三人之间的关系可能是行政主体与相对人的关系。但这种关系的发生具有不确定性。因为与第三人有直接法律关系的是私部门，大多数情况下，第三人无法利用传统的行政诉讼思路找出可以提起诉讼的行政行为，因而此处行政诉讼作为权利救济的途径，一定程度上是受阻隔的。

三、第三人权利保障的必要性

首先，第三人在整个三方法律关系中处于很尴尬的位置。他们并非公

① 如《政府采购法》第 58 条规定："投诉人对政府采购监督管理部门的投诉处理决定不服或者政府采购监督管理部门逾期未作处理的，可以依法申请行政复议或者向人民法院提起行政诉讼。"

私合作合同的当事方却是产品和服务的最终受益人。有论述认为公私双方的固有特点、立法空白、管理困境、公众参与权虚置等原因导致的监管缺位、项目风险等都促使 PPP 项目对第三人影响重大。他们需要接受 PPP 合作所确定的产品定价，需要承受项目失败所导致的环境风险。① 他们作为基本权主体，无法通过向私部门提起公法诉讼的方式保障自身的公法权利。而民事诉讼只能解决私法上的权利保障问题。

其次，公私合作合同作为落实公私部门双方权利义务的核心文件，其协商和签订过程，第三人可参与程度，如前所述非常有限。唯一可以对订立公私合作合同的决定提起诉讼的第三人是招投标过程中的其他投标人，而非此处所指的第三人。

最后，权利救济作为事后监督机制，是构成公部门责任机制的重要部分，也是防止公私合作出现责任落空、利益冲突甚至腐败的关键渠道。以第三方监督方式呈现的责任机制比内部监管更能灵敏反映合作项目的产品、服务质量，更快速地发现问题、纠正问题，更利于个案中的权利保护。尤其当监管者存在被监管对象“俘获”② 风险时，更需要借助外部的监督、救济来保障第三人权利。目前对公私合作第三人的保护多体现于“公益”之维护，责任机制设计忽略了第三人作为权利主体获得救济的制度构建。因此，在典型公私合作多边法律关系中，拓展既有的救济制度，开拓多边监督协作体制十分必要。

第二节 第三人权益保护现状

一、实定法的考察

从实定法看，现有的公私合作相关法制对第三人权利的规定极为稀少，如《供水条例》③ 基本上以监管机构的管理型规定为主，以供水工程建设、供水经营、供水设施维护、罚则为主要内容规定供水企业需要遵守的诸多义务，但几乎未提到用户的权利及其救济。《供电监管办法》④ 中，

① 韩龙、魏超：《运用第三方受益人规则解决 PPP 中公众利益关切之探索》，《云南大学学报（法学版）》2012 年第 5 期。

② 相关介绍可参见倪子靖：《规制俘获理论述评》，《浙江社会科学》2009 年第 5 期。

③ 国务院令（第 158 号），1994 年 7 月 19 日颁布，2018 年 3 月修正。

④ 《供电监管办法》（国家电力监管委员会令第 27 号），2010 年 1 月 1 日实施。

则规定了用户的投诉权："供电企业应当建立用电投诉处理制度，公开投诉电话。对用户的投诉，供电企业应当自接到投诉之日起 10 个工作日内提出处理意见并答复用户。"① 同时也规定了监管机构对用户合法权益进行维护的义务："电力监管机构对供电企业违反国家有关供电监管规定，损害用户合法权益和社会公共利益的行为及其处理情况，可以向社会公布。"②《基础设施和公用事业特许经营管理办法》中则类似地规定了公众的监督、投诉、建议权："社会公众有权对特许经营活动进行监督，向有关监管部门投诉，或者向实施机构和特许经营者提出意见建议。"③《收费公路条例》④ 中规定了公路使用者的监督权："任何单位或者个人对在公路上非法设立收费站（卡）、非法收取或者使用车辆通行费、非法转让收费公路权益或者非法延长收费期限等行为，都有权向交通、价格、财政等部门举报。收到举报的部门应当按照职责分工依法及时查处；无权查处的，应当及时移送有权查处的部门。受理的部门必须自收到举报或者移送材料之日起 10 日内进行查处。"⑤ 上述规定中，第三人的权利都是以"监督、投诉、建议"等形式出现的。

二、相关案例检视

观察司法实践，则发现第三人权利保障主要通过民事诉讼途径实现。笔者 2015 年 8 月在北大法宝案例库中以"供水"为题名关键词，搜得 495 件民事案件，行政案件为 18 件。其中，民事案件主要包括合同纠纷和侵权纠纷，侵权纠纷主要是指健康权、身体权、生命权损害赔偿纠纷，如受害人在寻找入户接口时管沟突然坍塌，堆放在管沟边上的虚土将受害人掩埋窒息死亡导致的纠纷⑥、供水公司安装的水表表镜突然爆裂后被玻璃碎片击中造成受害人右眼受重伤致残导致的纠纷等⑦，这类纠纷中，不区分供水公司的资产属性，不论是否展开公私合作，双方关系属于平等的民事

① 《供电监管办法》第 16 条。

② 《供电监管办法》第 31 条。

③ 《基础设施和公用事业特许经营管理办法》第 44 条。

④ 《收费公路管理条例》（国务院令第 417 号），2004 年 11 月 1 日实施。

⑤ 《收费公路管理条例》第 6 条。

⑥ 李修身、陈树霞、朱金花、李天池、李玉龙、李毅、李玉娇、新疆隆泉建筑安装有限责任公司与博乐市农村饮水安全供水总站生命权纠纷案，新疆维吾尔自治区博尔塔拉蒙古自治州中级人民法院（2014）博中民一终字第 168 号裁判文书，2014 年 9 月 4 日。

⑦ 邱月香诉澄迈县供水公司等人身损害赔偿纠纷案，海南中级人民法院（2001）海南民终字第 208 号，2001 年 6 月 7 日。

法律关系，在此关系中发生侵权，按照侵权责任法的一般规则来处理。合同纠纷主要基于供水协议发生，如一方未能及时履行缴纳水费义务等引发违约诉讼。[①] 供水、电、气合同为合同法规定的有名合同。因此，采用合同法的规则来处理上述合同纠纷并无问题。

不过与本书的讨论密切相关的是，公私合作开展以后，私部门在提供公共产品和服务时，其与第三人之间的关系能否单纯以私法关系来处理。上述搜得的行政案例数量很少，值得注意的是沈阳市于洪区百货公司与沈阳电业局用电检查大队中止供电纠纷上诉案[②]，该案中沈阳电业局用电检查大队（大队）对于洪区百货公司（公司）作出中止供电通知，公司以大队为被告提起行政诉讼，法院认为大队是沈阳供电公司的下属分支机构，而沈阳供电公司的经济性质为国有企业，并非国家行政机关，且《中华人民共和国电力法》也未授权其行使行政管理职权，因此，上诉人对沈阳供电公司用电检查大队作出的中止供电通知不服提起行政诉讼，不符合行政案件的起诉条件，原审裁定予以驳回，并无不当。该案中法院表明的态度是，中止供电并不属于行政决定，不属于行使电力法所授权力的行为。由于案件数量过少，无法预测稳定的司法态度，但该案例表明，当事人确实存在于合同之外寻求救济的需求。依照《供电监管办法》的规定，供电企业在若干情形下可以中止供电，如"发现用电设施存在安全隐患，应当及时告知用户采取有效措施进行治理。用户应当按照国家有关规定消除用电设施安全隐患。用电设施存在严重威胁电力系统安全运行和人身安全的隐患，用户拒不治理的，供电企业可以按照国家有关规定对该用户中止供电"[③]。中止供电决定可以由供电企业单方作出，带有权力性。如上文所指的，公共服务和给付领域，也往往掺杂具有权力性的单方行为，因此公私合作开展后，私部门极有可能介入其中，参与或单独作出某些重要的权力性决定。此时，如何保障第三人权利就值得深思，单纯依靠民事合同中对守约、违约行为的判断是否足够保障权利，特殊举证责任分配等公法制度设计可否引入，仍需考量。

另一例行政案件为温顺建诉荣县水务局不履行城市供水管理职责案[④]，

① 合肥供水集团有限公司诉合肥市庐阳区人民政府海棠街道办事处供用水合同纠纷案，安徽省合肥市庐阳区人民法院（2015）庐民二初字第 00023 号，2014 年 12 月 26 日。

② 辽宁省沈阳市中级人民法院（2005）沈行终字第 27 号，2005 年 3 月 17 日。

③ 《供电监管办法》第 9 条。

④ 四川省自贡市荣县人民法院 2003 年 7 月 10 日裁定书，文号不详，见北大法宝，http://www.pkulaw.cn/，2018 年 11 月 14 日最后访问。

此案中荣县双石镇正强自来水厂（水厂）要求温顺建等自来水用户（用户）交纳管网维护费，用户拒交，水厂未经批准停止供水，用户书面申请荣县水务局对自来水厂的违法停水行为进行查处，申请后 24 小时仍未恢复供水，用户认为水务局不履行法定职责而起诉。该案中，用户和水务局构成行政法律关系，属于不作为行政案件。当然用户无法直接起诉水厂要求恢复供水，只能通过要求水务局履职来实现自身权益，此种迂回路径对及时恢复供水等利益保护是不利的。

三、既有研究概况

收集已有对公私合作伙伴关系的研究发现，对第三人与公部门、私部门之间的法律关系，以及第三人法律地位的研究不多，对该问题的关注度远逊于公私部门间的关系。有研究指出，在私部门和公众第三人之间的法律纠纷中，救济制度遗漏了公法救济，往往将公私合作中私部门和消费者之间的合同认定为民事合同，在发生合同纠纷时，只能在既有的合同框架下解决，不能突破此框架向公部门请求赔偿。但由于公私合作提供的是公共服务，前述合同的目的具有公法属性，只以民事途径解决造成“公法遁入私法”的现象。① 亦有研究梳理了不同国家对私部门和第三人间争议的司法审查标准，认为其关键在于判断争议的性质。研究认为私部门和第三人间争议的性质不能一概而论，在不同国家，不同司法审查标准下，有不同结论。该研究将问题归结于不同的“国家行为”或“公法因素”判断标准，一旦私部门的行为符合上述标准，可以触发司法审查，启动公法路径。适用于公法主体的约束性规则便能适用于私部门。② 此外，也有研究以第三人在公私合作中受到权利侵害为视角，分析私部门责任与国家赔偿责任之间的关系。提出公私合作中对第三人造成侵害的，有三种可能的责任后果：公部门负国家赔偿责任，私部门负民事侵权责任；私部门负国家赔偿责任，公部门负补充性国家赔偿责任；私部门负民事侵权责任，国家负特定国家赔偿责任。③ 综上，目前对公私合作中形成的三方法律关系如何定性仍有争议。因具体个案的不同，基于合同关系、侵权关系等不同情境，如何设置第三人的权利救济

① 葛虹钰：《公私合作制下第三方损害的救济途径研究》，华东政法大学 2015 年硕士学位论文。

② 杨欣：《变革与回应：民营化的行政法研究》，中国政法大学 2006 年博士学位论文。

③ 邹焕聪：《国家担保责任视角下公私协力国家赔偿制度的构建》，《天津行政学院学报》2013 年第 6 期。

途径需要更多细部的讨论。

在公私合作提供公共产品和服务过程中，一般公众作为第三人在公私合作筹划阶段、展开阶段呈现的角色不同。在公私合作筹划阶段，一般公众只作为公民对国家提供公共产品和服务的方式或内容具有一般监督权。公众以一般的监督主体或群体性角色出现，能否特定化为某个公众个体的监督权、参与权要看具体领域公私合作的立法规定。如水、电等基础设施是否引入民间资本开展公私合作的决定在某些地方立法下属于重大决策①，在重大决策出台前，公众参与属于法定程序，需要通过座谈会、听证会、问卷调查或者实地走访等方式听取公众意见，决策草案还应征求公众意见，对重大分歧，应举行听证。公众的参与权不是个体性权利，也很难以个体权利救济的方式应对。在公私合作展开阶段，私部门作为公共产品或服务的直接提供者与公众通常以订立产品或服务供给合同方式发生联系。此时一般公众成为可辨识的个体，并呈现出复杂性。在与私部门订立合同前，公众具有获得缔约的权利。在缔约后，有依照合约获得符合要求的产品或服务的权利。在合约关系外，因产品或服务提供造成人身权或财产权的损害，又产生侵权法律关系。在上述关系中，因私部门和公部门同时存在，三方法律关系下产生可能的三种路径：第三人—私部门；第三人—公部门；第三人—公部门＋私部门。第三人权益保障课题在三种路径下产生不同的制度需求。

第三节　第三人权益保障的可能性

一、受益权之辨

解决第三人权利保障问题的前提是可以找到请求权依据并对其内涵进行清晰定位。由于第三人面临的尴尬主要在于其公法权利的保障没有实现的途径，因而下文将剖析基本权保障的可能。与本论题相关的基本权主要是生存权。因为公共产品是基本的生活必需品，人民获得符合特定标准的产品是生存权的题中之意。但若具体化到各个公私合作的具体领域还会涉及更多的基本权，如社会医疗保险领域就涉及公民的获得物质帮助权、教育领域涉及受教育权，公用事业领域还可以引申出公用事

① 如在《上海市重大行政决策程序暂行规定》中，重大公共建设项目属于重大行政决策。

业基本服务权[①]等权利。

抛开我国宪法无法直接进行司法适用的现况不谈，从集体受益权和个人权利的角度来看，有学者将第三人在公私合作过程中所涉及的基本权利归入集体受益权。认为公共产品的提供属于“实施普遍和持续的社会福利、公共服务等行政给付项目，来满足公民的集体性需求和受益权利，而不限于对贫困的个别人提供帮助”[②]。

依照德国的通说，宪法上的受益权先天就具有难以直接行使的特质，必须透过法律规范来落实。[③] 法律规范的落实离不开行政机关的执法行为，行政机关为满足人民的受益权，应尽一切努力去扶持经济、社会的弱者，使其得到适当的工作及有尊严的生存。因此，行政机关对受益权的违反主要表现为作为义务的未履行或未适当履行。[④] 集体受益权的功能不同于个人基本权。最根本的不同在于集体受益权相当于客观法反射利益，不具有主观公权利的性质。[⑤] 在法律用语上，通常不表述为“公民有……权利”，而是“国家有……义务”。从而表明其属于国家的客观义务，而非公民的主观权利。主观公权利可以通过行政诉讼来保护，集体受益权在没有客观诉讼的情况下，只能依靠行政监督程序或政治监督程序来解决。[⑥] 举例而言：“消费者不属于可以个别界定的人群，因此原则上没有主观权利。”[⑦]

提出集体受益权可能的原因是公法上的权利谱系研究不彰，难以从法规范中直接找到第三人的权利基础。将公私合作中可能涉及的权利界定为集体受益权从而导出其相当于客观法反射利益的结论，似乎确实为目前的救济途径现状提供了理论依据。既然不属于主观公权利，便无公法上的请

---

① 公用事业基本服务权是一项人权意义上的权利。它要求公民有权获得合理、非歧视、可负担的公用事业服务，且负担能力有缺陷的公民能够获得最低程度的供应保障。参见骆梅英：《论公用事业基本服务权》，《华东政法大学学报》2014 年第 1 期。

② 于安：《论我国社会行政法的构建》，《法学杂志》2007 年第 3 期。

③ 许宗力：《法与国家权力》，台北月旦出版公司 1993 年版，第 13—25 页。

④ 苏永钦：《合宪性控制的理论与实际》，台北月旦出版公司 1994 年版，第 28—29 页。

⑤ 该学者通过对德国基本法的研究得出“基本法第 20 条第 3 款只是有关公共行政主体合法性义务的规定，并不构成行政相对人防御公共行政主体任何违法不利行为的主观权利。也就是说，不存在要求公共行政主动履行规范义务的一般法律执行请求权，更不存在相应的诉讼途径（大众诉讼）”“如果法律规范明显授意特定的人，或者明显地以保护目的为出发点，或者设定了主观权利，其保护目的即显而易见。”参见于安：《论我国社会行政法的构建》，《法学杂志》2007 年第 3 期。

⑥ 于安：《论社会行政法》，《现代法学》2007 年第 5 期。

⑦ 〔德〕汉斯·J. 沃尔夫（Hans J. Wolff）等：《行政法》，高家伟译，第 507 页。

求权，从而无法通过公法诉讼获得权利救济。尽管存在实现路径上的困难，多数学者仍承认公私合作过程涉及公民的基本权利，防止其遭到侵害是公私合作开展后政府规制的目标之一。① 将受益群体的数量当作判断是否属于个人基本权的标准有所偏颇。公私合作的领域一般都涉及公共利益，但公益存在并不妨碍将利益分解归位到各个基本权主体上。若将这些部分都处理为客观的反射利益，则所有的基本权保障架构、公法原则在私部门身上的延伸适用等都将失去立论基础。以公私合作提供教育或养老服务为例，服务对象可主张的受教育权、获得物质帮助权，都属于基本权利，都能找到宪法上的直接依据。受教育权或获得物质帮助权都不能归入集体受益权，而是可分辨的个人的基本权利。因而，本书认为公私合作过程中公共产品的提供涉及的是可辨析的公民个体所享的基本权利，并非集体受益权。

二、公法上的请求权论证

当然，否定"集体受益权"说之外，还需要论证公私合作所涉的社会性权利是否能导出公法上的请求权。公私合作所涉领域，如基础设施或公共服务，多数可归入"生存照顾"范畴，对应于公民的社会性权利。已有对社会性权利的研究中，有观点认为其"名不符实"，只强调国家权力的客观义务，不构成公民的主观公权利。② "与自由权相比，各种社会基本权还只停留在指导原则和宪法委托阶段，其司法救济程度还比较低，主要依赖立法裁量和行政措施。"③ "世界各国法院通行的做法是，不承认宪法或国际公约的社会基本权和其他有关社会保障的条款赋予了公民能够直接向国家社会保障机构行使的给付请求权，只是把这类条款解释为国家的社会保障义务，因为国际公约和宪法层面的社会基本权在给付主体和给付内容这两个方面都不特定。"④ 社会性权利的实现主要依靠立法机关的具体立法以及行政部门的具体行政措施。社会性权利能否直接通过司法途径获得救济实践中做法不一。有些国家只能依靠立法形成，看具体立法中是否

① 章志远：《公用事业特许经营及其政府规制——兼论公私合作背景下行政法学研究之转变》，《法商研究》2007 年第 2 期；汪丽玲：《论我国公共物品民营化的法律规制——以我国邮政民营化为例》，华中科技大学 2011 年硕士学位论文。

② 赵宏：《社会国与公民的社会基本权：基本权利在社会国下的拓展与限定》，《比较法研究》2010 年第 5 期。

③ 郑贤君：《论宪法社会基本权的分类与构成》，《法律科学》2004 年第 2 期。

④ 〔德〕康拉德·黑塞：《联邦德国宪法纲要》，李辉译，商务印书馆 2008 年版，第 236 页以下。转引自徐以祥：《行政法上请求权的理论构造》，《法学研究》2010 年第 6 期。

赋予社会性权利主体相应的救济途径决定该项权利是否具备主观公权利的性质，有些国家则能直接通过宪法在司法中的直接适用来保障社会性权利。因而在宪法无法直接适用于司法的国家，具体立法对社会性权利如何形成，至关重要。

宪法上的基本权利实现需要通过下位法加以具体化。一般而言，承担宪法具体化功能的是公法规范。公法规范和私法规范不同，后者有清晰的权利义务对应关系，往往法律关系一方的权利对应于另一方的义务。公法规范往往通过规范公权力行使保护私益，从而时常只提供合法性指引而未提示是否保护公民权利或保护的是什么权利。取得主观公法权利的途径是明确的立法目的或者法律的明确授权。解读行政法上的权利需要通过“保护规范理论”。关于公权利的经典定义出自布勒在 1914 年的教授资格论文《公法权利及其在德国行政裁判中的保护》，其认为公权是指人民基于法律行为或为保护个人利益而制定之强行法规，得援引该法规要求国家为某种行为或不为某种行为之法律上地位。如果某一法规符合三项要件即成立私人公权，这三项要件包括：（1）法规的强行性（不存在行政裁量）；（2）私益保护性；（3）援用可能性。[①] 简单而言，要从规范中引申出权利，须视规范本身有无保护私人公权利的目的，而决定该规范规定的是公法上的权利还是反射利益。尽管保护规范理论后续又发展出“新保护规范理论”，对原有的三项要件作了更新，但基本框架没有变动。显然，依据规范保护理论开展的法律推理依赖对法规目的的解释，具有个案化特征，不一定有唯一正解。

在讨论公私合作第三人权利基础时，能否将管制性规范视为请求权基础，目前并不清晰。尽管“公法请求权的确认和保护，对基础性公法权利的实现具有重要意义，只有实现对公法请求权的全面保护，方可实现对基础性公法权利的全面保护”[②]。但依据保护规范理论确认是否存在公法请求权，仍存在较大的难度。“从行政机关的义务和职责条款中是否必然能够推导出公法请求权是公法中的一个难题，很多时候取决于法官的解释。”[③]

---

① 〔日〕石川敏行：《ドイッ公権理论の形成と発展》，《法学新报》第 84 卷 1－3 号，第 86 页。转引自鲁鹏宇、宋国：《论行政法权利的确认与功能——以德国公权理论为核心的考察》，《行政法学研究》2010 年第 3 期。

② 徐以祥：《行政法上请求权的理论构造》，《法学研究》2010 年第 6 期。

③ 文中作者还驳斥了以行政机关作为义务的特定化为行政相对人公法请求权成立与否的解释方法，参见徐以祥：《行政法上请求权的理论构造》，《法学研究》2010 年第 6 期。

主观公权利是公法赋予个人为实现其权益而要求国家为或不为特定行为的权能。[①] 以某个公用事业领域的监管立法为例，公用企业如供水企业、供电企业承担某项义务，一般同时设定某项罚则作为规范结构中的“制裁”，该义务属于公法上的义务，是否可以从这项义务中推出公用事业用户的主观权利，可否适用保护规范理论对此加以分析呢？以《供电监管办法》（监管办法）中的如下规定为例，在电力系统正常的情况下，供电企业应当连续向用户供电[②]；供电企业不得从事下列行为：（一）无正当理由拒绝用户用电申请……[③]供电企业应当依照《中华人民共和国政府信息公开条例》《电力企业信息披露规定》，采取便于用户获取的方式，公开供电服务信息。[④] 这些规范从字面解释看，规定了电力企业的连续服务、普遍服务、信息公开义务。如何求证第三人是否能从这些规定中获得连续服务、普遍服务、信息公开的请求权呢？按照上述三部曲来看，首先，上述规定都用了“应当”，属于强制性义务，必须得到遵守。其次，判断这些规范仅仅是为了获得客观法秩序，还是保护私益。采结构解释方法，监管办法的立法目的为“加强供电监管，规范供电行为，维护供电市场秩序，保护电力使用者的合法权益和社会公共利益”。可见，规范属复合性目的，既有维护法秩序之意，又有保护使用者权益和公益的目的。该整体立法目的应可融贯于所有条文。作为例证，我们可以发现最新修订的《供电企业信息公开实施办法》[⑤] 中对电力使用者的信息获取权作了进一步立法形成。“除本办法第六条规定供电企业主动公开的信息外，电力用户还可以根据自身生产、生活、科研等特殊需要，向供电企业申请获取相关信息。”[⑥] 基于对多个规范作整体理解，上述监管办法中的规定应可推出第三人的公法请求权。对于尚未订立供电合同，电力企业又拒绝用电申请时，无法基于合同法上的履约请求获得救济，应可提起公法上的请求，要求对用电申请拒绝行为加以审查。这种请求权不因服务提供者的身份变化发生变更，无须考虑是否有公私合作开展，概因使用者（第三人）的合法权益是获取公共产品、服务基本权利的具体展开，不因产品或服务提供方

① 〔德〕哈特穆特·毛雷尔：《行政法学总论》，高佳伟译，法律出版社 2000 年版，第 152 页。

② 《供电监管办法》第 13 条。

③ 《供电监管办法》第 18 条。

④ 《供电监管办法》第 22 条。

⑤ 国家能源局国能监管〔2014〕149 号文件，2014 年 3 月 10 日实施。

⑥ 《供电企业信息公开实施办法》第 7 条。

式变更而发生改变。又以《城市供水条例》(《条例》)为例,《条例》第20条规定,城市自来水供水企业和自建设施对外供水的企业,应当建立、健全水质检测制度,确保城市供水的水质符合国家规定的饮用水卫生标准。第22条规定,城市自来水供水企业和自建设施对外供水的企业应当保持不间断供水。这两个条款构成供水企业确保水质标准、不间断供水的公法义务,一旦违反,可能面临行政处罚后果。而一旦供水企业用户发现水质不合标准或供水中断时,是否对供水企业或水企监管部门有基于条例规定的相应请求权?《条例》订立于1994年,2018年修正,其立法目的表述为"加强城市供水管理,发展城市供水事业,保障城市生活、生产用水和其他各项建设用水。"虽然,上述义务性规定具有强行性,但从立法目的看,该条例的主要目的是加强管理,维护公益,难以看出保护供水用户个人权益的用意,照此逻辑,一般用户不具有公法上的请求权,发现水质存在问题或断水停水时,难以直接通过公法诉讼请求水企监管部门或水企①,不间断提供符合质量标准的用水,只能以投诉等方式,督促水企监督机构履行监管职责。在监管机构不作为时,以行政不作为为诉由,迂回解决问题。

综上,作为公共产品或服务用户的第三人,其权益可否界定为公法上的请求权,基于不同公用行业的立法,会得出不同的结论。水、电、气、热等公共产品,都具有事关基本生活需求、不可或缺等属性,在经济形态上,也都具有一定程度的垄断性,在法律属性上共性多于个性。不同的行业监管立法下,基于不同的立法目的表述,导出截然不同的公用行业用户权益属性,从结果角度,难以令人信服。公用产品或服务的用户权益,公用行业的监管目标以及公用事业立法的目的,应具备内在一致性。这要求在原理上,生成符合公用行业性质和特征的公用事业法基本原则,在具体制度上,逐步构建公用事业监管制度,划分监管部门、公用企业以及用户之间的权利义务关系。

三、作为合同权利的公用产品或服务权

除去公法上的集体受益权或主观公权利以外,另一可能的路径是作为合同权利的公用产品或服务权。公用企业与用户之间往往订立合同以约束双方的权利义务。以供水为例,供水合同往往包括用水计量、水价、水费

---

① 水企提供供水服务,有些情况下可被认为是国家履行公共服务义务的受托人,具备公法主体资格。

结算方式等内容，在供水人的权利义务中会明确供水人 24 小时不间断供水义务，并约定由于供水人责任造成的停水、水质事故，造成损失的，应承担损害赔偿责任。供水合同在我国属于民事有名合同中的一类，用户的公用产品或服务权在合同框架下转化为合同权利，一旦供水企业未履行合同义务，用户可以违约为名，主张合同违约责任。因此，公用产品或服务权作为合同权利在现行制度下完全成立。这种定位完全脱离公法轨道，将公用产品或服务权作为纯粹的私法权利来对待。当然，纯粹将公用产品或服务定位于合同权利也存在弱势，比如权利救济的方式，只能以民事诉讼方式进行，责任承担方式以事后损害赔偿为主。对于尚未签订合同，又有获得公用产品或服务需要的潜在用户，难以主张合同权利，亦无法产生强制缔约的效应。另外诉讼途径费时较长，对于基本公用产品的即时性需求，也难免有远水解不了近渴之虞。

第四节　诉讼路径解析

一、以第三人与私部门间法律关系为视角

诚如上文所述，公私合作行业监管立法中若将用户权益纳入立法目的，通过“立法的具体化”和“保护规范理论”之下的法律解释，第三人可以享有公法上的请求权，这种请求权在实践中如何行使，在第三人与私部门间法律关系中有无用武之地，若以民事合同权利来定位公用产品或服务权，与公法途径相比，又有何优劣呢?

(一)“强制缔约”义务及其由来

目前，私部门与使用者在公用事业领域中形成的关系是私法契约关系。供水、电、热合同是合同法分则中的有名合同。① 如上所述，目前，使用者与私部门之间的争议多数通过他们之间的民事合同来解决，以违约为由提起诉讼（不排除侵权，视个案事实而定)。但私部门的缔约义务如何处理？在合同法框架下，有理论认为这种合同属于强制缔约合同。邮电、通信、电力、交通、供水等公用事业，往往属于自然垄断的行业，具有独占优势，为了保证公民生存权的实现，民法中创设出强制缔约义务来保证普遍服务的提供以及公平原则的实现。“此种契约形态，苟具备一定

① 曹青:《公用事业民营化各方法律地位浅析》,《科技文汇》2007 年第 12 期。

之条件，对于欲缔结契约之人，不问其系何人，对其缔结契约之要约，法律上负有承诺而与其成立契约之义务，非有重大事由不得拒绝。换言之，国家为公共利益对于特定人课以与欲缔结一定内容契约之人缔结契约之义务。”① 有研究指出：“强制缔约行为的法律性质既有别于公法行为，也与一般民事法律行为有所不同，其性质介于二者之间，属于一种广义的私法行为的范畴。它具有私法上的缔约内容，却带着公法上的强制形式，它体现了私法上维护契约交换正义、匡正契约自由的价值取向，却又借助公法上的强制手段来实现这一目的。”② 与上述定性不同，另有学者认为强制缔约义务系单纯公法上的义务③，其理由在于作为契约客体的电力、邮政、运输等公用设施的利用具有公共性，加之此类强制缔约的目的在于反对独占、维护公益，具有公法上的利益等不一而足。主张此类强制缔约义务为单纯公法上义务者，认为只能对违反强制缔约义务的公用事业经营者追究公法上的责任，而在私法上并无当事人间契约的强制订立，惟在私法上有时可以成立以违反善良风俗之方法加害于他人之侵权行为，而负损害赔偿之责。此种观点亦是德国通说，法国学者也有同样倾向。④ 亦有观点认为，公用事业居于独占地位，一般人们事实上依赖此等民生需要的供应，即公用事业经营者不仅负有公法上义务，而且由于此类事业亦有保护社会民生的需要，对人们的日常生活影响巨大，从这一角度看也具有保护私益的一面，因此，第三人有私法上的缔约请求权。如王泽鉴先生便主张相对人得诉请履行缔约义务，并履行供应契约所生的供应义务，并依强制执行法的规定，声请强制执行。⑤

（二）基于我国现实的评价

“传统理论的关注焦点在于私主体方，而非第三方。”⑥ 私主体与第三人的关系，一向以民事关系来定性。因而产生问题循民事诉讼的途径，按

---

① 杨崇森：《私法自治制度之流弊及其修正》，载郑玉波主编：《民法总则论文选辑》（上），台北五南图书出版公司1984年版，第137—138页。

② 李杜白：《强制缔约基本法律问题研究》，华东政法学院2005年硕士学位论文。文中同时指出与强制缔约义务相伴随的是法律也设置了义务人的抗辩理由。公用事业领域的抗辩理由包括：消费者具有缔约选择的可能性；消费者超过经营者的经营范围、能力、时间、区域等要求缔约等；消费者的缔约要求违反法律规定或公序良俗要求等。

③ 孙森焱：《民法债编总论》，台北三民书局1997年版，第22页。

④ 杨崇森：《私法自治制度之流弊及其修正》，载郑玉波主编：《民法总则论文选辑》（上），台北五南图书出版公司1984年版，第137—138页。

⑤ 陈自强：《契约之成立与生效》，法律出版社2002年版，第130页。

⑥ Sacha M. Coupet, “The Subtlety of State Action in Privatized Child Welfare Services,” 11 *Chap. L. Rev.* 85 (2007).

照违约之诉或侵权之诉提起。但这种诉讼只能在双方已经缔结了消费合同的情况下，或发生了侵权诉由的情况下提起，无法解决以上诉由之外的纠纷。

民法中界定的“强制缔约”义务实质上是私部门“普遍服务”义务的体现，也涉及第三人平等权、公共产品、服务受益权等的实现。若将私部门的强制缔约义务划归为单纯公法义务，这种单向的公法关系无法与第三人产生进一步的联系。即使有，也只是上文所述的该义务可以导出“保护私益的一面”，从而对第三人产生“反射利益”。不管是哪种情况，第三人都无法循行政诉讼的途径要求私部门履行其强制缔约义务。因此，这种理论逻辑是存在缺陷的，对第三人基本权的实现十分不利。将上述观点作一统合考量，可以更清晰地下判。认为强制缔约行为既不属于公法行为，也不属于一般民事法律行为，而属于广义上的私法行为。这种判断不能让人信服。私法领域出现对缔约自由的制约，且其背后的原因是公民基本权益的保障，防止垄断地位的公用事业主体滥用独占地位，则根本原因仍是公法上考量，是私法公法化的重要体现。认为强制缔约纯属公法上的要求，因而私人无缔约请求权的，忽视了保护规范理论的运用，或认为不存在可值得保护的私益。此外，承认强制缔约有保护私益的特征，但认为仅可生成私法上的缔约请求权。笔者亦认为可商榷。毋宁认为基于公法上的理由，从一系列保护规范中推出公法上的请求权，可循公法路径获得解决，更为符合逻辑。事实上，依照前文所述，私部门参与公共职能后适用公法约束，私部门在此便如同公部门，承担了责任机制的实现功能。第三人包括平等权在内的基本权可以直接对抗私部门，从而得诉请履行缔约义务。这种诉讼按基本权原理应当属于公法诉讼。

当然从我国实际出发，遵循功能主义的视角，若依民事诉讼的途径同样能实现私部门缔约义务的强制执行，则在实务中并无不可。实践中，强制缔约较广泛地运用于民法领域。如《合同法》第289条规定从事公共运输的承运人不得拒绝旅客、托运人通常、合理的运输要求。该规定被广泛理解为公共运输承运人的强制缔约义务。最高人民法院公报在收录的高尔夫（南京）房地产有限公司诉吴咏梅供用热力合同纠纷案中，亦出现对开发商供热合同强制缔约义务的表述：“非集中供热地区，开发商向业主出售的商品房含有供热设施，且约定由开发商向业主供热，开发商负有强制缔约义务，是否解除供热合同应由业主或者业主大会决定。”① 此外，在

① 《最高人民法院公报》，2012年第12期（总第194期）。

房屋买卖等场合，优先购买权被认为属于法律规定的强制缔约请求权。[①]可以说，我国立法和司法实践已将具有“公法上请求权”内核的缔约请求转化为民法上合同相对方的“强制缔约”义务，采用民事争讼和执行途径来实现公法上的目的。但笔者以为，此种路径虽可行，但将公法诉求诉诸私法途径实现的救济仍是零星的、碎片化的，以公法路径去完成公法请求权的保护则是系统的、有延展性和灵活性的。采何种方式更合适仍应视立法者的选择和司法实践长期形成的态度和习惯。

（三）“第三方受益”理论及其评价

除私法中的强制缔约理论以外，“第三方受益”理论也被用于论证PPP项目中项目主体和第三人间的关系。“私人受托行使对第三人的权限时，应承认规范公私协力关系的法令及行政处分具有保护该第三人利益的性质，且如公部门与受托私人缔结契约，应将该契约解为第三人利益契约，容许第三人援用该契约所订条款。”[②] 第三人利益契约使合同主体以外的第三人能基于合同条款提起诉讼，对合同主体方违约起诉。“赋予受益第三人履行请求权对其进行保护，是建立在实现公平、正义原则的要求、当事人的意思自治原则、保护第三人的信赖利益和高交易效率，降低诉讼成本基础之上的。”[③] 在公私合作中，合作过程中若出现问题，如特许经营人未履行合同义务，而监管方作为合作方又不采取有效措施，承认公众（第三人）对违约方的诉权有利于加强责任机制。同时，承认第三人利益合同也构成对合同相对性原则的极大挑战。[④] 因此，国外从不承认到逐步认可也经历了较长的过程。但是否承认第三人基于受益权的直接请求权仍系于个案的判断。一个极端的例子是在 H. R. Moch Co, Inc. v. Rensselaer Water Co 案[⑤]中，被告未给城市消防管道充分供水，导致原告财产在火灾中遭受严重损失。原告请求取得被告与当地政府签订的供水合同的第三方受益人地位。法院担心缔约双方承担不可预见的责任，

① 参见吴燕等与林苑媚等侵权责任纠纷上诉案，广东省中山市中级人民法院（2013）中中法民一终字第1062号裁判文书。

② 〔日〕山本隆司：《日本における公私協働》，载藤田宙靖博士东北大学退官纪念《行政法の思考様式》（青林書院、2008年），第203页。转引自孙铭宗：《论日本公私协力的变革与动向》，《浙江学刊》2015年第4期。

③ 李智博：《第三人利益合同中受益第三人的履行请求权——兼评〈合同法〉第64条》，吉林大学2014年硕士学位论文。

④ 一般认为《合同法》第64条体现了合同相对性原则，不承认第三人的请求权。该条规定当事人约定由债务人向第三人履行债务的，债务人未向第三人履行债务或者履行债务不符合约定，应当向债权人承担违约责任。

⑤ H. R. Moch Co. v. Rensselaer Water Co.，247 N. Y. 160，159 N. E. 896 (1928).

判决原告为偶然受益人，不能请求强制履行合同。[①] Moch 案中，卡多佐法官提出如下的核心观点：合同受益人必须有直接的、主要的利益，而非附随的、间接的利益。这种直接的利益要求公司承担对公众的个体直接承担责任的义务。Moch 案后，多数案件都遵循该先例，对于自来水公司因过失导致消防栓的水压不足，从而无法灭火的，自来水公司不需要为房主或租客的损失承担责任，即自来水公司获得普通法上的过失责任豁免。之后，类似案例反复出现，各州法院的态度从一开始坚持先例中的规则，到逐步摇摆，不同意见开始出现，普通法所确立的过失责任豁免规则开始受到质疑。

到了 Weinberg v. Dinger[②] 案，法院实际上否定了先例所确立的过失责任豁免制度。Weinberg v. Dinger[③] 案的讨论过程，较生动地展现了公部门、私部门及第三人之间的关系格局。Weinberg 案中，与 Moch 案案情类似，原告房屋失火，由于消防栓中的水压不够，无法及时灭火造成重大财产损失。一审、二审中，法院都支持被告自来水公司，并主要援引 Reimann 案[④]所确立的规则：在没有明确的合同义务或法定义务情况下，自来水公司因过失未给消防栓提供足够的水压，导致火灾未及时扑灭而给个人造成损失的，不需要承担过失责任。上诉阶段，州最高法院驳回二审判决并发回。新泽西州最高法院法官在分析案件时作如下阐述：自来水公司的供水义务只可能来自普通法、制定法或合同约定。在本案中，自来水公司受到公用事业监管委员会的监管，其制定的管制规则当然适用于自来水公司。管制规则中表明，自来水公司负有为保证持续服务合理努力的义务。同时，本案原告与自来水公司之间也订有一份合约，而上述管制规则是双方合约的当然内容，其中关于水压部分，明确自来水公司应当以灭火为目的为消防栓提供足够的水压和水量。继而法院分析了之前案例所确立的规则。下述案例都与本案事实相近，如 Hall v. Passaic Water Co. [⑤] 案中，由于自来水用户和自来水公司之间未签订合同，水公司只与政府签订供水协议，因而原告没有诉由，不能基于他人合同主张权益。在 Baum v. Somerville Water Co. [⑥] 案中，同样由于不存在明确的合同条款，自来

---

① 韩龙、魏超：《运用第三方受益人规则解决 PPP 中公众利益关切之探索》，《云南大学学报（法学版）》2012 年第 5 期。

②③ Weinberg v. Dinger, 106 N. J. 469 (1987).

④ Reimann v. Monmouth Consol. Water Co., 9 N. J. 134, 87 A. 2d 325 (1952).

⑤ Hall v. Passaic Water Co., 83 N. J. L. 771, 85 A. 349 (1912).

⑥ Baum v. Somerville Water Co., supra, 84 N. J. L. 611, 87 A. 14 (1913).

水公司不负责任。在 Atlas Finishing Co. v. Hackensack Water Co. [①] 案中，法院认为至多只存在默示合同，公司只承担普通供水义务，因此不足以支撑原告诉请。上述案例表明存在合同，并在合同中明确供水公司有保证水压的供水义务，是归责的前提。从合同解释的角度而言，对于公司与消费者有直接合约的案例，法院都作严格解释，即认为除非合同明确，公司需要为保护客户财产向消防栓供水，否则，不承担责任。在法定义务部分，如果法条中明确供水公司有提供足够水压以防火的义务，法院要求法条为财产所有人建立明确的诉因，方可以供水公司违反法定义务为由提起诉讼。在上述严格解释下，如果不存在合同义务，也没有法定义务，则基于违反合同义务所产生的侵权也不能成立，即法院不承认原告存在侵权法上的诉由。新泽西最高法院的法官分析这种普通法所确立的侵权责任豁免，主要是基于防止责任无限扩大确立的。但时至今日，连国家主权豁免理论都日益式微，供水公司的侵权责任豁免也需要重新审视。法官还研究了各州的相关案例，发现在该案审判时，共有 8 个州已经承认了供水公司的责任。妨碍法院抛弃供水公司侵权豁免规则的主要理由包括：第一，一旦确立公司的责任，供水公司不得不进行投保以转移风险，最后成本将转嫁到所有的自来水用户身上。供水公司的供水成本，会因失火风险的高低不同而产生差异，但用户支付的用水价格不能以此作为变动因素，否则将造成不公平，即由失火低风险地区的用户补贴费用给高风险地区的用水用户，以平衡失火风险所带来的总体性成本增加。第二个与保险相关的顾虑是，基于保险代位求偿权，保险公司向财产受损个体支付相应的赔偿金后，可以向失火的直接责任人进行求偿，最终保险公司获益，各个自来水用户为升高的供水成本付出代价。这种结果看起来并不容乐观。现在各个住户一般都会为房子投保，自担风险，如果要求自来水公司也投保，会造成重复投保，保险公司获利。第二，如果公司不投保，高额的失火损害赔偿金可能导致供水公司破产，这也是法院所不愿看到的。第三，有观点认为如果要废弃一个普通法规则，应该将权力让位于立法者，供水监管立法的历次修改都没有涉及该问题，表明立法者没有废弃现有规则的意图，不应忽视该点，直接推翻先例中的规则。此外，公用事业监管委员会也反对废弃上述普通法上的侵权责任豁免制度，因为其认为可以通过监管、罚款甚至终止特许经营等手段对供水公司施压，使其符合管制规则所设定的要求。对上述顾虑的主要部分，该案主审法官作了回应。首先，关于水费增加，该

---

① Atlas Finishing Co. v. Hackensack Water Co. , 10 N. J. Misc. 1197, 163 A. 20 (Sup. Ct. 1932).

案法官要求水业监管部门就可能的投保成本作了测算，根据报告，废除自来水公司的责任豁免并不会导致水费的急剧上升，其次，关于保险公司代位求偿后可能获利的情况，法官认为保险公司的代位求偿权，只是衡平法上的权利，可以不将代位权授予保险公司。但另一方面，可以由保险公司赔偿的损失比假设由自来水公司承担义务，可以避免的损失要小，因为火灾不仅导致财产损失，还导致人身损害。因此为自来水公司设定义务和责任，使其尽到审慎义务，防止灾害发生的社会总效益会更高。关于住户自身对房屋投保的问题，法官认为不能因为被害人通过支出金钱获得其他救济，而免除过失人的责任。关于责任扩大会导致公司破产的疑问，法官也认为责任的划分不能依赖侵权人的财产状况而定。再次，关于能否在立法作改变前对普通法规则进行变更的问题，法官认为当社会发展到一定阶段，已有规则已经明显不适应的情况下，普通法自身有自我更新的能力，并不一定要等待立法者介入才能改变规则。随着社会的发展，很多侵权免责制度都被逐步废除。最终，法院确定了如下立场：有保险的部分损失，不执行保险代位求偿权，没有保险的部分损失，废除侵权豁免制度。该新泽西判例中的部分规则后续在两个案例[①]中被拒绝适用，但目前仍是有效的判例。

综上，在私部门与第三人间不存在合同时，第三人可否依据公私部门间的合同主张权益，美国判例法目前所给出的答案仍然是否定的。只有当私部门和第三人之间也同样存在合同关系时，在部分州，第三人才能依据合同义务主张私部门构成违约基础上的侵权，使其承担侵权责任。此外，假如制定法设定了该义务，第三人也可以主张侵权责任。可以说第三人受益合同理论在实践中得以适用，仍需要很多前提辅助。不可否认，第三人受益合同理论也是基于现代社会利益关系复杂化后，为突破已有的请求权框架，扩展利益诉求通道而创制的。能否在我国 PPP 合同中直接引用，不可简单断定。如上章所述，PPP 中的主体合约是特许经营协议，现下被定义为行政协议，循行政诉讼途径解决争议。将特许经营协议解读为第三人受益合同，则第三人循何路径起诉呢？走民事诉讼途径未必可行。行政诉讼法将特许经营合同争议定性为行政协议，由行政庭处理即为了防止因民庭、行政庭主管竞合导致裁判结果矛盾，故第三人无法循民事途径起诉。一旦纳入行政诉讼途径，起诉人资格需要和行政诉讼法的规定保持一

---

① Bongo v. New Jersey Bell Telephone Co. 595 A. 2d 557，N. J. Super. L.（1991）；Muise v. GPU，Inc. 753 A. 2d 116，N. J. Super. A. D.（2007）.

致，第三人能否作为利害关系人对特许经营决定起诉尚不能肯定，第三人对合同履约行为提起行政诉讼，起诉资格更难确认。综上，在公私合作领域引入第三方受益合同理论的基础条件尚不成熟。

上述强制缔约或第三方受益理论，最终都以民事途径解决第三人和私部门之间的纠纷，第三人和私部门之间是否有成立公法争议，循公法途径解决的可能，要将私部门和第三人的关系定性为公法关系，前提是私部门具备公法上的主体地位，承认私部门的行为具有公法属性，产生公法上的关系。在本书第六章，讨论如何增加私部门的责任性机制时，探讨了“权力标准”“公共职能标准”等，以之作为判断私部门是否受公法拘束的指标。如前所述，为了防止公私合作后责任性机制落空，私部门在某些情况下，要受到同样的公法约束，但由于实践中判断标准不一，司法实务尚未形成稳定的态度。进一步思考，假如私部门受到公法规范的约束，是否意味着私部门和第三人之间必然成立公法上的关系，不能简单给出答案。国家尚有成立国库行为，与私人形成民事法律关系的可能，受到公法规范约束的私部门未必一定和第三人之间发生公法上的关系。如若公用事业监管立法中将私部门和第三人之间的权利义务关系以制定法的方式定型化，则依照公私法关系的判定方法，应适用公法的，通常被视为公法上的法律关系。私部门与第三人之间的法律关系可以被认为属于公法关系，第三人能通过公法途径主张公法上的权利。因此，从第三人—私部门关系角度而言，以第三人权益保障为出发点，在理论基础建构方面，可能存在多种路径，如承认私部门的“强制缔约义务”、将公私合作合同解释为“第三方受益”合同，或将私部门作为受公法规范拘束的公法主体，并将第三人与私部门之间的关系视为公法关系，第三人以公法上的请求权为基础，寻求权利救济。但在制度指向上，上述讨论的目标是一致的，即需要在制度上承认公用事业用户的公用产品服务权，该权利对应于私部门的普遍服务、不间断服务、保证服务质量等义务。至于将其作为公法上的请求权规定还是作为民事合同权利以约定方式呈现，只是不同的实现路径而已。

二、以第三人与公部门间关系为视角

（一）现有的行政诉讼通道

第三人利用公共产品能否与公部门直接发生关系要视情况而定，即看是否能分解出单独作为起诉对象的具体行政行为。目前，竞争者可以在公部门进行采购确定合作方阶段对授权决定提起诉讼。公私合作项目选择社会资本适用《政府采购法》中的采购程序，可选择公开招投标、邀请招标、竞争性谈判、单一来源采购等方式。依据政府采购法的规定，供应商（包括竞争者）对采购活动有疑问的，可以发起询问、质疑、投诉，直至申请行政复议或提起行政诉讼。此外，《政府采购法实施条例》中还规定了社会公众的参与权："政府向社会公众提供的公共服务项目，应当就确定采购需求征求社会公众的意见。"考察司法实践，除了竞争者提起的行政诉讼之外，没有发现公私合作中第三人对公部门提起诉讼的案件。可见，在整个公私合作过程中，第三人的权利诉求并未彰显。

对于公私合作决定作出后的第三人权利保障部分，有英国学者指出，可以选择仍由公部门作为被告承担责任，或者由契约当事人（私部门）代表政府履行职责，接受司法审查。[①] 采前一路径，在项目执行部分，是否可由第三人直接对公部门提起诉讼呢？按照行政诉讼的一般思路，现有体系本来就不排除直接向公部门提起诉讼的可能。如项目确定后，公私合作合同成为约束公、私部门间的主要法律文件。公部门身兼合作者和监管者身份。公部门出现监管不力导致公共产品或服务质量和水平下降，甚至出现安全、污染事故等情形通常促使第三人请求救济。此时可考虑以监管不作为为对象，提起履行之诉。但这些常规诉讼中，PPP 项目仍有其特殊性。

表 8.1　　公私合作不同阶段第三人权利主张途径列表

法律阶段	作为原告的第三人	起诉对象
项目采购阶段	项目竞争者	采购监管部门对采购阶段的投诉处理决定
合作项目筹划、推进阶段	与合作项目有利害关系的第三人	具有终局性的公私合作实施方案
项目执行阶段	公用产品普通用户	公私合作监管部门监管不作为

（二）PPP 项目的特殊性

对于公私合作开展以前的部分，即公、私部门磋商、讨论并作出公私合作决定的过程，公私合作项目确定和批准中涉及的行政行为较一般行为更特殊，财政部明确发文[②]要求县级（含）以上地方人民政府可建立专门协调机制，主要负责项目评审、组织协调和检查督导等工作，实现简

① Cf. A. C. L. Davies, *Accountability: A Public Law Analysis of Government by Contract*, (Oxford University Press 2001), 24.

② 《财政部关于印发政府和社会资本合作模式操作指南（试行）的通知》（财金〔2014〕113 号）第 10 条。

化审批流程、提高工作效率的目的。“项目提出部门会同发展改革、财政、城乡规划、国土、环保、水利等有关部门对特许经营项目实施方案进行审查。经审查认为实施方案可行的，各部门应当根据职责分别出具书面审查意见。项目提出部门综合各部门书面审查意见，报本级人民政府或其授权部门审定特许经营项目实施方案。”① 最终对特许经营项目实施方案审定行为属于多阶行为，以环保、国土等部门出具的意见为基础。在普通的基础设施项目中，一般不存在联合审批情形，审批行为的利害关系人可以在多个阶段和流程中提起诉讼，简化流程后，在审定前的出具书面审查意见阶段可否直接提起诉讼，尚难断定。行政机关可以以多阶行为理论或行政行为成熟性理论主张审查意见未达到最终阶段，还未送达给相对人，尚未产生最终确定的法律效果。如此，相对人起诉的阶段会相应后延。此外，由政府发起的 PPP 项目，政府本身有很强的推进动机，容易造成前置审批虚置等问题，更易对其他利害关系人造成损害。综上，第三人与公部门间的法律争议按所涉行政行为本身的性质，依照行政诉讼相关规范处理即可。但 PPP 项目的特殊性仍值得注意。

（三）第三人地位的“相对人”化

公部门对使用者本应享有的公共服务承担公法上的责任却不因是否存在可诉行为而改变。使用者在公部门移转职能的过程中依法享有知情权、参与权、听证、提出意见、建议的权利。他们之间的关系基础并非公私合作合同，而是基于一般化的国家——公民关系而存在，即上述的基本权利关系。因而在没有可诉行为情况下，能否以“知情权、参与权、建议权”甚至其他权利为基础提起行政诉讼呢？

“由于传统行为形式理论，系建立于国家与相对人此一双面法律关系前提上，先天上即有忽略或不重视第三人利益之倾向，对于日趋复杂的行政法律关系或现象，未能提供足够之认识与解释工具”②，因而主张“重新认识私人，尤其第三人于行政法上的地位。简言之，使第三人不再仅为行政法学之附属产物，而使之与行政相对人同构成行政法律关系之对等主体”③。上述观点是否成立，笔者以公私合作中的程序权利为例展开分析。

① 《基础设施和公用事业特许经营管理办法》第 13 条。

② 赖恒盈：《行政法律关系之研究——行政法学方法论评析》，台北元照出版公司 2003 年版，第 248—249 页。

③ 参见上书，第 250 页。

一般认为，应为第三人开放必要的参与程序，以保证其知情权、参与权等权利的实现。程序的开放就能产生第三人与公部门之间的互动，并形成后续提起诉讼的可能。目前实定法中只提到确定政府采购需求时要考虑公众意见，该规定本身能否引出一般公众的参与权，并转化为参与请求权通过诉讼获得满足，笔者以为较为困难。首先，既有规定虽然用了“应当”，但未规定适用何种参与程序，参与程度有多深，简言之，主管部门在该问题上具有程序裁量权。[①] 只要做到了听取意见，就不存在合法性问题，至于采何种方式，最终决定在多大程度上受参与者意见约束，都属于主管部门的自由裁量范围。另外，此处的参与主体是一般公众，而非具体可辨析的个人，若由一般公众参与权利推出某个特定第三人的程序参与权，该特定第三人必须论证其与主管部门的程序决定行为有较直接的利害关系，该一般公众参与权规定包含了对其作为个体的参与权的保护，因而未由其参与程序损害了其个人的参与权。笔者以为上述论证殊难成立。其次，目前实定法未尽完善，公私合作过程可分为项目识别、准备、采购、执行、移交等阶段，最长可达 30 年，程序不可谓不繁复。探究如此复杂长期的合作过程中第三人的程序权利，难以靠单行立法事无巨细的规定，最终仍仰赖基本程序立法的完善。

由于公共产品或服务的普遍性，第三人诉诸保护的是作为一般使用者的权利，类似消费者的权利，这往往需要建立公益诉讼制度才能肯认这种状况之下第三人的诉讼地位。能否以第三人和私部门间的合同为依据呈现直接的利害关系，笔者以为较为困难。

三、公私合作三方关系的统合考量

综上，第三人法律地位的保障存在两种途径。“第三人—私部门”循民事途径的障碍在于，第三人的请求权来源于公法上的规定，即使采“私法公法化”的方式以民事途径解决，仍无法全面覆盖公法的要求，如可能只将“普遍服务”要求转化为民法上的“强制缔约”义务，而遗漏了“持续、稳定服务”的要求。采用公法途径解决，需要私部门作为公法主体出现，这种设计需要下述命题的配合：“私部门加入公私合作后具备了公法性格，接受公法拘束，特定条件下，可作为公法主体对待”。

“第三人—公部门”途径，仍受制于行政诉讼本身对诉的成立所做的各类要求，如要有可诉的具体行政行为，具有法律上的利害关系等。建构

① 郑春燕：《服务理念下的程序裁量及其规制》，《法学研究》2009 年第 3 期。

公益诉讼等主张则耗时长久，工程庞大。

当现有途径无法满足第三人权益保障时，作为补充性的救济渠道，上述二者如何选择，笔者以为“第三人—私部门”途径对第三人权益保护更直接，所需的制度修复程度也最低。

当然，两种途径都仍是可能的选项，不管哪个部门承担了相应的责任，不影响公—私部门内部的责任分配。具体如何操作取决于二者之间的公私合作合同本身的结构和内容。依照公私合作共担风险的原则，责任的分担要视责任的性质和产生原因而定，并交由最适宜承担责任的部门承受最终结果。

四、因“侵权”产生的第三人

上述讨论基本上围绕合同订立阶段、执行阶段的合约关系展开。对于公私合作过程中的侵权问题以及由此引发的赔偿诉讼，需要进一步讨论。公私合作开展以后的侵权指合作开展后，第三人受到公私合作主体的侵权。如合作建设的水厂因水质不合格，损及健康权；又如公办民营的福利院中老人因护理不善受伤等。如果受侵害的第三人本身又是公私合作产品或服务的使用人，其与公私合作主体订有合约，则上述情形构成违约与侵权竞合。是否构成侵权需要依侵权责任的构成要件加以判断，如是否有故意或重大过失，是否有因果联系等。侵权关系通常依侵权责任法解决，关键的争议在于国家是否需要承担赔偿责任。刘宗德教授系统梳理过我国台湾地区公私协力中的法律责任，在台湾地区，受托行使公权力主体在行使权力范围内应负公法上的责任，视同处分机关地位。但公法上的责任在台湾地区又被定性为民法责任。刘教授认为受托行使公权力之团体或个人，于行使受托范围内之公权力行为，因故意或过失不法侵害人民之自由或权利时，其依理应为该事件之赔偿义务机关，委托机关为赔偿义务机关之结论，其合理性及妥适性，应仍有深究之余地。当然，上述讨论只针对委托行使公权力展开，未直接论及其他形式的公私合作。日本学界对公私合作第三人权利保护有较多研究。山本隆司教授在一篇文章中提到两个案例，日本最高法院 2005 年 6 月 24 日裁定承认，对指定确认检查机关之建筑确认，附近住民提起撤销诉讼后，因已建筑完竣，乃将诉讼变更为对（有权限许可该建筑之）该市之国家赔偿请求。另外，最高法院 2007 年 1 月 25 日判决中，此案件系某县对需要养育监护之儿童以措置处分安置于社会福祉法人经营之设施后，因设施员工之过失，该儿童遭受其他儿童施暴而导致严重障碍。该判决一方面承认对县之国家赔偿请求，另一方面，否定依民法第715条对社会福祉法人请求使用者侵权行为责任。法院认为，是否存在国家赔偿责任，看该事务是否原归属于国家。山本教授则认为该判断不论在实定法还是理论上都相当困难，因而提出三项基本标准：（1）私部门与国家对第三人所负的权限与责任在法律上无法明确区分时，国家负赔偿责任，私部门负侵权法上的民事责任；（2）二者可区分时，如果法律将私部门的行为规定为公权力行使时，可以认为国家有介入权负最终责任，因此，私部门负国家赔偿责任，国家如单纯保证人，负补充性赔偿责任；（3）其他情况下，私部门负民法上的侵权责任，国家有懈怠或监督过失的，才负国家赔偿责任。①

我国学者也关注到日本的相关研究。有学者考察了日本的诸多案例后发现，有承认公私合作中的国家赔偿责任的，亦有否定的。在整理后，该学者认为是否存在国家责任的判断标准从“公权力行使”到“公权力归属”，协作方之间的行为、组织和责任并非是一致的，它们可以互相区分甚至独立存在。②

该问题的讨论仍无法脱离上文框架，公部门本身是否需要承担国家赔偿责任，视公私合作主体的行为可否归责于监管部门，公私合作主体本身是独立的法人，有独立的责任能力，责任转移的唯一可能是存在委托，即合作主体处于受托人地位时，其行为责任由委托人承担。这在涉及公权力部分，可以成立，但在受托提供公共产品或服务情形下，上述公式是否仍然成立呢？笔者以为，特许经营关系毕竟不同于公权力委托行使，其合作方式、风险分担模式都极为多样、复杂，无法以统一的公式加以定性。因此，公私合作项目主体提供公共产品或服务过程中的侵权行为导致其监管机构作为赔偿义务人承担国家赔偿责任的假设，在目前的法制状况下，难以成立。首先，以往我们所宣称的，国家在公私合作开展以后，将功能外包，但不能将责任外包，国家仍应承担最终的担保责任。但这种担保责任更多是指外包失败后，国家仍应负起最终的义务和责任，并不直接指向个案中的国家赔偿责任。

其次，由合作主体自身承担责任时，该责任属于国家赔偿责任还是民法上的侵权责任，则视对合作主体自身的定性，即是否将其视为受公法约

① 〔日〕山本隆司：《日本公私协力之动向与课题》，刘宗德译，载政治大学法学院公法中心编：《全球化下之管制行政法》，台北元照出版公司2011年版，第298页。

② 杜仪方：《公私协作中国家责任理论的新发展——以日本判决为中心的考察》，《当代法学》2015年第3期。

束的主体，是否同样受到程序规制和公法责任规制，判断要素和思路与上文相同，不再赘述。

最后，在讨论侵权的各构成要件时，是否违反谨慎义务是不可回避的一个话题。不管是国家赔偿还是民事赔偿，都以侵权人违反谨慎义务为前提。如何确定是否存在谨慎义务，通常损害发生后，侵权事件中存在不谨慎行为，不能直接认为侵权成立，还需要先确认行为人是否存在谨慎义务。是否存在谨慎义务的判断取决于立法将谨慎义务配置于哪一主体，如道路交通中，行人和车辆谁有初始谨慎义务，决定了谁需要承担责任。如何配置初始谨慎义务，取决于政策考量以及冲突利益之间的平衡，还需要随社会状况的变化而变化。在判断公私合作中的侵权责任时，公私部门之间如何分配谨慎义务，私部门作为公用产品服务提供方，与用户之间如何分配谨慎义务，要依个案作具体分析。若因提供公用产品或服务造成第三人人身或财产权损失，如由于水管未进行良好维护，爆裂导致财产损失，需要先分析水管维护义务主体。通常水管的维护义务由水管产权所有人承担，从水厂到水龙头漫长的供水过程中，通常以水表为区分点，管道的产权人分别为供水公司和用户。因此，水管爆裂导致财产损失，侵权责任人也应视产权人不同而不同。

第五节　小结

本章首先论证公私合作第三人是否存在“公法上的请求权”，探讨权益保护的两种途径，分析其优劣，继而对照实践中的具体做法，提出契合我国实践的解决方案。

着眼于第三人与公私合作中私部门的关系，从实定法看，现有的公私合作相关法制对第三人权利规定极为稀少；观察司法实践，则发现第三人权利保障主要通过民事诉讼途径实现。立法和司法实践已将具有“公法上请求权”内核的缔约请求转化为民法上合同相对方的“强制缔约”义务，采用民事争讼和执行途径来确保公法上目的的实现。此种路径虽可行，但将公法诉求诉诸私法途径实现的救济仍是零星的、碎片化的，以公法路径去完成公法请求权的保护则是系统的、有延展性和灵活性的。本部分还分析了“利益第三人合同理论”在我国适用的可能性。

着眼于第三人与公私合作中公部门的关系，可以发现 PPP 项目所引发的常规行政诉讼具有特殊性。除了常规的行政诉讼通道，要突破现有的诉讼制度框架，则十分困难。第三人若作为产品或服务的使用者，诉诸保护的是作为一般使用者的权利，以第三人和私部门间的合同为依据表征其存在“法律上的利害关系”较为困难。需要诉诸“公益诉讼”等新制度的引入。第三人参与权等程序性权利的保障，依赖基本程序立法的完善。此外，在侵权关系中，第三人要求合作主体承担侵权责任时，该责任属于国家赔偿责任还是民法上的侵权责任，则视对合作主体自身的定性而定。

第九章　余论：公私合作冷思考

一、公私合作最新发展

本书雏形是成形于笔者 2010 年的博士论文，如果说 2010 年法学界对公私合作尚较为陌生，时至今日，公私合作似乎已经成为最热门的流行话题，其背后原因大致有三。

第一，世界潮流。20 世纪 70 年代开始，以英国为首的民营化改革波及公共行政的各个角落，各项民营化措施激发民间资本投入基础设施和公共服务，将效率、竞争引入公共行政，甚至使其与市场主体同台竞争以激发其活力。初期改革的收效使世界各国竞相效仿。2008 年世界金融危机时，为应对当时的危机，欧洲提出要发展 PPP，以充分利用民间资源，加大投资，提振经济。第二，我国经济转型背景下的政府强力推进。我国改革迈入深水区，经济发展一定程度上面临下行压力。基础设施投资是拉动经济增长的强心剂，同时也需要大量的财政资金投入。2008 年以来，政府以 4 万亿元资金投入，带动地方政府通过各类融资平台加大基础设施投入，使经济保持稳定增长，但也使各级政府面临较大的还债压力。截至 2013 年 6 月底，我国地方债余额已经达到 17.9 万亿元。另据财政部估算，未来 6 年城镇化建设的成本将高达 42 万亿元。为化解债务压力，在政府主导之下，力推公私合作模式（政府和社会资本合作），使符合条件的存量项目转化为 PPP 项目，尽力通过项目示范、推广，拉动民间资本投入，控制项目的财政资金支出比例，控制和化解地方债务。第三，“一带一路”倡议的影响。为加大我国的国际影响力，争取规则制定话语权，亚投行的建立和“一带一路”倡议的提出，为加快我国投资国际市场提供了助燃器。公私合作恰好为推进“一带一路”倡议提供了良好的投资模式，因而该倡议的推广和深入也带来对公私合作的持续关注。

（一）权威文件更新

2008 年前，与公私合作相关的立法集中在建设部门的特许经营立法中，如《市政公用事业特许经营管理办法》① 及各地的特许经营立法。自 2014 年以来，国家财政部、发改委密集发文，助推公私合作模式的开展。（详见表 9.1）

表 9.1　　中央出台的 PPP 文件

文件	发布日期
国务院关于加强地方性债务管理的意见（国发〔2014〕43 号）	2014 年 9 月 21 日
财政部关于推广运用政府和社会资本合作模式有关问题的通知（财金〔2014〕76 号）	2014 年 9 月 23 日
财政部关于印发《地方政府存量债务纳入预算管理清理甄别办法》的通知（财预〔2014〕351 号）	2014 年 10 月 23 日
国务院关于创新重点领域投融资机制鼓励社会投资的指导意见（国发〔2014〕60 号）	2014 年 11 月 16 日
财政部关于印发政府和社会资本合作模式操作指南（试行）的通知（财金〔2014〕113 号）	2014 年 11 月 29 日
财政部关于政府和社会资本合作示范项目实施有关问题的通知（财金〔2014〕112 号）	2014 年 11 月 30 日
国家发展和改革委员会关于开展政府和社会资本合作的指导意见（发改投资〔2014〕2724 号）	2014 年 12 月 2 日
政府采购竞争性磋商采购方式管理暂行办法（财库〔2014〕214 号）	2014 年 12 月 31 日
应收账款质押登记办法（修订征求意见稿）	2015 年 1 月 21 日
财政部、住房城乡建设部关于市政公用领域开展政府和社会资本合作项目推介工作的通知（财建〔2015〕29 号）	2015 年 2 月 13 日
国家发展改革委、国家开发银行关于推进开发性金融支持政府和社会资本合作有关工作的通知（发改投资〔2015〕445 号）	2015 年 3 月 10 日
财政部关于印发《政府和社会资本合作项目财政承受能力论证指引》的通知（财金〔2015〕21 号）	2015 年 4 月 3 日
财政部、环境保护部关于推进水污染防治领域政府和社会资本合作的实施意见（财建〔2015〕90 号）	2015 年 4 月 9 日
财政部、国土资源部、住房城乡建设部等关于运用政府和社会资本合作模式推进公共租赁住房投资建设和运营管理的通知（财综〔2015〕15 号）	2015 年 4 月 21 日
基础设施和公用事业特许经营管理办法（国家发展和改革委员会、财政部、住房和城乡建设部、交通运输部、水利部、中国人民银行令第 25 号）	2015 年 4 月 25 日

① 建设部令第 126 号，2004 年 5 月 1 日实施，2015 年 5 月 4 日被修改。

续前表

文件	发布日期
国务院办公厅转发财政部发展改革委人民银行关于在公共服务领域推广政府和社会资本合作模式指导意见的通知（国办发〔2015〕42号）	2015年5月19日
财政部关于进一步做好政府和社会资本合作项目示范工作的通知（财金〔2015〕57号）	2015年6月25日
国家能源局关于在能源领域积极推广政府和社会资本合作模式的通知（国能法改〔2016〕96号）	2016年3月31日
财政部、发展改革委关于进一步共同做好政府和社会资本合作（PPP）有关工作的通知（财金〔2016〕32号）	2016年5月28日
财政部关于印发《政府和社会资本合作项目财政管理暂行办法》的通知（财金〔2016〕92号）	2016年9月24日
国家发展改革委、住房城乡建设部关于开展重大市政工程领域政府和社会资本合作（PPP）创新工作的通知（发改投资〔2016〕2068号）	2016年9月28日
财政部关于在公共服务领域深入推进政府和社会资本合作工作的通知（财金〔2016〕90号）	2016年10月11日
国家发展改革委关于印发《传统基础设施领域实施政府和社会资本合作项目工作导则》的通知（发改投资〔2016〕2231号）	2016年10月24日
国家发展改革委办公厅、交通运输部办公厅关于进一步做好收费公路政府和社会资本合作项目前期工作的通知（发改办基础〔2016〕2851号）	2016年12月30日
财政部关于印发《财政部政府和社会资本合作（PPP）专家库管理办法》的通知（财金〔2016〕144号）	2016年12月30日
财政部关于印发《政府和社会资本合作（PPP）综合信息平台信息公开管理暂行办法》的通知（财金〔2017〕1号）	2017年1月23日
国家发展改革委、住房城乡建设部关于进一步做好重大市政工程领域政府和社会资本合作（PPP）创新工作的通知（发改投资〔2017〕328号）	2017年2月20日
财政部关于印发《政府和社会资本合作（PPP）咨询机构库管理暂行办法》的通知（财金〔2017〕8号）	2017年3月22日
交通运输部办公厅关于印发《收费公路政府和社会资本合作操作指南》的通知（交办财审〔2017〕173号）	2017年11月22日
国家发展改革委、水利部关于印发《政府和社会资本合作建设重大水利工程操作指南（试行）》的通知（发改农经〔2017〕2119号）	2017年12月7日
文化和旅游部、财政部关于在旅游领域推广政府和社会资本合作模式的指导意见（文旅旅发〔2018〕3号）	2018年4月19日

各地方政府为响应中央政策，亦出台了多个地方文件，截至 2018 年 11 月 5 日，全国各地方政府出台的“政府和社会资本合作”规范性文件达 231 个。出台文件数量位列前 6 的省份分别是安徽省（18 个）、江苏省（17 个）、辽宁省（16 个）、山东省（15 个）、浙江省（13 个）、湖南省（11 个）、湖北省（11 个）。各地出台文件以各类指导意见为主，择要列表如下（表 9.2）。

表 9.2　　地方出台的 PPP 文件示例

文件	发布日期
江苏省财政厅关于政府和社会资本合作（PPP）示范项目实施有关问题的通知（苏财金〔2015〕1 号）	2015 年 1 月 11 日
浙江省人民政府办公厅关于推广运用政府和社会资本合作模式的指导意见（浙政办发〔2015〕9 号）	2015 年 1 月 27 日
沈阳市人民政府关于开展政府和社会资本合作试点的实施意见（沈政发〔2015〕14 号）	2015 年 4 月 3 日
江西省人民政府关于开展政府和社会资本合作的实施意见（赣府发〔2015〕25 号）	2015 年 5 月 16 日
天津市人民政府关于推进政府和社会资本合作的指导意见（津政发〔2015〕10 号）	2015 年 5 月 21 日

从上述文件看，推广政府和社会资本合作模式的直接动机是化解地方债务，因为推广 PPP 既能移植新生债务，也能化解已有债务。① 但远期目标应着眼于促进经济转型升级、转变政府职能、加强政府治理能力、深化财税体制改革。目前，官方的推进路径是指导各地申报项目，开展物有所值和财政可承受能力论证，规范项目操作流程，如选择合作伙伴、设定项目各类边界、出台合同示范文本指导合约订立、以示范项目②引导全国项目开展、加快配套措施建设，如对联合审批流程、特许权质押、项目融资债率等相关政策的调整以配合推进公私合作项目顺利开展。

（二）机构完善

机构方面，财政部借鉴国外模式设立了 PPP 中心，代表政府处理

---

① 赵婧、赵晶：《PPP 将成化解政府债利器，需防公私资本利益暗送》，见新浪网，http://finance.sina.com.cn/china/jrxw/20141205/011721000812.shtml，2018 年 11 月 14 日最后访问。

② 比如财政部推出的第一批示范项目共 30 个，总投资约 1 800 亿元。这 30 个项目包括 22 个存量项目和 8 个新项目，主要集中在污水处理、轨道交通、供暖和环境治理等领域。

PPP 事务，遴选了一批 PPP 项目，成立项目库，希冀能起到示范效应。项目需要接受 PPP 中心的物有所值和财政可承受能力评价。2015 年 5 月 25 日，国家发改委公布的地方 PPP 项目库中，全国共计 PPP 项目 1 043 个、总投资 1.97 万亿元，项目范围涵盖水利设施、市政设施、交通设施、公共服务、资源环境等多个领域，其中公共服务类项目 262 个，约占 1/4，构成来看，医疗保健类的项目最多，旅游类的项目最少。项目运作方式涵盖 O&M、MC、BOT、BOO、TOT、ROT 等多种形式。其中安徽以 127 个项目居首，江苏以 107 个项目居次。在财政部第一批 PPP 示范项目中，上述两省的项目数和规模同样居前。安徽省池州市污水处理及市政排水设施政府购买服务项目是 PPP 新规出台首个落地的项目。① 2015 年 9 月 29 日，财政部推出了第二批示范项目。②

（三）对公私合作认识和经验加深

本轮 PPP 推广工作有如下方面值得注意。

首先，首次对公、私部门作了较清晰的界定。社会资本是指已建立现代企业制度的境内外企业法人，但不包括本级政府所属融资平台公司及其他控股国有企业。对社会资本的定义排除了国有控股企业和融资平台，不排斥境外投资者，对长期以来国有企业能否作为私部门参与合作给出了答案，同时也提示国有控股企业可以作为公部门对待。

其次，本轮 PPP 推广提出了物有所值评价和财政可承受能力评价，提倡定性和定量结合的评价方法，并在政府和社会资本合作项目财政承受能力论证指引中具体标明了各类项目的计算公式。明确定性评价重点关注项目，采用政府和社会资本合作模式与采用政府传统采购模式相比能否增加供给、优化风险分配、提高运营效率、促进创新和公平竞争等，定量评价主要通过对政府和社会资本合作项目全生命周期内政府支出成本现值与公共部门比较值进行比较，计算项目的物有所值量值，判断政府和社会资

---

① 2013 年 12 月底，国家开发银行牵线，池州市政府与深圳市水务（集团）有限公司达成协议，双方共同出资成立池州市排水有限公司（下称项目公司），市政府授予项目公司特许经营权，特许经营期限 26 年。期满终止时，项目公司将设施的所有权、使用权无偿、完好、无债务、不设定担保地交还政府。政府每年支付污水处理服务费和排水设施服务费。深圳水务集团占股 80%，池州市自来水公司占股 20%。项目落地后，国家开发银行作为主力融资行，为项目公司融资 4 亿元，另一家商业银行融资 1 亿元。详见翁仕友：《“非典型”PPP 慢速前行》，《财经》2015 年 6 月 8 日第 17 期。

② 《财政部第二批 PPP 示范项目出台在即，将建立三项机制》，见凤凰网，http://finance.ifeng.com/a/20150901/13949402_0.shtml，2018 年 11 月 15 日最后访问；贺斌：《PPP：“公私合作”进入快车道》，《中国新闻周刊》2015 年 10 月 30 日。

本合作模式是否降低项目全生命周期成本。[①] 这与英国在推行公私合作时提出的 VFM（value for money）验证有相似之处。PPP 的精髓在于通过恰当的风险分配和贯穿项目生命全周期的合理投融资规划，引入私人资本的管理等技术优势，从而获得整体效率的提升。若只从某一个阶段着眼，PPP 模式的融资成本可能高于一般的借贷融资成本，且不确定性多，某些风险难以控制，但以整个项目生命周期衡量，此种架构是更有效率的。故在遴选项目时，须先行比较 PPP 模式和非 PPP 模式哪个更有效率。PPP 不是万能钥匙，成功 PPP 项目的前期准备和条件都较为苛刻。

再次，本轮推广提出了 PPP 项目的风险分配原则。PPP 项目风险分配本来就是难点之一。诸多研究对此作了较深入的探讨。如 PPP 风险分为三个部分，即公共部门承担的风险、私营部门承担的风险和根据谈判结果承担的风险，并假设各参与方的利益风险分配系数与所承担的风险成线性关系。而 PPP 项目控制权的分配机制中，最优控制权配置则由产品的公共化程度来决定。结合以上两方面就可以得到 PPP 利益分配系数。[②] 又如可利用模糊综合评价方法研究 PPP 项目的评价决策问题。先根据 PPP 项目运作过程中的特点，建立 PPP 项目的风险评价指标体系，然后利用熵值权法确定风险评价指标客观权重，再结合专家给出的主观权重，将指标的主、客权重综合度量得到综合权重，在此基础上可得到 PPP 项目的评价结果。[③] 此外，本次指南提出，项目设计、建造、财务和运营维护等商业风险原则上由社会资本承担，法律、政策和最低需求等风险由政府承担，不可抗力等风险由政府和社会资本合理共担。

最后，本轮推广明确了政府和社会资本投资人的合作关系构成政府采购。应根据《中华人民共和国政府采购法》及相关规章制度执行，采购方式包括公开招标、竞争性谈判、邀请招标、竞争性磋商和单一来源采购。之前在讨论选择社会资本合作伙伴时，有过很多争议，诸如是否只能使用招投标程序，如何处理招投标程序中不适应 PPP 项目的部分等，也有人提出使用“招募”程序取代“招投标”程序。虽然有些 PPP 项目乍看和传统上以财政资金为对价采购产品、服务、工程的模式有些不同，尤其是

---

① 参见《财政部关于印发政府和社会资本合作模式操作指南（试行）的通知》（财金〔2014〕113 号），2014 年 11 月 29 日颁发。

② 徐霞、郑志林：《公私合作制（PPP）模式下的利益分配问题探讨》，《城市发展研究》2009 年第 3 期。

③ 李辉、徐霞：《基于熵值权的 PPP 项目风险的模糊综合评价方法研究》，《商场现代化》2008 年第 3 期。

使用者付费，财政资金直接投入较少的项目。但本质上，特许经营权、划拨土地使用权等都构成对价，因此，适用政府采购程序最有利于约束资金使用，也是目前对选择合作伙伴程序规定最为全面的立法。国际上，如欧洲，公私合作也同样适用政府采购程序开展。

（四）公私合作立法逐步推进

为推进政府和社会资本合作，制定一部高层级立法的呼声一直没有停息。以发改委和财政部为首的两大牵头部委分别循自己的思路，酝酿起草了《基础设施和公用事业特许经营法》（征求意见稿）和《政府和社会资本合作法》（征求意见稿）。前者于 2014 年 11 月 27 日公布征求意见稿，后者于 2016 年年初发布草案并征求意见。由于两部立法存在很多重合之处，但对同一问题的规定，两部立法草案却存在诸多不协调之处，因而国务院决定两部立法合一，由国务院法制办牵头统一推进立法工作。① 虽然目前关于公私合作的关键性问题如法律救济途径等仍有众多理论上的争议，但两法合一，将特许经营和公私合作并轨能最大程度克服部门立法的局限性，防止立法打架，为公私合作领域的顶层设计提供了基石。观察已有的两部征求意见稿（草案），可以发现在争议解决部分，较一致地规定了民事诉讼或仲裁途径作为争议解决方式。② 显然，上述规定难以与现有立法协调，如何解决草案中该规定与《行政诉讼法》现有规定之间的矛盾，有待下一步的合并立法作出制度选择。

二、公私合作面临的挑战

尽管如此，目前的 PPP 推广仍面临一些障碍。

首先，既有法律规范及政策的适应性不足。

直接适用于 PPP 的立法包括但不限于《政府采购法》《预算法》《招标投标法》《建筑法》等法律，还包括数量更多的法规、规章、政策等。目前缺乏专门针对 PPP 的统一立法，虽然立法进程已经启动，但到最后通过旷日持久，因而以先通过《基础设施和公用事业特许经营管理办法》的方法应对立法的迫切需求。上述部门规章级别较低，难以统摄 PPP 所

① 杜丽娟：《PPP 领域两法合一 国务院授权法制办主导》，《中国经营报》2016 年 7 月 23 日。

② 《基础设施和公用事业特许经营法（征求意见稿）》第 44 条规定："特许经营者与实施机关就特许经营协议发生争议并难以协商达成一致的，可以依法提起民事诉讼或仲裁。"《政府和社会资本合作法（征求意见稿）》第 49 条规定："开展政府和社会合作，社会资本与实施单位就合作协议发生争议并难以协商达成一致的，可以依法提起民事诉讼或仲裁。"

涉的各类事项。如对特许经营的相关规定、对项目所涉各类审批程序的调整等，直接关系到《行政许可法》既有规定的调整或变通，甚至直接涉及许可的设立，定位于规章层级显得力不从心。

各类立法之间存在矛盾和抵触。如《政府和社会资本合作模式操作指南（试行）》第28条第3项规定："在项目实施过程中，按照项目合同约定，项目实施机构、社会资本或项目公司可就发生争议且无法协商达成一致的事项，依法申请仲裁或提起民事诉讼。"该规定承袭了《政府采购法》中二元式救济结构，即对于政府采购决定采公法途径救济，对采购合同纠纷，适用合同法，采民事途径救济。但在2015年5月1日开始实施的《行政诉讼法》中将特许经营合同定为行政协议，纳入行政诉讼受案范围，不管是合同签订前后的决定，还是合同履约中的争议，都用公法渠道解决。显然，针对特许经营型公私合作，上述规定存在明显冲突，需要按照《立法法》所确立的规范冲突裁判规则确定具体适用的规范。虽然从位阶上看，《行政诉讼法》高于《政府和社会资本合作模式操作指南》，应以前者为准。但目前行政协议诉讼刚刚起步，PPP模式同样处于探索阶段，未来仍需对此作持续跟踪关注，为将来PPP专法中对此问题的解决奠定基础。

现下，我国正处于民法典制定过程中，有将特许经营合同类型化为一种有名合同，订入民法典的呼声。民法学界至今对行政协议是否成立存疑，认为所谓的行政协议完全可以定性为民事协议，以民事途径解决问题。此外，行政协议目前存在的单向救济也备受批评，即只能由私部门对公部门的违约行为提起诉讼，反过来公部门无法对私部门的违约行为提起诉讼。可见，关于公私合作协议的争议解决，不仅在已有立法体系下存在矛盾，在未来立法进程中，也存在弥合争议、凝聚共识的需要。

另外，PPP项目结构复杂，需要工程、法律、财政、金融等多学科综合完成项目设计，涉及土地使用、股权转让、项目融资、特许经营、外资利用等多个领域的立法，因此，PPP专门立法也对立法者提出很高要求。我国目前正在加入GPA谈判过程中，加入GPA意味着国内的采购制度需要和国际接轨，如何平衡财政资金使用效率、资金使用政策目的之间的关系，如何设计制度以保证透明、公平的采购程序，维持国内甚至国际市场之间的公平竞争，适应国际苛刻、细致的采购规则，是未来需要解决的重要难题。例如对采购合同的变更，合约订立后履行期间可能很长，尤其针对PPP项目更是如此，欧盟的采购指令中就明确采购程序结束后订立的合同仍不能做实质性修改，否则可能造成不公平。不得不做实质性修改的情况下，需要重新开展采购程序遴选合作伙伴。[①] 我国 PPP 项目执行中尚未讨论到如此细化的约束条款，目前我国采购实践不容乐观，规则设计与 GPA 规则仍有差距，规则执行实效更有待观察。因而未来 PPP 相关立法仍任重道远。

其次，对 PPP 项目的过高预期在项目后期易造成被动。

如上所述，PPP 推广的直接动机在于化解地方债，因而将注意力过多放在 PPP 化解债务、缓解财政紧张的功能上就容易忽略 PPP 本身的复杂性和项目伴随的诸多不确定性。缺乏足够的前期准备、项目鉴别技能，很容易最终造成政府的极大损失。有报道称“地方官员略知皮毛应对乏术，投资人利用概念后丢下烂摊子”[②]。由于 PPP 项目周期很长，如果对可能出现的 PPP 风险预计不足，会很容易导致项目失败。比如我国上一轮特许经营中，就出现国务院清理固定回报项目的政策变更风险，从而导致原有项目难以维继，而双方对该风险又预估不足，最终只能以诉讼方式获得解决。又比如，燃气特许经营权的特许范围因城市规划区的扩大而在合作双方间发生争议，很多案件最终只能以政府下令单方收回特许经营权，私部门通过诉讼寻求补偿解决。很多案件耗费时日，造成极大的后续成本。海南昌江棋子湾案件从一审到终审历时超过十年，涉近十场诉讼、复议。[③] 控制诉讼风险需要累积基础数据，进行长效设计。有学者对法国、美国引发诉讼的公私合作合同案件进行实证研究，发现法国引发诉讼的公私合作合同类型及其比例如下：建设工程采购类合同占 60.8%，服务采购合同占 21.5%，物品供给合同占 5.9%，其他占 11.8%。美国的数据则略有不同，最多的是服务采购合同，占 39%，建设工程采购类合同占 26.8%，物品供给合同占 12.2%，其他占 22%。法国引发诉讼的原因及比例如下：超出工程量预期或超出预算占 31.3%，单方终止合同占 13.7%，忽视项目的技术要求占 7.8%。美国的情况如下：忽视项目技术要求占 19.5%，工程超量占 9.7%，突发事件，如罢工等占 7%。该研究

① Michael Burnett, “PPP During the Contract Execution Phase-A Need for Greater Certainty in Community Law?” 2008 *Eur. Pub. Private Partnership L. Rev.* 49 (2008).

② 任鹏飞等：《PPP 模式伪项目登堂入室，实则让政府背上高息债务》，见新浪网，http://finance.sina.com.cn/china/jrxw/20150126/005921392701.shtml，2016 年 12 月 10 日最后访问。

③ 范子军：《昌江棋子湾 10 年官司寒了投资商的心》，见 http://www.hinews.cn/news/system/2012/06/04/014484761.shtml，2016 年 12 月 10 日最后访问；《11 年 7 场官司，海南昌江棋子湾开发纠纷仍未解》，见 http://www.hkwb.net/news/content/2013-06/02/content_1219691.htm?node=106，2018 年 11 月 15 日最后访问。

还对诉讼完结后具体救济手段作了类型化研究，包括补偿、调整、变更合同内容、损害赔偿等。① 上述研究为设计合同结构、加强履约监管提供了有效指引。为避免风险出现后无法控制，难以管理，需要对合作结构进行详尽的设计，如履约保函制度、保险机制引入、应急配套建立等。故更新对公私合作模式的认识，通过理论推进和经验累积提升项目识别、设计、执行能力也是当下面临的挑战。

再次，政府践行履约精神有待考验。

据报道，第一批 PPP 项目库中，真正适合 PPP 的项目偏少，在项目管理上，部委之间、中央与省市县跨平台协调机制缺乏，沟通和磨合成本较高。② PPP 项目从立项，到建设、施工、经营往往涉及多个部委职能，如地下工程建造涉及水土保持方案审核、压覆矿产资源批复、地震安全性评价等十余项前置性行政审批。任何一项出现问题，都可能导致项目无法继续。政府诚信值因地域而异，随意决策，政策变化大，契约意识薄弱，任意以单方公权行为变更、解除合同的行为时有发生，因而各地在推广 PPP 模式时也遇到一些阻力。盈利模式清晰、风险可控甚至政府对需求风险负责，提供兜底补贴、政府本身信誉度又较高的项目容易获得社会资本投资；相反，盈利空间小，或项目风险不可控性强，政府信誉又较差的项目就乏人问津。我国没有大社会小政府的传统，政府在公私部门间关系中历来处于较强势地位。在法律体系上，我国也接近大陆法系，具有公私二分的思维习惯，因此在行政协议法律构建中也承认公部门在公私合作关系中具有单方变更、解除合同的权力。如此，公部门的履约精神就更显重要。

最后，政府的责任机制建构尚需时日。

正如本书所分析的，公私合作本质上是利用市场力量完成国家任务。尽管现有对公私合作类型、结构的讨论已经相当深入，但公、私之间的价值冲突导致的不良后果仍然没有获得很好的解决。如民办公助的养老机构发生虐待老人事件、公立医院开放由私人承包以后以逐利为目的出现诸多不良行为等。如何在引入私部门后保证公益诉求和公法约束不被忽视或替代仍是有待挖掘的问题。如提出加强监管或改善政府治理、监管能力来应

① Thierry Kirat & Laurent Vidal, "Litigation on Public Contract Performance: A comparative Study of the Treatment of Additional Costs and Contract Equilibrium by Administrative Judges in the United States and France". 38 *Pub. Cont. L. J.* 153 (2008—2009).

② 翁仕友：《"非典型" PPP 慢速前行》，《财经》2015 年 6 月 8 日第 17 期。

对上述问题，或从理论论证角度努力使私部门作为受托人接受转移自公部门的各类约束，或加强第三方监管，引入公众参与权等。本轮 PPP 开展指南中也特别提到政府、社会资本或项目公司应依法公开披露项目相关信息，保障公众知情权，接受社会监督。社会公众及项目利益相关方发现项目存在违法、违约情形或公共产品和服务不达标准的，可向政府职能部门提请监督检查。① 政府完备的责任机制是回归公、私二分初衷，保护公民公共服务受益权的关键。加强责任机制这一命题并不绝对化，因为责任机制往往带来成本，宜在利益衡量之下作出取舍。责任机制欠缺如同 PPP 在提升效率同时所带来的副作用，只有效率提升的红利超越责任机制欠缺所导致的损失，PPP 才是有意义的。当然，二者的度量单位可能不同，红利和损失的归属主体也处于分化状态。最终机制的建成取决于立法者的选择、责任机制构建的各可能路径与本国法律制度、文化的契合程度等。

三、结论

国际上，PPP 的经验也逐步丰富，如英国目前已推出升级版 PFI，即 PF2。尽管英国有政党轮替的政治背景，但 PPP 发展的总体趋势并未更改，不管哪个政党执政，在态度上都仍支持将效率价值引入公共管理。如果不考虑新政府上台对旧时代抨击等政治目的，PFI 升级改造确实出于现实原因而发生。PFI 遭到质疑的主要原因是英国仍有一些失败的 PPP 案例，如国家实验室项目等，其特点是技术复杂导致建设过程中风险无法预测，最终项目停止或失败。② 在另一些案例中，投资人在项目期限届满前便转手项目而获得极高回报。这种高额回报又由于不透明，惹人猜疑。因此 PF2 作了如下改进：要求项目融资时降低资产负债率；设立 SPV（Special Purpose Vehicle 特殊目的公司③）的，要求公部门资本所占股权达到 49%以达到更高的控制程度；要求 PPP 项目主体提供更透明的财务报告；考虑到旷日持久的合作方选定过程，要求进一步提升效率，鼓励政府集中采购，招标时间不超过 18 个月，加强文件和流程的标准化；改进风险机制，加强对额外开支风险的管理等。④ 上述改变被认为是英国人就过度私有化所进行的反思。我国的 PPP 横向比较还刚刚起步，尽管 PPP

① 《政府和社会资本合作模式操作指南》第 30—31 条。

② “PFI/PPP Disputes”, 2009 *Eur. Pub. Private Partnership L. Rev.* 82 (2009).

③ 基于隔离风险和债务追索的需要，PPP 中往往需要建立 SPV 作为项目公司。

④ Nicholas Bliss, “Panel Two: Public Private Partnerships in International Energy & Infrastructure Project Finance”, 9 *NYU Journal of Law & Business*, 729 (2013).

模式中的某一类型，如 BT、BOT 等在工程领域早已司空见惯，人们对 PPP 仍习惯以新事物视之。从实质内涵而言，PPP 并不新，但如此频繁地由国家力推 PPP 模式却属前所未有的新生事物。在一片公私合作热潮中，抽丝剥茧地认清上述本质和特征，冷静思考其面临的挑战和问题，并持续观察与其有关的各类信息、理论、案例等，才可就 PPP 在中国的未来发展提供良好的理论基石和制度设计源泉。

后　记

本书的雏形是我2010年的博士毕业论文，当时得益于朱新力教授一贯开放、包容的思维模式和宽松的指导氛围，陌生又缺乏法学韵味的“公私合作”才成为论文的选题。研究公私合作需要有交叉学科的知识背景，博士论文又要求布局谋篇、行文技艺得当纯熟。虽经老师多方提点，总觉火候未到，于是文稿被锁入抽屉。直至2015年，起念于申报国家社科基金后期资助项目，才翻出旧文，修改整理。时过境迁，公私合作当下已在国家主导下开展得如火如荼，旧的规范被密集出台的新文代替，原来零星的案例多靠间接引述获知，如今项目库的建设和公开的裁判文书让资料获取更直接、简便。加厚、深化研究的条件已经具备，于是整个修改大体依照更新资料、删减冗文、补充案例、深化问题、补足论述等步骤展开。当然，资料充实并不必然提升研究能力和品位。随着年岁的增长，老气横秋的笔触和旧时稚嫩清新的行文拼接，要做到不露痕迹，也着实困难。姑且定稿出版，以求教于各师长同侪。

学术之路艰辛但自有趣味，朱新力教授是带领我走上学术生涯、探索学术乐趣的引路人。不论学问之道还是人生哲学，恰如其分的点拨和指教都是令我受益终身的良方，每每学习中困顿懈怠，生活中驻足彷徨，仔细回想老师的谆谆教诲，总有解惑鼓舞之效。我2014年萌生继续从事博士后研究的想法，有幸获准接受江必新教授、周汉华教授指导，从事行政协议效力的研究，江必新院长一直以来致力于推进中国法治事业，于行政法学理论也有精深的研究和造诣。他对我博士后阶段研究的指引和鼓励，使我在协议效力理论和行政协议类型化上的研究逐步推进，也直接助益于本书特许经营协议效力部分的思考和写作。周汉华教授在行政法学前沿领域的研究成果丰硕，对行政法理论和实务的认知洞见，常对我有醍醐灌顶之效。一路走来，受教于胡建淼、林来梵、章剑生、金伟峰、费善诚、金承东等教授，他们的学识风范令我景仰，对他们的指点迷津、援手相助深表感激。本书在不同时期也获得诸多师友的建议和帮助，王俊豪、沈福俊、余凌云、何海波、王敬波、刘飞、张莉、支振峰、章志远、高秦伟、刘宗德、詹镇荣、Tom Zwart、Marleen van Rijswick、John C. Reitz 等教授在本书相关领域都有绝妙经典的研究，他们的不吝赐教给我很多启发和灵感！此书的完成还要感谢国家社科基金的匿名评审专家，他们中肯的建议对本书的修改至关重要。中国人民大学出版社的各位编辑为本书的编辑出版倾注了大量心血，在此特别致谢！吴雷、罗文燕、石东坡、李占荣、茅铭晨、吴建依、王海稳、王莉、王静、徐雨衡、孙建伟、李春燕、郑春燕、陈海萍、邵亚萍、方洁、刘东亮、张旭勇、李莉、邢益精、方建中、赵元成、陈红、胡敏洁、蒋红珍、余军、宋华琳、刘练军、沈军、吕尚敏、傅蔚冈、骆梅英、唐明良、樊玉成、苏苗罕、邵燕芬、朱狄敏、王晓杰、项一丛、张艺耀、黄勇斌、林卉、杜仪方、孙铭宗、白斌、洪延青、张效羽、陈越峰、魏磊杰、程雪阳、施立栋、石肖雪、夏雨、郑洁、吴振宇、王勇、罗利丹、陈思融、黄锴、邵长茂、王红霞、罗英、杨东亮、杨知文、魏腊云、于雪峰等先进同道在不同场合给了我很多指导和帮助，一并表示感谢！最后感谢我的家人，特别是傅格致赋予我诸多动力和勇气！

2018 年 11 月 10 日于杭州

图书在版编目(CIP)数据

公用事业公私合作的法律机制和争议解决实证研究/陈无风著. —北京：中国人民大学出版社，2019.4
国家社科基金后期资助项目
ISBN 978-7-300-25590-3

Ⅰ.①公… Ⅱ.①陈… Ⅲ.①城市-公用事业-政府投资-合作-社会资本-法律-研究-中国 Ⅳ.①D922.280.4

中国版本图书馆 CIP 数据核字（2018）第 032932 号

国家社科基金后期资助项目
公用事业公私合作的法律机制和争议解决实证研究
陈无风 著
Gongyong Shiye Gongsi Hezuo de Falü Jizhi he Zhengyi Jiejue Shizheng Yanjiu

---

出版发行	中国人民大学出版社		
社　　址	北京中关村大街 31 号	**邮政编码**	100080
电　　话	010－62511242（总编室）		010－62511770（质管部）
	010－82501766（邮购部）		010－62514148（门市部）
	010－62515195（发行公司）		010－62515275（盗版举报）
网　　址	http://www.crup.com.cn		
	http://www.ttrnet.com（人大教研网）		
经　　销	新华书店		
印　　刷	北京玺诚印务有限公司		
规　　格	165 mm×238 mm　16 开本	**版　　次**	2019 年 4 月第 1 版
印　　张	15.5 插页 2	**印　　次**	2019 年 4 月第 1 次印刷
字　　数	264 000	**定　　价**	49.00 元